广西中华民族共同体意识研究院系列丛书

广西中越边境地区推普的多重效应及新时代优化路径

刘金林　阳柳艳　程　凡　著

中国财经出版传媒集团
中国财政经济出版社
北京

图书在版编目（CIP）数据

广西中越边境地区推普的多重效应及新时代优化路径 / 刘金林，阳柳艳，程凡著．--北京：中国财政经济出版社，2023.10

（广西中华民族共同体意识研究院系列丛书）

ISBN 978－7－5223－2022－9

Ⅰ.①广…　Ⅱ.①刘…②阳…③程…　Ⅲ.①边疆地区－推广普通话－研究－广西　Ⅳ.①H102

中国国家版本馆 CIP 数据核字（2023）第 030769 号

责任编辑：闫　娟　李肇晗　责任校对：徐艳丽　责任印制：史大鹏

广西中越边境地区推普的多重效应及新时代优化路径

GUANGXI ZHONGYUE BIANJING DIQU TUIPU DE DUOCHONG XIAOYING JI XINSHIDAI YOUHUA LUJING

中国财政经济出版社 出版

URL：http：//www.cfeph.cn

E－mail：cfeph@cfeph.cn

社址：北京市海淀区阜成路甲 28 号　邮政编码：100142

营销中心电话：010－88191522

天猫网店：中国财政经济出版社旗舰店

网址：https：//zgczjjcbs.tmall.com

北京财经印刷厂印刷　各地新华书店经销

成品尺寸：170mm×240mm　16 开　19.5　印张　302 000 字

2023 年 10 月第 1 版　2023 年 10 月北京第 1 次印刷

定价：98.00 元

ISBN 978－7－5223－2022－9

（图书出现印装问题，本社负责调换，电话：010－88190548）

本社质量投诉电话：010－88190744

打击盗版举报热线：010－88191661　QQ：2242791300

序 言

语言文字是人类社会最重要的交际工具和信息载体，是文化的基础要素和鲜明标志。语言文字事业具有基础性、全局性、社会性和全民性特点，事关国民素质提高和人的全面发展，事关历史文化传承和经济社会发展，事关国家统一和民族团结，是国家综合实力的重要支撑，在党和国家工作大局中具有重要地位和作用。一直以来，党和政府高度重视语言文字事业，充分利用语言文字作为思维工具、认知工具、交际工具和信息载体的政治、社会、文化、社会、育人和对外交流功能，服务党和国家事业全局，先后制定实施《关于“十五”期间扫除文盲工作的意见》（中办发〔2002〕15 号）《中国农村扶贫开发纲要（2011—2020 年）》《国家语言文字事业“十三五”发展规划》（教语用〔2016〕3 号）《国家通用语言文字普及及攻坚工程实施方案》（教语用〔2017〕2 号）《推普脱贫攻坚行动计划（2018—2020 年）》（教语用〔2018〕1 号）等一系列政策，我国语言文字事业发展取得了历史性的成就，国家通用语言文字推广普及水平持续提升。2020 年 9 月 14 日，国务院办公室印发的《国务院办公厅关于全面加强新时代语言文字工作的意见》（国办发〔2020〕30 号）是新中国成立以来第一次以国办名义下发的全面加强新时代语言文字工作的指导性文件，更加充分体现国家对于语言文字发展事业的重视。2021 年 12 月 23 日，在教语用〔2018〕1 号的基础上，教育部、国家乡村振兴局、国家语委联合印发《国家通用语言文字普及提升工程和推普助力乡村振兴计划实施方案》（教语用〔2021〕4 号），教育部、国家语委制定实施《关于加强高等学校服务国家通用语言文字高质量推广普及的若干意见》（教语用〔2022〕2 号），提出了新时期国家通用语言文字事业发展及普通话高质量推广普及的总体要求、重点任务及工作保障。同时，这三份文件也将国家语言文字事业发展尤其是普通话推广普及上升到巩固拓展脱贫攻坚成果与乡村振兴有效衔接、文化强国建设以及新时代党的民族工作的主线——铸牢中华民族共同体意识的战略高度。

为了深入贯彻上述文件精神，本书在分析广西中越边境地区语言生态的基础上，基于语言的工具、制度、文化及人力资本属性，并结合田野调查数据着重对推普的劳动力转移效应、劳动者收入效应、文化效应、社会效应、政治效应等方面开展理论剖析和量化实证探讨，全面深入阐释推普对增强“五个认同”的内在逻辑和现实效应，进而分析新时期广西中越边境地区普通话高质量推广普及面临的困境，从而提出高质量推广普及的思路及优化路径，以为我国民族地区关于巩固拓展脱贫攻坚成果与乡村振兴有效衔接、铸牢中华民族共同体意识的语言战略的制定尤其是普通话高质量推广普及政策的调整和完善提供了极具价值的理论依据和实践参考。具体来说，研究内容包括以下四个方面。

其一，广西中越边境地区语言生态。该著作从语言使用情况、普通话能力、边境居民收入、语言发展趋势、语言使用对策等语言能力视角较为全面分析了广西中越边境地区八县（市、区）语言生态，分析发现广西边境少数民族地区语言种类较为多样，普通话、方言、少数民族语言、跨境语言等相互交织，边境地区各族群众语言生活丰富。并深入分析了未来边境地区语言使用趋势：第一，单语言人群将不断缩小，多语使用者人数稳步增加，主要是由于劳动群体务工需要、学龄前儿童入校学习、中老年人群日常交流，这几类群体具备双语、多语能力；第二，转用型人群也逐渐增加，主要指公职人员、青少年学生以使用普通话为主，逐渐成为单语型人群；第三，随着“一带一路”合作、北部湾经济区、中国—东盟自由贸易区的建设发展，国际方面的经济合作、贸易往来不断深化，区域间迫切需要有好的开放的国际语言环境，对跨境语言人才的需求增加，培养各族群众的“双语双言”或“多语多言”能力成为亟需；第四，普通话普及力度和推广范围趋于扩大。可见，坚持“普通话推广普及与科学保护少数民族语言、方言并行不悖”的原则，在高质量推广普及普通话，着力解决普通话普及存在的不平衡不充分问题的同时，加强少数民族语言、方言的传承和保护的力度，构建新时代民族地区和谐健康的语言生活，仍是新时代语言文字工作的重要任务。

其二，广西中越边境地区推普的多重效应的理论机理分析。该著作基于人力资本理论、劳动力迁移理论、语言功能理论、贫困文化理论、语言共同体理论、边境贸易理论等多理论视角，从国家通用语言文字作为一种人力资本、交际工具、文化载体、认同工具的角度理论阐释推普对经济社会文化政治等方面多重效应的内在机理，将边境地区普通话推广普及置于相对贫困治理、乡村振兴战略、文化强国建设、各民族相互嵌入式社区建设、铸牢中华民族共同体意识等理论研究框架下，研究认为经济上推普能促进劳动力转移、提高劳动者收入、缓解相对贫困以及推动边境地区国际贸易；文化上能提升人民文明素养和社会文明程度，提振精神风貌，坚定对中华文化的高度认同；社会上能促进各族群众全面交往广泛交流深度交融，推进各民族相互嵌入式社区建设，积极参与基层治理和社会建设；政治上能增进各族群众“五个认同”，铸牢中华民族共同体意识。对推普多重效应的理论机理展开的多维度、综合性、系统性分析，突破了以往单一角度对推普效应的研究，进一步丰富国内外语言经济学、劳动经济学、铸牢中华民族共同体意识等领域理论研究。

其三，广西中越边境地区推普的多重效应的实证分析。该著作结合广西中越边境地区八县（市、区）的居民普通话水平和多语多言能力的全样本调查数据，以及广西中越边境地区普通话推广普及与相对贫困治理、乡村文明建设、“五个认同”、基层治理抽样调查数据，构建量化模型实证分析推普的经济社会文化政治等多重效应。（1）经济效应方面：实证结果表明，在劳动力转移就业效应上，普通话推广与农村劳动力转移就业之间呈显著正相关关系，即普通话水平的提升有利于促进农村劳动者转移就业，且两者之间呈现性别、年龄的异质性。从性别上来看，普通话能力的提升对男性劳动者转移就业的影响大于农村女性劳动者。从年龄上来看，普通话推广对处于18—28岁年龄段男女性劳动者转移就业的影响不显著；且普通话能力对处于29—50岁男女性劳动者转移就业的影响均大于51—65岁男女性劳动者。在劳动者收入效应上，普通话水平与多语能力对广西中越边境八县（市、区）居民的收入存在显著的促进作用，且存在性别、行业异质性。在相对贫困治理效应上，在1%的显著性水平，普通话水平与相对贫困呈负相关关系，即广西边境地区居民普通话水平的提升有助于降低相对贫困。从各维度来看，普通话水平的提升能够有效缓解收入贫困、教育贫困、信息贫困和精神贫困，但对收入贫困的缓解效应大于其他三个维度。从各维度贫困对比来看，普通话的相对贫困治理效应具有职业异质性。在国际贸易效应上，掌握并不断提升越南语水平对于提高中越边境群众的自身收入、扩大中越边境贸易量具有积极作用，但鉴于本地居民普通话水平的提高能更好地理解国家及自治区出台的边境贸易相关政策及法律法规，这能为他们从事和参与边境贸易提供制度保障，维护合法利益，因而普通话是边民语言使用的优先选择。（2）文化效应方面：在1%显著性水平，普通话普及率、普及质量与精神文明建设均呈正相关关系。即普通话普及率与普及质量的提升，均能提高广西边境地区各县（市、区）精神文明建设水平。其中，普通话普及质量对精神文明建设的效应高于普及程度。从精神文明建设各维度来看，普通话普及率、普及质量与群众文明素质、群众活动参与、群众精神风貌分别在1%、5%、1%水平上呈正相关关系，即普通话普及率、普及质量均能提升群众文明素质、增进群众活动参与、改善群众精神风貌。（3）社会效应方面：随着普通话水平的提升，居民的基层治理参与能力逐步提升，但参与意识、参与度却呈逐步降低态势。（4）政治效应方面：基层治理参与意识和参与能力是普通话水平影响各族群众“五个认同”的中介变量。即普通话水平通过影响群众基层治理参与意识和参与能力，进而对各族群众“五个认同”产生作用，是推普增进各族群众“五个认同”的内在机制和现实逻辑。该著作对推普的多重效应进行了充分评估，实现单一向多元评估的转变，全面深入分析了推普政策实施效果评估的广度深度，是对国内语言的推普效应实证研究的丰富和补充，为新时代我国教育部、国家乡村振兴局、国家语委、国家民委等政府部门关于普通话高质量推广普及，推普助力乡村文化振兴，实现共同富裕，以及增强中华文化认同，维护国家统一和民族团结，铸牢中华民族共同体意识等有关政策的设计、调整和完善提供了极具价值的重要依据和实践指导。

其四，广西中越边境地区高质量推普的困境、原则与优化路径分析。结合调研材料和实证分析结果发现，新时期边境民族地区普通话高质量推广面临推普与少数民族语言保护之间的均衡、规律性与异质性的统筹兼顾、不平衡、不充分问题并存，语言治理与国家治理的辩证统一等方面的困境；新时代应坚持以铸牢中华民族共同体意识为主线，以持续提升推普工作治理体系与能力现代化为核心，坚持量化估算普通话普及率的“阈值”，科学制定普通话普及推广目标，保护和充分利用多样化语言的经济资源优势，发展语言产业经济，做到因地制宜，因人而异，因时调整，实现向高质量推广普及的转变，将语言治理融入国家治理体系，充分实现语言要素对国家治理体系与能力现代化建设的助推效应等思路。从全面落实国家统编教材的使用工作，力抓民族地区广大青少年的普通话普及工作；持续强化提升民族地区双语教师、基层干部职工普通话水平，创设良好的普通话学习交流环境；抓好民族地区中青年劳动力的普通话培训工作，着力提升中青年劳动力的普通话技能；构建“小手拉大手”的普通话推广模式，营造普通话学习的浓厚家庭氛围；强化边境地区跨境婚姻家庭主妇的普通话推广力度，切实增强她们的“五个认同”等方面提出优化路径，实现巩固拓展推普助力脱贫攻坚同乡村振兴有效衔接，推进社会主义现代化国家建设，铸牢中华民族共同体意识。

目　　录

第一章

绪论

一、研究背景及意义

语言文字是人类社会最重要的交际工具和信息载体，是文化的基础要素和鲜明标志。语言文字事业具有基础性、全局性、社会性和全民性特点，事关国民素质提高和人的全面发展，事关历史文化传承和经济社会发展，事关国家统一和民族团结，是国家综合实力的重要支撑，在党和国家工作大局中具有重要地位和作用。而且国内理论与实证研究成果均表明，作为人类最重要的思维工具、认知工具和交际工具，语言能力是人的素质构成和心智发展的最基础、最关键要素之一，具有劳动力转移效应、劳动者收入效应、文化效应、经济社会发展效应。在党中央、国务院的高度重视下，中国语言文字事业发展取得了历史性的成就，国家通用语言文字推广普及水平持续提升。2020 年，全国普通话普及率达 80.72%，识字人口使用规范汉字的比例超过 95.00%，文盲率下降至2.67%。但国家通用语言文字的普及仍存在不平衡不充分的问题，有1/3省（区、市）普通话普及率低于全国平均水平，“三区三州”深度贫困地区的普通话普及率仅为61.56%，许多群众尤其是青壮年劳动力依然不会讲普通话，在个人层面导致这部分人群在劳动力市场上被边缘化，无法获得高额的工资收入；在社会和经济层面则极大地制约了县域城镇化、创新创业、技术培训、文化扶贫等乡村振兴活动的开展，语言障碍凸显，日益成为民族地区推进乡村振兴战略实施、建设社会主义现代化国家的基础性制约因素之一。

扶贫先扶智，扶智先通语。语言的精准扶贫是国家精准扶贫基本方略得以成功贯彻的前提和保障。2018年1月，教育部、国务院扶贫办、国家语委联合印发了《推普脱贫攻坚行动计划（2018—2020）》（教语用〔2018〕1号），提出“到2020年，贫困家庭新增劳动力人口应全部具有国家通用语言文字沟通交流和应用能力，现有贫困地区青壮年劳动力具备基本的普通话交流能力，当地普通话普及率明显提升，初步具备普通话交流的语言环境，为提升‘造血’能力打好语言基础”。同年8月，《中共中央国务院关于打赢脱贫攻坚三年行动计划的指导意见》正式公布，提出“着力实施教育脱贫攻坚行动，加大贫困地区推广普及国家通用语言文字工作力度，开展民族地区学前儿童学习普通话行动”。2020年9月，国务院办公厅印发的《国务院办公厅关于全面加强新时代语言文字工作的意见》（国办发〔2020〕30号），将国家通用语言文字高质量推广普及上升至铸牢中华民族共同体意识，建设社会主义现代化强国的高度，提出了以推广普及和规范使用国家通用语言文字为重点，全面加强新时代语言文字工作的总体要求和具体路径。2021年12月，教育部、国家乡村振兴局、国家语委联合印发《国家通用语言文字普及提升工程和推普助力乡村振兴计划实施方案》（教语用〔2021〕4号），基于国家通用语言文字推广普及不平衡不充分的突出问题，从铸牢中华民族共同体意识、乡村振兴的战略高度提出新时代国家通用语言文字推广普及的重点任务，即聚焦民族地区，服务铸牢中华民族共同体意识，集中力量开展推普攻坚行动；聚焦农村地区，巩固脱贫攻坚成果，助力乡村振兴战略，实施推普助力乡村振兴计划。教育部、国家语委制定实施《关于加强高等学校服务国家通用语言文字高质量推广普及的若干意见》（教语用〔2022〕2号），提出立足服务铸牢中华民族共同体意识，高质量推广普及国家通用语言文字，充分发挥高等学校在服务国家通用语言文字高质量推广普及中的作用，全面加强国家通用语言文字教育教学、主动融入推普助力乡村振兴和文化强国建设等，更加注重语言文字特别是国家通用语言文字对教育强国和文化强国建设的意义。党的二十大也在新征程的关键时刻对语言文字事业提出要求：加大国家通用语言文字推广力度。可见，我国语言文字事业始终与党和国家事业发展同向而行，加大国家通用语言文字推广力度，高质量普及国家通用语言文字，为提升人民文明素养和社会文明程度，建设高质量教育体系，推动各民族形成共同的价值观和文化认同的重要纽带，增强文化认同，维护国家统一和民族团结，铸牢中华民族共同体意识提供基础支撑，对更好服务党和国家工作大局，中国共产党团结带领全国各族人民全面建成社会主义现代化强国、实现第二个百年奋斗目标，以中国式现代化全面推进中华民族伟大复兴，推动构建人类命运共同体，创造人类文明新形态具有重大意义。

如此看来，党的十八大以来，党和政府高度重视国家通用语言文字事业，将国家通用语言文字推广普及置于脱贫攻坚、乡村振兴、文化强国建设、铸牢中华民族共同体意识的框架中加以推进。全面提高国家通用语言文字普及程度和质量，充分发挥推普助力相对贫困治理、社会稳定繁荣及促进文化传承、建设中华民族共有精神家园，增强各族群众“五个认同”的积极作用，进一步夯实铸牢中华民族共同体意识的经济、社会、文化、政治基础，是新时代中国语言文字事业发展的重要内容。正是基于此背景和需求，在理论方面，本研究将边境民族地区推普工作置于建设社会主义现代化国家，铸牢中华民族共同体意识的战略高度，着重基于人力资本理论、劳动力迁移理论、语言功能理论、贫困文化理论、语言共同体理论、边境贸易理论等多理论视角，从国家通用语言文字作为一种人力资本、交际工具、文化载体、认同工具的角度阐释推普对经济文化社会政治等方面多重效应的作用机理，并基于广西中越边境地区田野调查数据和资料，在分析边境地区八县（市、区）语言生态的基础上，构建量化模型开展边境民族地区推普的多重效应评估，对照现实需要分析广西中越边境地区推普的面临的困境，进而提出新时期边境民族地区普通话高质量推广普及的思路与优化路径。不仅从巩固拓展推普助力脱贫攻坚同乡村振兴有效衔接，全面建设社会主义现代化国家，铸牢中华民族共同体意识这一国家治理目标的角度拓展了国内外语言经济学理论研究的新视角，而且边境民族地区推普的经济社会文化政治等多重效应评估也进一步丰富和拓宽了国内外语言经济学实证研究的对象和范围。

在实践上，新时代，普通话推广普及面临不平衡不充分的问题，如何确保边境民族地区普通话普及更全面、更充分，更好发挥普通话在乡村振兴战略实施，扎实推进共同富裕，建设教育强国和文化强国，促进各民族交流交往交融、构筑中华民族共有精神家园，维护国家统一和民族团结，更好服务铸牢中华民族共同体意识，是政府部门需要深入思考和解决的关键问题。因而本书关于边境地区语言生态全貌、普通话高质量普及对经济社会文化政治等多重效应的理论机理与现实效应分析，以及边境民族地区普通话高质量普及面临的困境、思路、优化路径等内容，为新时代政府部门解决关于推普助力乡村振兴战略实施，社会主义现代化国家建设，铸牢中华民族共同体意识等政策设计、调整和完善提供实践指导之迫切需提供了参考依据和重要借鉴。

二、国内外研究综述

（一）国外研究现状

语言经济学作为一门新兴的交叉学科，着重在人力资本理论和教育经济学研究成果的基础上，通过定性和定量分析，对语言和经济关系开展深入研究。西方的先驱、美国加州大学洛杉矶分校经济学教授雅各布·马尔沙克（Jacob Marschak，1965）提出了语言经济学这一概念，解释了语言具有经济学本质的东西：价值和效用，费用和收益，自此掀开了世界语言经济学研究的序幕。随后，语言经济学学者着重围绕语言的经济属性（Breton，1964；Grenier，1983；Krishna Pendakur and Ravi Pendakur，1998）、语言政策和语言规划经济学分析

（Grin，1996c；Thorburn，1971；Vaillancourt，1998；Grin，2000）、经济学语言的修辞（Henderson，1982）、博弈论经济学的语言问题（Rubinstein，2000）等内容展开了深入理论研究。

1. 以人力资本为主开展的语言经济属性研究

以理论研究为基础，大量文献围绕“语言与收入关系”展开实证分析，试图解释语言作为人力资本在决定收入或解释不同语言群体的人们收入差异等方面所起的作用。包括语言在加拿大法裔公民和英裔公民之间收入差距方面的解释作用（Carliner，1981；Grenier，1987）；语言能力与收入的关系（Chiswick and Miller，1995、1999、2007；Levinsohn，2007）。尽管研究样本、视角和方法有所不同，但研究结论均认为，语言能力是影响个人收入的重要因素之一；语言政策会影响到人们对某种语言人力资本的投资以及语言歧视的程度等，进而影响人们的劳动收入。

伴随语言经济学领域理论和实证研究的深入，语言技能与收入分配的内生性、语言与其他人力资本的互补性等问题逐步成为了研究的重点。博尔哈斯（Borjas，1994）首次提出了语言与收入分配的内生性问题；奇斯威克和米勒（Chiswick and Miller，1995）将语言技能看成是语言接触（exposure）、学习效率（efficiency）和经济激励（economic incentives）等变量构成的函数，深入分析了语言技能和收入分配之间的内生性；并以此函数为基础，加入自身经济收入（wealth）这一变量构建了语言技能习得模型（Chiswick and Miller，2001）。特别是，以此模型为基础对加拿大的实证研究发现，较高水平的官方语言能力不仅能够增加劳动力收入，而且还提高了教育以及工作经验这两个变量对收入分配的影响，证明了语言技能与其他人力资本有较强的互补性（Chiswick and Miller，2002）。

2. 经济增长与语言多样性研究

在20世纪六七十年代，学界开始关注语言多样性与国家经济发展关系的研究。费希曼（Fishman，1966）认为凡较为富裕的国家，语言较为统一，即具有“同质性”，而较为贫困的国家，语言具有较强的多样性，即具有“异质性”。普尔（Pool，1972）在费希曼研究的基础上分析了人均国内生产总值与语言状况的关联性，表明一个语言极度繁杂的国家，总是不发达或半发达的，而一个高度发达的国家，总是具有高度的语言统一性。而后，奈特尔（Nettle，2000）在此基础上提出了“费希曼-普尔假说”，并进一步指出语言多样化阻碍了专业人员流动，增加了管理成本，进而影响经济发展速度。

出于成本的考虑，经济增长的同时必然将降低经济交往活动中地方性语言的地位，甚至有语言学家估计21世纪末，世界上百分之九十的语言将消失。包括切奇（Church，1993）、拉奇尔（Lazear，1999）等在内的学者将语言看作是一种网络产品，认为一种语言的经济势能往往取决于使用该语言人数的多寡。由于小语种使用人数少，能带来的收益低于大语种语言，故而小语种使用者转向学习大语种语言的概率大，从而语言呈现“趋同”态势，小语种“消失”。另一方面，也有学者表达了相反的观点。泰勒（Taylor，2013）以伦敦和纽约为例研究发现，这两座经济高度发达的城市同时也是语言多样性丰富的城市，极具包容性。奥塔维亚诺和佩里（Ottaviano and Peri，2005）对欧美160个大城市的语言状况和经济发展进行了实证研究，发现这些城市的语言多样性与城市平均工资之间存在正相关关系。

3. 语言规划与语言政策经济学分析

卡尔韦（Calvet，1993）在其著作《社会语言学》中表示语言政策是关于语言与社会关系的一系列有意识的选择，语言规划即对某种语言政策的实施。而后，格兰（Grin，1996）、托马斯·索伯恩（Thomas Thorburn，1971）提出了语言政策经济学分析的成本—收益分析方法，并与瓦扬古（Vaillancourt，1998、1999）、瓦扬古和科什（Vaillancourt and Coche，2009）对新西兰、威尔士、爱尔兰、加拿大等国家语言政策的投入和效益、成本和收益进行了评价和测算。格兰（2000）基于经济学“供给”和“需求”的理念，将语言供给和需求的“价格”“量”“均衡”分析运用到语言政策和规划中，指出了语言政策失效或低效的原因——政策是否疏忽了或完全偏向了供给方或需求方。同样的，语言政策和语言规划对经济行为也存在一定程度的影响。理查德·G. 哈里斯（Richard G. Harris，1998）从贸易竞争力角度分析了加拿大双语政策的重要性和必要性。斯威丁斯基（Swidinsky，1998）以加拿大魁北克省为例，从语言的投资回报率角度，更进一步地对加拿大双语政策和经济现象的关系进行了强有力的解释。

4. 对经济学语言的反思研究

随着越来越多的经济学家关注到语言问题，学界开始了从不同角度对以往主流经济学研究范式的反思。早在 1907 年卡莱尔（Carlile）对当时经济学家使用的经济学术语和措辞进行了反思和评论，并提出“应当使用真实生活的语言”观点。而后，麦克洛斯基（McCloskey，1983、1985、1994），塞缪尔斯（Samuels，1990）等学者对著名经济学家的经济学话语修辞进行了研究，认为经济学家“应该做的事就是突破现代经济学的修辞骗术”。总体来看学界对经济学语言的反思基本属于修辞问题的研究，还不是经济学语言的反思。

（二）国内研究现状

与国外研究相比，国内语言经济学的研究起步较晚，始于 20 世纪末期。许其潮（1999）首次将“语言经济学”这一概念引入中国，初步介绍了国外语言经济学的观点和研究内容。随后，张卫国（2008）从人力资本、公共产品和制度的角度分析论证了语言的经济性质，提出了语言经济学的三个命题：语言是一种人力资本、语言是一种公共产品、语言是一种制度，提出了语言经济学的理论分析框架。黄少安、苏剑（2011）从基本理论层次提出并论证了语言经济学的几个基本命题：语言经济学是一门怎样的经济学分支学科、语言和文字的起源或产生判断、语言两大功能的分野趋势、语言通用度的影响因素。张卫国（2011）在回顾了语言规划内涵与外延的基础上，对语言规划经济学分析的意义和可行性进行了归纳和总结，并对语言规划的经济学分析和传统分析进行了比较，讨论了双方的差异性与互补性。目前，国内关于语言与经济方面的研究主要可分为以下几个方面：语言能力与劳动者收入之间的相关性研究、语言多样性与经济发展的相关性研究、语言与相对贫困的相关性研究、语言与国际贸易的相关性研究、语言产业研究及普通话推广与少数民族语言保护研究。具体如下。

1. 语言能力与劳动者收入之间的相关性研究

其一，在普通话的收入效应上，王海兰（2018）分析了语言人力资本的内涵与特征，尝试厘清语言人力资本、语言能力与语言资本的关系，探讨了语言人力资本对经济增长的两种作用机制。卞成林、刘金林等（2019）在对广西东兴市边境居民的全样本调研基础上，运用语言经济学理论和数据分析方法，着重对东兴市边境居民语言能力与收入关系进行分析。王浩宇（2019）认为加大国家通用语教育资源的投入、积极发挥语言在脱贫攻坚中的“造血”功能，是促进少数民族全面参与社会经济建设的基础性条件。其二，在外语技能的劳动收入效应上，刘国辉、张卫国（2015）利用中国综合社会调查的微观数据，采用倾向得分匹配法分析中国城镇居民英语能力的经济回报率。程虹、刘星滟（2017）基于2015年“中国企业—员工匹配调查”（CEES）的最新一手数据，在明瑟方程的基础上控制了企业层面可观测和不可观测的因素，采用普通最小二乘法、工具变量法、倾向得分匹配法等识别策略，实证分析发现英语综合能力、听说能力和阅读能力对员工小时工资都具有显著的正向因果效应。其三，在方言技能的劳动收入效应上，程名望、王娜等（2016）发现上海话熟练程度的提高不仅有利于增进其绝对收入，而且还会对其相对收入的感知起到正向作用。魏下海、陈思宇等（2016）认为方言技能有利于流动人口在迁入地搭建良好的社会网络，增强社会认同、减少歧视以降低创业“壁垒”，进而促进其创业选择。邱济芳、聂伟（2018）基于2014年全国流动人口动态监测数据，分析了方言技能对进城农民落户意愿的影响，结果表明越熟悉当地方言的进城农民，越倾向于落户城镇；方言技能通过收入、社会交往以及社会认同机制实现对进城农民落户意愿的正向影响。刘金林（2021）基于对“京族三岛”居民的抽样调研数据，在分析居民语言能力与收入状况的基础上，量化实证研究“京族三岛”居民语言能力与收入的相关性及其收入效应，结果表明多语能力以及普通话、京语、白话等单一语言能力与劳动者收入水平呈显著的正相关关系。

尽管学者们研究样本、视角以及所考虑的异质性和外部条件有所差异，但结论一致认为普通话和外语技能均与劳动收入之间呈正向关系，掌握迁入地方言技能对于增进务工人员城市融入和创业具有显著的正向影响。

2. 语言多样性与经济发展的相关性研究

徐现祥（2015）根据《汉语方言大词典》中2113个县级以上观测单元所使用的汉语方言，构建了278个地级及以上城市的方言多样性指数，并实证发现方言多样性对经济增长具有显著的负面影响。刘毓芸（2015）实证发现当方言具有认同效应和互补效应时，在一定条件下，方言距离呈现出先促进、后抑制劳动力流动的“倒U型”模式。谢凤璘（2017）研究发现城市圈内行政干预越大，方言对市场整合的阻碍作用越大；城市圈的平均经济发展水平越高、交通越便利，方言的阻碍作用越小。赵子乐、林建浩（2017）实证发现与基因距离相比，语言距离所包含的噪音更小，对于中国地区收入差距具有更强的解释力。邵帅（2017）实证发现方言多样性对城镇化率具有显著的负向影响。李光勤（2017）基于中国276个地级及以上城市的语言多样性与对外贸易数据集，采用普通最小二乘法、随机效应模型及工具变量法，首次对语言多样性如何影响地区对外开放进行了考察，实证得出“一个城市平均每增加一种方言，对外开放程度将降低2%—2.4%”的结论。

学者们的研究普遍认为，语言多样性与劳动力跨域流动、市场资源配置、城镇化、对外开放均呈负相关关系，语言多样性带来的语言差异阻碍了劳动力跨域流动、知识和技术的扩散、人力资本的积累，进而不利于统一市场的形成和市场资源的有效配置，影响一个地区的经济发展。但也有部分学者从语言人力资本积累、语言产业红利等经济学视角分析语言多样性的经济效应，认为语言多样性对经济发展具有正向作用（黄少安，2014；王海兰，2017；李宇明，2019）。

3. 语言与相对贫困的相关性研究

一是普通话水平的提升有助于促进劳动力转移。李秦、孟岭生（2014）证明“普通话普及率高的地方其外来移民的数量较多，向外移民少，对农民工流动和向第三产业流动有明显的促进作用”。鲁永刚、张凯（2019）以普通话和我国劳动力的空间流动为研究对象，并基于百度迁徙大数据构建实证模型，得出了“方言距离每增加1%，劳动力的流动机会比率下降2%左右，且目的地的高普通话推广显著发挥促进劳动力流动的引力作用”的结论。此结论与高晶、林曙（2018）通过实证提出的“地区间的方言差异通过影响随迁子女的教育进一步增加了劳动力跨区域流动的阻力”的结论一致。马静等（2021）基于2017—2020年中越边境地区八县（市、区）0—3公里范围内农村居民的全样本调研数据，开展实证研究并验证了普通话推广对农村劳动力转移就业有显著的积极的影响的结论。李光明等（2015）、刘毓芸等（2015）、何剑等（2016）、康慧琳（2020）、裴圣愚（2021）、李志忠等（2021）进行了类似的研究。

二是普通话水平的提升有助于增进社会融入、提高创新创业机率。如褚荣伟等（2014）通过实证证明“农民工上海话和普通话的熟悉程度帮助他们融入上海城市”的观点。秦广强（2014）实证得出，普通话熟练者往往具有更多的工作培训机会、更高的工作技能、更为强烈的自我价值认同、更为良好的身心健康状态以及对工作内容、工作关系更强的适应能力。卢盛峰等（2019）证明，熟练掌握本地话可以促进外来人口的社会融合。唐曼萍等（2019）的实证结果也表明，掌握普通话技能能够拓展农民工获取信息的渠道，为农民提供创业机会。

三是普通话水平的提升有助于促进对外开放，消除影响技术转移、扩散的隐形壁垒。语言作为信息载体和传播工具的功能（黄少安，2015；宋景尧，2019），在技术扩散和创新中发挥重要作用（邱质朴，1981；王海兰，2018）。不少学者从语言多样性的角度验证推广普及国家通用语言带来的此效应，如徐现祥等（2015）基于语言多样性角度论证了“语言多样性会阻碍人力资本的积累，进而阻碍经济增长，认为消除方言多样性可以使城市人均人力资本最大提高约4%”的观点。林建浩、赵子乐（2017）证明相对方言距离对技术差距有显著的正向影响，这表明文化差异确实阻碍了来自技术前沿的技术扩散。语言差异影响交流，在一定程度上阻碍知识技术的传播、统一市场的形成以及资源配置效率提升（谢凤璘，2017），进而影响经济增长（王海兰，2018）。

四是普通话水平的提升有助于提升个体内生动力。大多数学者认为扶贫不是慈善救济，而是要引导和支持贫困地区和贫困群众提高自我发展能力，并且扶贫全过程都要精准（黄承伟等，2017、2018；侯红霞，2018）。脱贫要注重扶贫与扶智和扶志相结合，扶智是从文化水平、知识素养等方面帮扶贫困者，扶志是从思想观念、信心毅力和志气等方面帮扶，两者都离不开教育扶贫、文化扶贫和语言扶贫，语言是一切教育活动的基础（陈丽湘、魏晖，2019），是防止新贫困产生的有效机制（王春辉，2019）。推广普及国家通用语言文字，一方面通过提升贫困群体的语言素养，消除因语言不通造成的影响脱贫的因素，有利于激发内生动力、提升造血功能，这恰是脱贫的治本之策；另一方面通过国家通用语言文字及其承载的科学文化教育，增强国家认同和民族文化认同，提高社会文明程度，这是助力精神贫困的重要措施（卞成林，2018）。可以说，通过国家通用语言的教育，不同学生群体、不同职业群体因语言因素造成的各方面发展的某些障碍得到化解，适时阻断先赋性因素影响（陈丽湘、魏晖，2019），促进教育发展（高晶、林曙，2018）。另外，一些学者着重从实证角度对这一观点进行论证，如张卫国（2020）也提出“普通话的提高能改善群体间的人际交往，而人际交往的频繁有利于消除精神贫困”①。

总的来说，一个群体或一个人群或一个民族，如果因为语言不通再加上自然环境而长期封闭，是难以知道自己落后和贫困的，也就没有改变现状的动力。而通用语的习得，扩展了劳动者的知识面、开阔了视野、激发了需求，从而也强化了创新产业、脱贫致富的自身能力和内生动力。

4. 语言与国际贸易的相关性研究

彭卉（2012）利用修正的重力模型考察了中国和加拿大两国的情况，实证发现在中加两国与主要贸易伙伴的国际贸易中，英语作为第二语言的重要性要高于英语作为第一语言的国家。苏剑、葛加国（2013）将语言距离作为一个重要变量引入引力模型，实证研究语言距离对国际贸易量的影响程度，证明了经济总量（GDP）对双边贸易流量的影响权重最大且语言距离与国际贸易量呈负相关，但语言距离可能不是影响两国贸易流量的关键因素。张卫国、孙涛（2016）利用扩展的引力模型估计了国民英语能力对我国对外服务贸易流量的影响，发现国民英语能力与我国对外服务贸易流量呈显著正相关关系。俞路（2017）基于引力模型并使用 CEPII 数据库中的各语言指数来分析语言因素对“一带一路”沿线各国总体双边贸易和不同产品类型贸易的影响，证明了直接沟通能力对“一带一路”总体双边贸易影响最大，而民族联系、官方支持下的间接沟通能力和民间间接沟通能力的影响程度依次降低，语言对“一带一路”不同产品类型贸易的影响也随着产品复杂度提高而提高。苏剑（2018）利用“一带一路”沿线国家的面板数据，实证研究该战略实施中的语言效应，

① 详见张卫国：《普通话能力的减贫效应：基于经济、健康和精神维度的经验分析》，《语言文字应用》2020 年第 4 期。

得出以下结论：通用语言能够降低交易成本促进双边贸易，语言传播能给国家贸易带来语言红利，语言差异可能会对双边贸易流量产生负影响。王立非（2018）以《世界语言地图》（WALS）提供的语言特征指标为理论框架，从语言障碍的角度，测量已与我国签订自贸协定的19个国家开展贸易往来的语言障碍度，并运用引力模型对我国与19国的贸易进出口流量进行考察，证明了语言障碍指数对我国进出口贸易总额、出口贸易额和进口贸易额的影响呈现显著负向作用。王晓宇（2019）依据2007年到2016年中国对26国的出口贸易数据，借用扩展的引力模型，考察语言距离对中国向26国出口贸易的影响，研究发现语言距离每降低1%，将带动中国对该地区出口贸易1.172%的增长，并且中国对西亚北非地区出口贸易潜力巨大。徐珺（2020）运用扩展引力模型，将语言距离和贸易双方英语能力作为解释变量，针对语言因素对中国双边服务贸易流量的影响进行了实证研究，证明语言距离和贸易双方英语能力均对中国的服务贸易存在显著影响，对双边服务贸易流量呈现负相关关系，中国双边服务贸易流量正相关。

5. 语言产业研究

尽管国内语言经济学研究起步较晚，但针对语言产业这一产业组织形式研究的文献较为丰富，而且从不同角度提出了独特的见解和创新，形成了一系列理论观点。

其一，关于语言产业概念内涵分析。黄少安等（2012）从产业特征的角度出发，将语言产业定义为“一种主要采取市场化的经营方式生产语言类产品或者语言服务，满足国家或者个人对各种语言类产品或者语言服务的多层次需求的生产和服务活动”。屈哨兵（2011、2012）提出“产业、职业、行业、基业：语言服务‘四业’并论”的观点，认为语言服务产业即语言产业，是指以语言服务的生产和经营为内容的事业。陈鹏、贺宏志（2012）则认为语言产业是以语言为内容、材料，或者是以语言为加工、处理对象，生产出各种语言产品以满足各种语言需求的产业形态，可以分为语言培训业、语言出版业、语言翻译业等九大业态，被称为“贺—陈模式”（李宇明，2019）。

其二，分析语言产业所具备的特性。陈鹏（2017）将中国语言产业发展的历史进程概括为三次浪潮：始于1990年的传统语言产业快速增长期；始于

2000 年的语言信息技术产业兴盛期；始于 2010 年的“语言信息技术平台（互联网、智能手机、语言智能）+语言产业”的发展期，且认为第一次浪潮主要由社会开放所致，第二、三次浪潮则为语言信息技术革命所引领。胡小玲（2013）认为语言产业具有范围广、融合性高、绿色环保性强三个方面的特殊性，依据语言产业的动态逻辑规律和语言的存在方式，将语言产业的结构分为三个层次：第一层为语言资源的开发利用企业群，第二层为从事语言的存储与传输的企业群，第三层主要涉及语言的推广应用。姜国权、崔国鑫（2014）将我国的语言产业发展的特征总结为五个方面：具有内生增长机制的知识和技术密集型产业，与信息技术息息相关的创新型产业，业态种类多样的包容性产业，具有外溢效应的渗透性产业，低消耗低碳节能型的环保产业。

其三，剖析语言产业发展之必要性。全球化（多语需求）和信息化（语言技术进步）是促进语言产业发展的两个重要引擎（李宇明，2011），合理开发利用语言资源，可以产生语言经济（李现乐，2010）。苏剑（2014）基于 2000—2012 年中国语言培训产业的发展数据，对语言产业的经济增长贡献率进行了实证研究，结论表明，2000—2012 年间我国语言培训市场的 GDP 贡献度为 0.09%。另外，陈鹏（2016）认为《欧盟语言产业规模研究报告》《中国语言服务业发展报告 2012》提出的语言产业都是一个狭隘的定义，并从语言产品的独立性、语言能力等角度分析了语言产业度量的宏观边界和范围，指出由于语言产品剥离的问题和缺乏相同的统计口径和渠道，难以估算出语言产业对经济的贡献度。李宇明（2012、2019）提出语言也是硬实力，构建和发展语言产业可以获得语言红利；由于购买力和其他原因，国家或社会向特定人群无偿提供语言产品，由此形成语言福利。

6. 普通话推广与少数民族语言保护研究

当前，学术界对于推广普通话与少数民族语言保护关系的研究多针对相对独立的研究内容，一些研究成果主要侧重于强调推广普通话的重要性、措施等。余金枝（2017）、朱维群（2017）、李宇明（2018、2019）、郭龙生（2018）、石琳（2018）、赫琳（2018）、王海兰（2018）、史维国和杜广慧（2018）、杜茹莹（2019）、王春辉（2019）、杨帆（2019）、汤啸天（2020）等一大批专家学者从不同角度论述了推广普通话对语言扶贫的重要意义，提倡多措并举推广普通话。张慧玲（2014）、潘英（2018）、高欣（2018）、高丽娜（2015）、柳国栋（2016）、刘祥友（2017）、李荣启（2018）、段丹洁（2019）、周明朗（2019）等从少数民族语言保护、传承等角度提出了相关对策，重视少数民族地区语言多样性的保护与传承。而真正将推广普通话与少数民族语言保护关系结合起来的研究多数基于语言经济学这一跨学科理论，研究语言统一性、多样性与经济发展的关系。20 世纪 60 年代以来，国内外学术界开始关注语言多样性与经济社会发展问题，戴庆厦（2016a、2016b）认为语言保护是我国语言文字方针在新时期的新发展，对语言生活中多元化和一元化的关系，语言竞争与语言保护的关系以及强势语言与弱势语言的关系等问题进行了论述。张世渊（2016）认为推广普通话与保护少数民族语言之间的关系是辩证统一的，无论是汉语普通话还是少数民族语言都是当前经济建设、文化建设的重要工具。卞成林等（2017）认为广西普通话普及率与经济增长之间呈二次曲线（“倒 U 型”）关系，当广西普通话普及率达到 63.8% 之后，就必须要考虑推广普通话与保护少数民族语言之间的均衡性问题了。严珺等（2019）认为在少数民族地区推广普通话有利于发展地方经济，推广普通话和保护少数民族语言是一个相互影响、相互促进的动态过程。

（三）研究综述

综上所述，首先，国内外对语言经济学的研究与补充大多从人力资本理论视角入手，少有结合公共品、制度等其他理论进行分析，理论基础需要更多地结合其他学科理论基础，丰富语言经济学的研究视角，如从社会治理、文化发展等角度研究语言的经济效应。其次，语言经济学的研究内容主要可以概括为五个方向，即语言与劳动者收入、语言多样性与经济发展、语言与多维贫困治理、语言与国际贸易以及语言产业研究。

其一，在语言与劳动者收入方面，主要考察了国家通用语言文字能力、外语能力与方言（或民族语言）能力对劳动者收入的影响，前两者均存在明显的正向促进作用，而方言（或民族语言）能力对劳动者收入的影响要考虑地区发展因素，掌握能够节约交流成本、适合劳动者发展的方言（或民族语言）能够促进收入正向发展，理论与实证方面均具备了丰富的内容。其二，在语言多样性与经济发展方面则看法不一，语言多样性既可能抑制也可能促进地方经济发展，但如何促进、为什么促进问题需要进一步的实证检验，增加语言多样性能够促进经济发展观点说服力。其三，在语言与多维贫困治理方面，以普通话为自变量，研究普通话水平的提升对劳动力转移、社会融入、创新创业机率、对外开放，技术转移、提升个体内生动力等方面的效应。其四，在语言与国际贸易方面，主要从语言距离角度分析不同语言之间的交流障碍对国家间贸易往来的影响，实证方面主要采取了引力模型进行检验，视角与实证方法相对单一，存在创新研究的空间。最后，语言产业方面主要集中在对其产业组织形式的研究，实证方面由于语言产品剥离问题以及统计口径和渠道不统一问题，难以估算出语言产业对经济的贡献度，理论基础缺乏实证支撑，下一步如何统一语言产品统计口径等问题值得研究。

纵观上述文献，研究方法上理论研究薄弱且系统性不强，部分定性研究“为实证而实证”，忽视了理论基础框架的构建。研究对象从经济、社会、文化等视角研究推普效应的文献日渐丰富，但从理论层面还缺乏系统性、综合性分析推普的经济社会文化政治等方面多重效应的内在理路，进而依据调研数据构建相应的量化模型实证分析推普对经济社会文化政治的多重现实效应，以至于无法准确对国家通用语言文字高质量推广普及对经济社会文化政治建设的效应做出综合性评估，难以全面把握实现巩固拓展推普助力脱贫攻坚同乡村振兴有效衔接，普通话高质量推广更好服务全面建设社会主义现代化国家，铸牢中华民族共同体意识的内在要求，进而难以提出具有针对性、可操作性的对策建议。

三、研究内容

本书基于广西中越边境地区八县（市、区）居民普通话水平和多语多言能力的全样本调查数据、广西中越边境地区普通话推广普及与相对贫困治理、乡村文明建设、“五个认同”、基层治理抽样调查数据以及访谈调研资料，全面分析广西中越边境地区语言生态，从经济、文化、社会、政治等方面分析推普的多重效应，分析新时期普通话高质量推广普及面临的困境，进而提出普通话高质量推广普及的思路与优化路径。本书研究框架如下。

第一，绪论。主要包括研究背景及意义、国内外研究综述、主要内容、研究创新、研究方法，以及调研组织与实施等。在着重阐释国家通用语言文字高质量推广及其之于乡村振兴战略实施、全面建设社会主义现代化国家，铸牢中华民族共同体意识重要意义的基础上，对国内外相关文献进行梳理分析，进一步理清本书的主要研究内容、研究方法、研究创新点，以及田野调查组织实施。

第二，广西中越边境地区语言生态。在概述田野调查点地理区位、经济社会发展、民族文化，梳理我国推普政策实施以及广西实践的基础上，结合实地调查和调研问卷，从语言使用情况、普通话能力、边境居民收入、语言发展趋势、语言使用对策等语言能力视角分析各县（市、区）语言生态。

第三，广西中越边境地区推普的多重效应的理论基础与现实效应。基于人力资本理论、劳动力迁移理论、语言功能理论、贫困文化理论、语言共同体理论、边境贸易理论等多理论视角，从国家通用语言文字作为一种人力资本、交际工具、文化载体、认同工具的角度理论阐释推普的经济社会文化政治等方面多重效应对增强“五个认同”的内在机理，具体包括经济上推普对促进劳动力转移、提高劳动者收入、缓解相对贫困以及推动边境贸易；文化上提升人民文明素养和社会文明程度，提振精神风貌，坚定对中华文化的高度认同；社会上促进各族群众全面交往广泛交流深度交融，推进各民族相互嵌入式社区建设，积极参与基层治理和社会建设；政治上增进各族群众“五个认同”，铸牢中华民族共同体意识的理论机理，进而结合广西中越边境地区八县（市、区）的居民普通话水平和多语多言能力的全样本调查数据，以及广西中越边境地区普通话推广普及与相对贫困治理、乡村文明建设、“五个认同”、基层治理抽样调查数据，构建量化模型实证分析推普的经济社会文化政治等多重效应。

第四，广西中越边境地区高质量推普的困境、原则与优化路径分析。结合调研材料和实证分析结果发现，新时期边境民族地区普通话高质量推广面临推普与少数民族语言保护之间的均衡、规律性与异质性的统筹兼顾、不平衡、不充分问题并存，语言治理与国家治理的辩证统一等方面的困境；新时代应坚持以铸牢中华民族共同体意识为主线，以持续提升推普工作治理体系与能力现代化为核心，坚持量化估算普通话普及率的“阈值”，科学制定普通话普及推广目标，保护和充分利用多样化语言的经济资源优势，发展语言产业经济，做到因地制宜，因人而异，因时调整，实现向高质量推广普及的转变，将语言治理融入国家治理体系，充分实现语言要素对国家治理体系与能力现代化建设的助推效应等思路。从全面落实国家统编教材的使用工作，力抓民族地区广大青少年的普通话普及工作；持续强化提升民族地区双语教师、基层干部职工普通话水平，创设良好的普通话学习交流环境；抓好民族地区中青年劳动力的普通话培训工作，着力提升中青年劳动力的普通话技能；构建“小手拉大手”的普通话推广模式，营造普通话学习的浓厚家庭氛围；强化边境地区跨境婚姻家庭主妇的普通话推广力度，切实增强她们的“五个认同”等方面提出优化路径，实现巩固拓展推普助力脱贫攻坚同乡村振兴有效衔接，推进社会主义现代化国家建设，铸牢中华民族共同体意识。

四、研究方法

（一）文献研究和实地调研相结合

文献研究是本书的基础研究方法，借助中国知网、学校图书馆等线上线下平台，梳理分析国内外现有关于推普、语言扶贫、推普扶贫以及语言经济学等研究成果，梳理总结国内外研究进展、热点和趋势等，在前人的研究基础上，进一步开展本书的研究，明确本书研究的问题。实地调研方法是本书研究的主要方法之一，包括问卷调查和深度访谈。其中，问卷调查采取实地发放问卷的方式，结合本书的背景和目标，以及社会学、统计学、经济学等学科理论知识编制具有操作性和适用性的调查问卷，编制了“广西中越边境地区居民普通话水平和多语多言能力的全样本调查问卷”“广西中越边境地区普通话推广普及与相对贫困治理、乡村文明建设、'五个认同'调查问卷”，以全面了解广西中越边境地区边民普通话水平、多语多言能力及收入水平等情况。深度访谈作为实地调研的一种重要方法，是对实地调查中量化数据的必要补充和解释，贯穿本书研究始终。访谈对象的选取是目的抽样，分为地方基层党员干部、语言教学教师、各个年龄段的国家通用语言文字学习者、语言类社会组织培训人员等，采取小组访谈和个人访谈，以进一步了解广西中越边境地区国家通用语言文字教育的现状、问题与原因，以及各族群众对学习普通话的认知、面临的问题等，全面深入分析新时期广西中越边境地区高质量推普面临的困境，服务于广西中越边境地区高质量推普的路径优化。

（二）定性分析与定量分析相结合

本书的研究采用定性和定量相结合的方法，全面分析广西中越边境地区语言生态，基于多学科理论，深入剖析推普的经济、社会、文化、政治等多重效应的理论机理，和田野调查数据实证分析推普对经济建设、社会建设、文化建设、政治建设的现实效应。其中，定性分析主要是指结合文献资料和田野调查数据，多角度多层面对各县（市、区）居民母语水平、普通话水平、其他语言能力展开分析，呈现一个更为完整详实的广西中越边境地区语言生态面貌；此外，结合人力资本理论、劳动力迁移理论、边境贸易理论、语言功能理论、贫困文化理论、语言共同体理论等理论，对广西中越边境地区推普的经济、社会、文化、政治等方面多重效应对增强“五个认同”的作用机理展开深入分析；进一步根据推普对边境地区经济建设、文化建设、社会建设以及政治建设的现实效应，揭示国家通用语言文字推广的规律，科学把握国家通用语言文字高质量推广普及的本质，进一步提出提升新时代推普的多重效应的优化路径，以更好服务于乡村振兴计划，社会主义现代化强国建设，铸牢中华民族共同体意识。定量分析则主要基于问卷调查数据构建量化实证模型开展多维实证分析，包括经济上推普的劳动力转移就业效应、劳动者收入效应、缓解相对贫困的效应、推动国际贸易效应；文化上助力乡村文明建设效应；社会上推进各民族相互嵌入式社区建设，推动各族群众有序参与基层治理的效应；政治上增进“五个认同”，铸牢中华民族共同体意识的效应。

五、研究创新

本书采用文献分析与实地调研相结合、定性分析与定量分析相结合的方法，多角度多层面论述广西中越边境地区语言生态样貌，理论阐释和定量分析广西中越边境地区推普的经济、文化、社会、政治等方面的多重效应对增强“五个认同”的影响，深入分析新时期广西中越边境地区普通话高质量推广普及面临的困境，并提出思路与优化路径。以多学科理论为研究基础，以广西中越边境地区八县（市、区）为研究对象，以定性分析和定量分析相结合为研究手段，全面深入、系统性论证推普增强“五个认同”的理论机理和现实效应，力争从研究视角和内容上有所创新。

（一）研究视角的创新

本书基于人力资本理论、劳动力迁移理论、语言功能理论、贫困文化理论、语言共同体理论、边际贸易理论等多维理论，理论阐释推普的经济、文化、社会、政治等方面多重效应增强“五个认同”的内在机理，以及结合田野调查数据和构建回归模型分析推普的多重效应的现实效应，将边境地区普通话推广普及置于相对贫困治理、乡村振兴战略、文化强国建设、各民族相互嵌入式社区建设、铸牢中华民族共同体意识等研究框架下，对推普的现实效应进行多维度、综合性、系统性评估，构建了推普的多重效应对增强“五个认同”的理论分析框架，进一步拓展和深化了国内外语言经济学、劳动经济学、社会语言学、铸牢中华民族共同体意识等领域研究视角。

（二）研究内容的创新

目前国内外关于语言的经济效应的实证研究较为丰富，着重从语言的劳动者收入、工资水平、劳动力转移效应、国际贸易等单一机制和效果进行讨论，尚未结合语言文字的政治、社会、文化、育人和对外交流功能进行全面、客观、系统的评价。本书结合深度访谈和田野调查资料，一方面力图完整勾画出广西中越边境地区的语言生态，基于多学科多理论视角分析推普多重效应增强“五个认同”的内在机理，并结合调研数据分析广西中越边境地区普通话推广普及在经济建设、社会建设、文化建设以及政治建设等方面的现实效应；另一方面深入分析新时期普通话高质量推广面临的困境，进而提出思路与优化路径。既是立足新征程的关键时刻，对语言文字事业特别是国家通用语言文字推广普及在服务党和国家事业全局中作用的总结回顾，同时将推普置于铸牢中华民族共同体意识、强国建设、民族复兴研究框架下，也进一步丰富了语言经济学、语言治理等方面的研究内容。

六、调研组织与实施

（一）调研组织设计

1. 问卷设计

关于调查问卷的设计，主要包括“广西中越边境地区居民普通话水平和多语多言能力的全样本调查问卷”“广西中越边境地区普通话推广普及与相对贫困治理、乡村文明建设、‘五个认同’、基层治理调查问卷”两大部分，其中，“广西中越边境地区居民普通话水平和多语多言能力的全样本调查问卷”以边民普通话水平、多语多言能力以及经济收入为调查主题，对调查问卷内容进行详细设计，包括被调查对象的基础信息、语言能力、收入水平三部分。基础信息部分主要采集居民的姓名、性别、年龄、民族（汉族、壮族、瑶族、苗族或是其他）、学历（没有上过学、小学、初中、高中、中专及本科）、职业（务工、务农、经商、学生、公职人员、无业及其他）、所在区域等。语言能力部分包括居民的普通话、母语及多语多言能力的调查，将普通话水平划分为熟练、一般、略懂、不会四个等级，母语包括普通话、壮语、白话、桂柳话、瑶语、客家话、苗语、京语及其他语言，将母语能力划分为熟练、一般、略懂、不会四个等级，其他语言包括白话、桂柳话、客家话、苗语、京语、越南语及其他，将其他方言能力划分为熟练、一般、略懂、不会四个等级。其中熟练是指能够掌握较多词汇、能在各种社会场合交际中流利使用。一般是指能够掌握大部分词汇，无阅读与听力障碍，且在日常生活中能进行正常交流。略懂是指仅能掌握基本词汇，可完成一般性的日常生活交流。不会是指完全不具备某种语言进行交流的能力。把普通话水平单独列为一项内容，使调查问卷能够更好地反映调查对象母语及其他语言或方言的类别掌握及使用能力、普通话掌握情况等内容。收入水平部分，将被调查者的收入划分为10000—20000元、20000—36000元、36000—72000元、72000元及以上四个收入区间。

“广西中越边境地区普通话推广普及与相对贫困治理、乡村文明建设、‘五个认同’、基层治理调查问卷”细化为“广西中越边境地区普通话推广普及与相对贫困治理调查问卷”“广西中越边境地区普通话推广普及与乡村文明建设调查问卷”“广西中越边境地区普通话推广普及与‘五个认同’、基层治理调查问卷”。问卷基本信息包括被访者性别、年龄、职业、学历、民族、地区等内容，相对贫困治理问卷主体内容包括收入维度、教育维度、信息维度、精神维度等四个维度，人均可支配收入、受教育年限、职业培训情况、信息获取渠道、国家政策熟悉程度、脱贫意志、文体娱乐活动参与程度作为相应维度的具体问题；乡村文明建设问卷主体内容包括普通话水平、政策信息掌握程度、技能培训参与情况、数字化渠道使用情况、文化娱乐活动参与情况、未来满意度、身体健康程度等；“五个认同”问卷主体内容包括对伟大祖国、中华民族、中华文化、中国共产党、中国特色社会主义的认同五个维度，共四十四个具体测评指标；基层治理调查主体内容涉及参与意识、参与能力、参与渠道、参与保障四个方面，具体包括“您会主动关心村级事务吗?”“您会免费为村级事务出工出力吗?”“您会为村级事务献计献策吗?”“您了解群众自治的相关政策吗?”“村（居）委会设有反映民情的渠道（网络、电话、写信、接待等）满意程度”“村（居）委会对民众意见的采纳情况满意程度”等十六个问题。

2. 调查组织

鉴于此次全样本调查活动所涉及的理论基础和学科知识，充分整合语言学、经济学、社会学、民族学等学科优势，吸收上述学科的专家、学者、研究生等形成调研团队，并根据调研活动的任务量，确定调研人员数量，最终形成了由8位语言学、经济学、社会学、民族学等学科领域的专家和学者、16位上述学科研究生组成的高校调研团队，负责调查问卷的设计、发放，抽样居民的访谈，以及回收问卷的核对、录入、分析等工作。

考虑到当地政府部门工作人员对当地各族群众的语言生活、生产生活、产业发展、制度政策比较熟悉，调研组吸纳了广西民政厅、教育厅、财政厅和边境地区八县（市、区）教育局、民宗局等有关部门工作人员，以及县（市、区）乡镇村基层干部作为调研组的兼职调研人员，并成立调研协助小组。调研协助小组主要负责调研工作的上下级沟通、调查问卷的入户发放、回收，以及入户访谈等，为课题调研活动的开展提供了坚实的组织保障，推进调研工作顺利展开，于2017—2019年完成了广西中越边境地区八县（市、区）普通话水平和多语多言能力的全样本调查，2020—2022年完成广西中越边境地区普通话推广普及与相对贫困治理、乡村文明建设、“五个认同”、基层治理的抽样调查。

（二）调研实施情况

1. 调查实施

为了顺利开展广西中越边境地区推普多重效应研究，调研组分组前往广西中越边境地区的那坡县、靖西市、大新县、龙州县、宁明县、凭祥市、防城区、东兴市开展边境居民普通话水平和多语多言能力的全样本调查，以及广西中越边境地区普通话推广普及与相对贫困治理、乡村文明建设、“五个认同”、基层治理的抽样调查。调查内容涉及被调查者性别、民族、学历、职业、所在区域、母语、普通话、多语能力、收入水平等信息，以为本书的研究开展定性和定量分析提供数据支撑。调查方式采用实地问卷调查和深度访谈相结合的方式。

在实地问卷调查方面，问卷调查中最关键的环节是设计调查问卷，调查问卷内容是否能科学、合理、全面地反映调研主题，调研者是否能通过调查问卷设计收集到研究所需要的数据材料，这关系到整个调研活动的有效性和价值性。实地调研采用全样本和抽样调查、自填式问卷的方式，2017—2019年开展广西中越边境地区居民普通话水平与多语多言能力的全样本调查，2020—2022 年在广西中越边境地区八县（市、区）开展普通话推广普及与相对贫困治理、乡村文明建设、“五个认同”、基层治理的抽样调查。基于全样本调研目标，以户为单位，细分到每户每一位家庭成员，最终在八县（市、区）教育局、民宗局等有关部门工作人员的协助下完成问卷调查工作。通过全样本调查获取了广西中越边境地区八县（市、区）居民的普通话水平和多语多言能力，以及边境地区相对贫困治理、乡村文明建设、“五个认同”、基层治理等方面情况。

在深度访谈方面，采用目的性抽样方式，对广西中越边境地区八县（市、区）居民开展深度访谈，通过一般性问题与被访对象搭建互信基础和良好对话节奏，进而逐渐转入到切合调查主题的具体问题，深入了解边民母语、普通话、多语能力、收入水平，并将访谈资料记录保存。深度访谈所得材料为本书理论机理分析、实证研究以及对策研究重要的基础材料。

2. 实施情况

关于 2017—2019 年广西中越边境地区居民普通话水平与多语多言能力的全样本调查，调研工作分阶段分主题实施，采用了问卷调查和深度访谈相结合的方式，将调研组 24 人划分 8 个小组，每组 3 人，其中 3 个小组负责深度访谈，5 个小组负责问卷调查。2017 年 8 月，调研组以东兴市为试点，首次开展为期半个月的调研工作，此次调研主要包括调研内容、调研技巧、调研分工等实地调研培训。此次调研培训结束后，调研组于 2017 年 9 月 1 日至 10 月 15 日再次前往东兴市，按照调研任务分工，各调研小组根据分组分片，对各自负责调研的片区开展问卷调研和实地入户访谈。问卷调查主要以村屯为单位发放调查问卷，通过联络员发放调查问卷并指导被调查对象规范填写调查问卷，完成调查对象的姓名、性别、年龄、民族、职业、学历、所在区域、普通话水平、多语多言能力、年均收入等相关信息收集工作。调研组对此次调研活动进行经验总结并形成了调研活动样板和范例。基于东兴市调研活动范例，调研组于 2017—2019 年，对广西中越边境的八县（市、区）0—3 公里的居民开展了为期 3 年的跟踪和全样本调研，收集到了广西中越边境地区八县（市、区）0—3 公里居民的基础信息、语言能力、收入水平三部分信息，为居民普通话的收入效应分析及普通话高质量推广提供了丰富的数据支撑。2017—2019 年全样本问卷调查回收情况如表 1 - 1 所示。田野调查点的回收问卷 377267 份，其中有效问卷 337867 份，有效率达 88.91%。具体问卷回收情况如下：大新县共回收问卷 24727 份，有效问卷 19999 份，有效问卷回收率 80.88%；龙州县共回收问卷 52177 份，有效问卷 48170 份，问卷有效率达 92.32%；凭祥市共回收问卷 47283 份，有效问卷 37590 份，问卷有效率达 79.50%；宁明县共回收问卷 51921 份，有效问卷 45628 份，问卷有效率达 87.88%；防城区共回收问卷 32322 份，有效问卷 30373 份，问卷有效率达 93.97%；东兴市共回收问卷 92525 份，有效问卷 85919 份，问卷有效率达 92.86%；靖西市共回收问卷 45383 份，有效问卷 41820 份，问卷有效率达 92.15%；那坡县共回收问卷 30929 份，有效问卷 28368 份，问卷有效率达 91.72%。

表 1 - 1　　问卷回收情况

县（市、区）	发放问卷数（份）	回收问卷数（份）	有效问卷数（份）	有效问卷率（%）
大新县	25000	24727	19999	80.88
龙州县	53000	52177	48170	92.32
凭祥市	48000	47283	37590	79.50
宁明县	52000	51921	45628	87.88
防城区	33000	32322	30373	93.97
东兴市	93000	92525	85919	92.86
靖西市	46000	45383	41820	92.15
那坡县	31000	30929	28368	91.72
合计	381000	377267	337867	88.91

除了进行全样本问卷调查外，2016—2021 年调研组选取大新县、龙州县、宁明县、凭祥市、防城区、东兴市八个边境县（市、区）[①] 开展了普通

① 在广西中越边境地区开展普通话普及与相对贫困治理问卷调查之前，作者组织调研团队对广西中越边境地区八县（市、区）开展调研前进行前期调研，得到大新县、龙州县、宁明县、凭祥市、防城区、东兴市六县（市、区）的支持，但由于那坡县和靖西市地处偏远、地势险峻，缺少当地有关部门的支持，且大量农民外出务工，农村留守群体主要是“386199”部队，不适合调查主题，为了安全以及调查顺利展开，选取了大新县、龙州县、宁明县、凭祥市、防城区、东兴市六县（市、区）开展农民推普与相对贫困治理的问卷调查。

话推广普及与相对贫困治理、乡村文明建设、“五个认同”、基层治理等方面的抽样调查，调查方式包括深度访谈和问卷调查，深入了解边民普通话水平、语言生活、生产生活、乡村文明建设、基层治理、“五个认同”等情况，且经被调查对象的同意，通过笔记、拍照等形式记录田野调查资料，收集第一手材料。

其中，2020—2021 年广西中越边境地区推普与相对贫困治理的抽样调查问卷情况如表 1－2 所示。田野调查点的回收问卷 13717 份，其中有效问卷 12021 份，有效率达 87.64 %。具体情况如下：在大新县，与越南接壤的硕龙镇、下雷镇共发放 1000 份问卷，回收 1000 份，有效问卷 742 份，有效问卷回收率 74.20%；在龙州县，与越南接壤的下冻镇、金龙镇、彬桥乡、水口镇发放 2000 份问卷，回收 1876 份，有效问卷 1732 份，问卷有效率达 92.32%；在凭祥市，与越南接壤的上石镇、夏石镇、凭祥镇共发放 2000 份问卷，实际回收 2000 份，有效问卷 1590 份，问卷有效率达 79.50%；在宁明县，与越南接壤的那良镇、峒中镇共发放 2000 份问卷，实际回收 1890 份，有效问卷 1661 份，问卷有效率达 83.05%；在防城区，与越南接壤的那良镇、峒中镇共发放 2000 份问卷，回收 1842 份，有效问卷 1731 份，问卷有效率达 93.97%；在东兴市马路镇、江平镇以及与越南接壤的东兴镇共发放 2000 份问卷，实际回收 1680 份，有效问卷 1560 份，问卷有效率达 92.86%；在靖西市，与越南接壤的龙邦镇、岳圩镇共发放 2000 份问卷，实际回收 1720 份，有效问卷 1535 份，问卷有效率达 89.24%；在那坡县，与越南接壤的百南乡、百省乡、平孟镇共发放 2000 份问卷，实际回收 1709 份，有效问卷 1470 份，问卷有效率达 87.64%。

表 1－2　　推普与相对贫困治理抽样调查问卷回收情况

县（市、区）	发放问卷数（份）	回收问卷数（份）	有效问卷数（份）	有效问卷率（%）
大新县	1000	1000	742	74.20
龙州县	2000	1876	1732	92.32
凭祥市	2000	2000	1590	79.50
宁明县	2000	1890	1661	87.88
防城区	2000	1842	1731	93.97

续表

县（市、区）	发放问卷数（份）	回收问卷数（份）	有效问卷数（份）	有效问卷率（%）
东兴市	2000	1680	1560	92.86
靖西市	2000	1720	1535	89.24
那坡县	2000	1709	1470	86.02
合计	15000	13717	12021	87.64

2016—2021年广西边境地区推普与乡村文明建设情况抽样调查问卷回收情况如表1－3所示。每个县（市、区）每年发放问卷1000份，共48000份，回收问卷46951份，有效问卷45545份，有效率达97.01%。具体情况如下：大新县累计发放6000份问卷，实际回收5878份，有效问卷5699份，问卷有效率达96.95%；龙州县累计发放6000份问卷，实际回收5845份，有效问卷5578份，问卷有效率达95.43%；凭祥市累计发放6000份问卷，实际回收5840份，有效问卷5680份，问卷有效率达97.26%；宁明县累计发放6000份问卷，实际回收5768份，有效问卷5668份，问卷有效率达98.27%；防城区累计发放6000份问卷，实际回收5828份，有效问卷5628份，问卷有效率达96.57%；东兴市累计发放6000份问卷，实际回收5955份，有效问卷5755份，问卷有效率达96.64%；靖西市累计发放6000份问卷，实际回收5879份，有效问卷5779份，问卷有效率达98.30%；那坡县累计发放6000份问卷，实际回收5958份，有效问卷5758份，问卷有效率达96.64%。

表1－3　推普与乡村文明建设情况抽样调查问卷回收情况

县（市、区）	发放问卷数（份）	回收问卷数（份）	有效问卷数（份）	有效问卷率（%）
大新县	6000	5878	5699	96.95
龙州县	6000	5845	5578	95.43
凭祥市	6000	5840	5680	97.26
宁明县	6000	5768	5668	98.27
防城区	6000	5828	5628	96.57
东兴市	6000	5955	5755	96.64
靖西市	6000	5879	5779	98.30
那坡县	6000	5958	5758	96.64
合计	48000	46951	45545	97.01

2020年广西边境地区推普与“五个认同”、基层治理情况抽样调查问卷回收情况如表1-4所示。在靖西市、那坡县、东兴市开展实地问卷调查，共发放问卷3000份，回收问卷2654份，回收有效问卷2412份，有效问卷回收率为90.88%。在东兴市发放1000份问卷，实际回收955份，有效问卷875份，问卷有效率达91.62%；靖西市发放1000份问卷，实际回收879份，有效问卷828份，问卷有效率达94.20%；那坡县累计发放1000份问卷，实际回收820份，有效问卷709份，问卷有效率达86.46%。

表1-4 推普与“五个认同”、基层治理情况抽样调查问卷回收情况

县（市、区）	发放问卷数（份）	回收问卷数（份）	有效问卷数（份）	有效问卷率（%）
东兴市	1000	955	875	91.62
靖西市	1000	879	828	94.20
那坡县	1000	820	709	86.46
合计	3000	2654	2412	90.88

第二章

广西中越边境地区的语言生态

一、广西中越边境地区概况

广西地处南疆，西南与越南毗邻，陆上疆界线1020公里，是中国唯一与东盟既有陆地接壤又有海上通道的省区。广西是个多民族聚居的自治区，少数民族人口数量居全国第一位，约占总人口的38.95%，世居民族有壮、汉、瑶、苗、侗、仫佬、毛南、回、京、彝、水、仡佬等12个，其中壮族人口约占总人口的32.51%。广西有八个县（市、区）与越南接壤，分别是东兴市、防城区、宁明县、凭祥市、龙州县、大新县、靖西市、那坡县；有八个国家级陆地边境口岸，分别是东兴口岸、凭祥口岸、友谊关口岸、水口口岸、龙邦口岸、平孟口岸、爱店口岸、峒中口岸。广西八个边境县肩负着守边戍边兴边安边的重任，既是中越边境贸易的主阵地，也是国家推普脱贫攻坚的主战场，发挥着巩固拓展脱贫攻坚成果同乡村振兴有效衔接，推动国家治理体系与治理能力现代化，全面建设社会主义现代化国家，铸牢中华民族共同体意识的极为重要的作用。

（一）地理区位

中越边境八个县与越南山水相连，地理位置优越，是广西乃至中国加强与越南交往交融的重要通道。

东兴市，西南与越南接壤，有陆地边境线39公里，海岸线50公里，是中国与东盟唯一海陆相连的口岸城市。东兴口岸相距越南芒街口岸仅100米，是我国唯一与越南海陆相连的国家一类口岸。

防城区，有峒中镇、那良镇等4个乡镇与越南接壤，海岸线长130多公里，边境线长200多公里，有峒中口岸、里火和滩散边民互市贸易点等中越贸易通道。

宁明县，与越南谅山省禄平县、高禄县、亭立县和广宁省平辽县接壤，边境线长212公里，是广西陆地边境线最长的县，有爱店国家一类口岸和爱店、板烂、北山3个边民互市点。

凭祥市，西南两面与越南一市三县（谅山市、文朗县、高禄县、长定县）接壤，距离越南谅山省首府32公里，距离越南首都河内160公里（高速公路），边境线长97公里，有友谊关口岸（公路）和凭祥口岸（铁路）2个国家一类口岸，平而关（水路口岸）1个国家二类口岸，弄尧（含浦寨）、凭祥（叫隘）、平而、油隘4个边民互市点，是广西口岸数量最多，种类最全，规模最大的边境口岸城市。

龙州县，与越南谅山、高平两省毗邻，在全县12个乡镇中，有5个乡镇与越南谅山、高平两省的长定、石安、广和、下琅、重庆5个县接壤，边境线长达184公里。设有5个边民互市点，一个国家级口岸和一个地方级口岸。其中，水口是国家一级口岸，距越南高平市64公里，离广和县驮隆镇仅10公里；科甲关属地方口岸，距越南下琅县17公里。

大新县，与越南高平省下琅县、重庆县山水相连，边境线长43公里，有国家一类双边性口岸——硕龙口岸和岩应、硕龙、德天3个边贸互市点。

靖西市，南与越南高平省茶岭县、重庆县毗邻，边境线长152.5公里。龙邦口岸为国家一类口岸，与越南高平省茶岭县的越南雄国口岸相对应。

那坡县，与越南高平、河江两省接界，边境线长206.5公里，有1个国家二类口岸——平孟口岸，还有百南、那布、坡酬等9个边境互市点和贸易市场，平孟口岸距越南高平48公里，距越南首府河内200多公里。

表2－1为中越边境八个县（市、区）的地理区位详情。

表2－1　　中越边境八个县（市、区）地理区位详情

县（市、区）	越南接壤地	边境线	边境口岸	行政区域
东兴市	谅山省芒街市	陆地边境线39公里，海岸线50公里	东兴口岸（国家一类口岸），杨屋及东兴等边民互市点	下辖3个镇31个行政村10个社区，区域面积590平方公里
防城区	广宁省平辽县	边境线长200多公里	峒中口岸（国家二类口岸），滩散及里火等边民互市点	下辖8镇2乡3个街道146个行政村16个社区，区域面积2427平方公里
宁明县	谅山省禄平县、高禄县、亭立县，广宁省平辽县	边境线长212公里	爱店口岸（国家一类口岸），爱店、板烂及北山等边民互市点	下辖13个镇（乡）3家华侨农场162个行政村（社区）1086个自然屯，区域面积3705平方公里
凭祥市	谅山省谅山市、文朗县、高禄县、长定县	边境线长97公里	友谊关（公路）及凭祥（铁路）2个国家一类口岸、平而关（水路）1个国家二类口岸，弄尧（含浦寨）、凭祥（叫隘）、平而及油隘等边民互市点	下辖4个镇31个行政村7个村委，区域面积650平方公里
龙州县	谅山省长定县，高平省石安县、下琅县、重庆县、广和县	边境线长达184公里	水口是国家一级口岸、科甲关属地方口岸，敢门、那花、科甲、水口及布局等边民互市点	下辖12个镇（乡）117个行政村17个社区，区域面积2317.8平方公里
大新县	高平省下琅县、重庆县	边境线长43公里	硕龙口岸（国家一类口岸），岩应、硕龙及德天等边民互市点	下辖14个镇（乡）1个华侨经济管理区146个行政村（社区）1356个自然屯，区域面积2742平方公里
靖西市	高平省茶岭县、重庆县	边境线长152.5公里	龙邦口岸（国家一类口岸），岳圩、龙邦孟麻及新兴等边民互市点	下辖11个镇8个乡9个社区28个居民会254个村委会，区域面积3322平方公里
那坡县	河江省苗旺县，高平省保乐县、河广县	边境线长206.5公里	平孟口岸（国家二类口岸），还有百南、坡酬、弄平、平孟、那步、念井等边民互市点	下辖3个镇6个乡3个居委会127个村委会，区域面积2231.11平方公里

（二）经济社会发展

1. 经济发展

在人均收入情况，截至2021年末，广西中越边境地区八县（市、区）地区生产总值共计847.26亿元，其中靖西市地区生产总值最高，为158.96亿元，那坡县最低，为47.35亿元。靖西市城镇居民人均可支配收入最高，为41501元，大新县农村居民人均可支配收入最低，为23439元；凭祥市城镇居民人均可支配入与农村居民人均可支配收入最低，分别为29122元、11098元，详见表2－2所示。

表2－2　2021年广西中越边境地区八县（市、区）GDP及人均GDP

县（市、区）	地区生产总值（亿元）	排名	城镇居民人均可支配收入（元）	排名	农村居民人均可支配收入（元）	排名
靖西市	158.96	1	41501	1	15646	4
防城区	133.42	2	32780	7	15472	5
大新县	119.39	3	46296	2	23439	1
宁明县	118.4	4	34224	5	13777	7
龙州县	104.19	5	34032	6	13916	6
凭祥市	84.55	6	29122	8	11098	8
东兴市	81	7	40990	3	19219	2
那坡县	47.35	8	38627	4	16559	3

数据来源：那坡县统计局：《那坡县2021年主要经济指标数据》，2022年1月28日，http：//www.napo.gov.cn/zfxxgk/sjfb/tjsj/t11344144.shtml；

广西百色市人民政府：《2021年1—12月靖西市主要经济指标》，2022年1月30日，http：//www.baise.gov.cn/zwgk/jcxxgk/sjfb/xqsj/t11740700.shtml；

大新县统计局：2022年1月28日，《大新县2021年1—12月主要经济指标完成情况表》，http：//www.daxin.gov.cn/xxgk/jcxxgk/tjxx/jjzb/t11222480.shtml；

凭祥市统计局，2022年1月28日，《凭祥市2021年经济运行情况分析》，http：//www.pxszf.gov.cn/govinfo/gzbm/pxstjj/zfxxgkml/tjxx/tjfx3/t11214902.shtml；

龙州县统计局：2022年1月14日，《龙州县2021年1—12月主要经济指标完成情况表》，http：//www.longzhou.gov.cn/xxgk/jcxxgk/sjfb/tjsj/t12029655.shtml；

宁明县统计局：2022年1月29日，《宁明县2021年经济运行情况分析》，http：//www.ningming.gov.cn/xxfbml/zfxxgkzl/fdzdgknr/jcxxgk/sjfb/tjfx/t11236797.shtml；

防城港市统计局，2022年4月13日，《2021年防城港市国民经济和社会发展统计公报》，http：//www.fcgs.gov.cn/xxgk/jcxxgk/tjxx/ndtjgb/202204/t20220428_250834.html；

东兴市统计局，2022年1月29日，2021年1—12月东兴市主要经济指标完成情况表，http：//www.dxzf.gov.cn/zwgk/jcxxgk/tjxx/ydtj/202201/t20220110_237253.html。

在三次产业结构方面，2021年末，东兴市分别为27.1%、15.5%、

57.4%，防城区分别为14.7%、48.8%、36.5%，宁明县分别为29.5%、28.5%、42%，凭祥市分别为7.0%、36.4%、56.6%，龙州县分别为28.9%、23.2%、47.9%，大新县分别为23.4%、36.8%、39.8%，靖西市分别为14.7%、49.6%、35.7%，那坡县分别为26.9%、14.5%、58.6%。2021年中越边境地区八县（市、区）三次产业结构比较如图2-1所示。

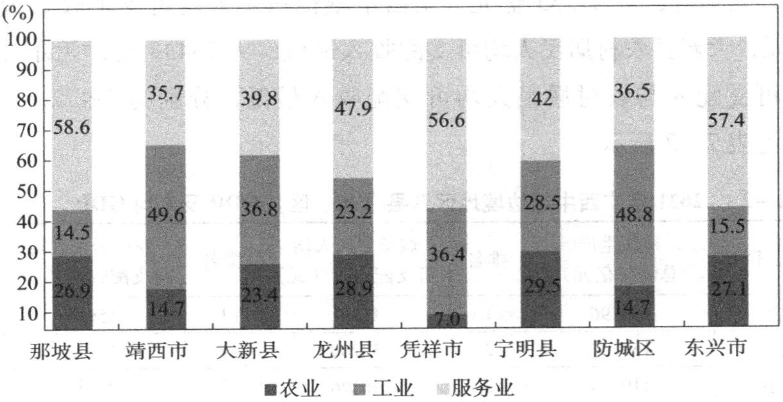

图2-1 2021年广西中越边境地区八县（市、区）产业结构占比

在财政收入方面，截至2021年末，东兴市财政收入8.05亿元，同比下降5.93%。一般公共预算支出26.71亿元，同比增长9.63%。防城区财政收入10.68亿元，同比增长20.2%，其中一般公共预算收入6.42亿元，增长26.9%。税收收入（全口径）7.75亿元，增长5.5%。一般公共财政预算支出27.34亿元，同比增长4.3%。宁明县财政收入5.66亿元，同比增长12.5%。一般公共预算收入3.02亿元，同比增长11.2%。全口径税收收入4.70亿元，增长13.0%；非税收入0.96亿元，增长10.3%。一般公共预算支出完成38.77亿元，增长2.8%。凭祥市财政收入6.58亿元，比2020年增长5.0%。其中一般公共预算收入3.76亿元，增长10.0%。财政支出20.71亿元，增长0.1%。龙州县财政收入30亿元，比上年增长46.9%。大新县财政收入6.89亿元，同比增长69.9%。其中一般公共预算收入3.27亿元，增长94.3%。财政支出31.56亿元，下降7.0%。靖西市2021年财政收入23.43亿元，比2020年增加1.78亿元，增长8.2%。其中：一般公共财政预算收入15.37亿元，比

2020 年下降 9.8%；税收收入 9.1 亿元，比 2020 年下降 7.4%，占财政总收入比重 38.8%。一般公共预算支出 58.27 亿元，比 2020 年下降 12.4%。那坡县财政总收入 29.4 亿元，其中地方一般预算收入 2.5 亿元。

在城镇和农村居民人均可支配收入方面，2021 年东兴市城镇居民人均可支配收入 46296 元，比 2020 年增长 6.5%；农村居民人均可支配收入 23439 元，比 2020 年增长 10.7%。防城区城镇居民人均可支配收入 40990 元，比 2020 年增长 6.4%；农村居民人均可支配收入 19219 元，比 2020 年增长 9.6%。宁明县城镇居民人均可支配收入 32780 元，比 2020 年增长 7.1%；农村居民人均可支配收入 15472 元，比 2020 年增长 10.1%。凭祥市城镇居民人均可支配收入 41501 元，增长 6.2%；农村居民人均可支配收入 15646 元，增长 9.3%。龙州县城镇居民人均可支配收入 34032 元，比 2020 年增长 7%；农村居民人均可支配收入 13916 元，比 2020 年增长 9.5%。大新县城镇居民人均可支配收入 38627 元，比 2020 年增加 2661 元，增长 7.4%；农村居民人均可支配收入 16559 元，比 2020 年增加 1478 元，增长 9.8%。靖西市城镇居民人均可支配收入 19733 元，比 2020 年增加 1768 元，增长 9.8%；农村居民人均可支配收入 13777 元，比 2020 年增加 1443 元，增长 11.7%。那坡县城镇居民人均可支配收入 27242 元，比 2020 年增长 3.3%；农村居民人均可支配收入 10043 元，比 2020 年增长 9.9%。

2. 脱贫攻坚成效

（1）那坡县①。

2020 年那坡县 85 个贫困村、14095 户 55645 人全部稳定脱贫，具体成效如下。

在产业发展方面，其一，推进边贸经济稳步发展，新种 1.62 万亩桑园、3.38 万亩中药材，新造 1.1 万亩油茶林、低改 2 万亩油茶林，新增坚果、益智仁、鸡血藤、猫豆 4 个连片千亩以上产业基地，21 个 200 亩以上的产业基地；建成了那马森林药材核心示范区，新引进了福喜乐养殖、莱泰制药等龙头企

---

① 那坡县人民政府：《那坡县国民经济和社会发展第十四个 五年规划和二〇三五年远景目标》（那政发〔2021〕5 号），2021 年 9 月 6 日，http：//www.napo.gov.cn/zfxxgk/zcwj/t10723849.shtml，2021 年 9 月 28 日。

业，培育了6家中药材加工企业。其二，推进现代服务业建设，销售额翻了一番。建成了特色农产品展览体验中心、电子商务公共服务中心，开展“三月三暖心生活节”“33消费节”“我为家乡代言”等促销活动。其三，稳步推进现代农业发展，开工建设35个开发开放试验区建设项目，申报了7个试验区转移支付增量资金项目，稳步推进平孟物流大道、弄平互市区、口岸验货场等项目实施，其中有5家互市落地加工企业通过海关验收并已投入生产，全县现有32家边贸企业平稳运行。

在基础设施方面，实施了210个农村道路建设项目，自然屯实现屯内巷道硬化率85%，建成百合至百南二级路、农网升级改造工程等项目31个，正稳步推进省道307田阳坡洪至那坡坡荷（那坡段）二级公路、城市管道天然气利用工程等“五网”项目。建成了山水林田湖草生态保护和修复试点项目，全县森林覆盖率达78.23%；安装了1880座家庭水柜、440处集中式供水工程的过滤消毒设备，实施了698个饮水安全巩固提升项目和165个农田水利项目、建成了库容889万立方米的那马水库供水工程，对865个村庄开展“三清三拆”整治项目，完成了1500户的改厕项目，龙合、平孟污水处理以及34个村级垃圾收集转运处理站项目，实现了行政村垃圾收运处置的全覆盖，实现了城市生活垃圾无害化处理率100%、生活污水处理率99%。在建羊加山风力发电、龙合农光互补光伏发电等4个项目、完成1004个农村电网改造升级工程项目，建成了1018个4G网络基站，实现了所有行政村4G信号全覆盖；建成了36个公共照明试点村，实现了村屯太阳能路灯亮化率92%，

在公共服务能力提升方面，建成了24个义务教育学校项目、8个边境村级幼儿园，并投入使用，实现了108所公办学校食堂食材“四统一”的采购配送。全县有16家定点医疗机构开展了“先诊疗、后付费”和“一站式”报销结算服务，实现了行政村村卫生室配备“村医通”全覆盖。建成了39个农村“三变”改革试点、270家农村专业合作社；现有在建县民族高中、平孟物流大道、县人民医院迁建等重大项目39个。改造了486户危房、拆除了852户危旧房、完成了4.9万户住房安全鉴定。那坡县住房、教育、医疗、饮水安全等基本民生问题得到解决，为各族群众安心生活、专心生产提供良好环境。

（2）靖西市[①]。

2020年靖西市近13万人全部脱贫，具体成效如下。

在产业发展方面，其一，持续推进口岸经济发展。靖西市已引进企业投资建成了国际商贸物流中心，推行“互市贸易＋落地加工＋边民互助组＋金融服务”边贸扶贫模式，成立了22家边民合作社，实现互市商品申报“单一窗口”、通关车辆“整进整出”；成立了粤桂扶贫协作龙邦口岸产业园，园区内已经建成了8个标准厂房，12家进驻企业，并有7家已经投产运行；成立了龙岗·靖西协作共建产业园已经建成了5个标准厂房；现有在建龙邦口岸旅检通道国门楼、龙邦国门4A级旅游景区等一批口岸重大项目。其二，持续推进工业创新发展。加快推进天桂铝业年产250万吨氧化铝二三期等21个重大工业项目，实施了6个园区基础设施项目，新增了4家规上工业企业，共有39家规上工业企业。其三，持续推进文旅产业发展。现有在建锦绣古镇、鹅泉—旧州漂流带、绣球城等文旅重大项目；持续提升鹅泉、旧州古镇等景区景点品质，其中旧州入选国家乡村旅游重点村、广西十大最美乡村；策划推广了集山水观光、文化品赏、生态休闲、网红打卡于一体的精品线路。其四，加快推进农牧产业发展。实施“8341”特色农业发展战略，充分发挥烤烟、桑蚕、水果、养殖等优势，力争到2025年实现烤烟种植面积8万亩，桑园面积30万亩，水果面积40万亩，生猪年出栏100万头的农业发展规划，引进了农业龙头扶贫企业，推行“政府引导＋资金扶持＋企业带动＋合作社互动＋能人带头”的全产业链扶贫模式，现已建成了75个脱贫奔康产业园、505个农民专业合作社，培育883位创业致富带头人，实现了特色农业产业在282个行政村的全覆盖。另外，靖西市现已创建了15个粮食生产示范区，实施了77个农村公路“四建一通”工程项目、5个村立面改造和乡村振兴综合示范项目，推进3个乡村振兴战略试点村建设。

在基础设施方面，现已建设改造了480公里产业路，崇靖高速至岳圩口岸高速公路、化峒至靖西一级公路和旧州至壬庄等5条二级公路开工建设；太极

① 靖西市人民政府：《国民经济与社会发展第十四个五年规划和二〇三五年远景目标纲要》（靖政发〔2021〕13号），2021年10月18日，http://www.jingxi.gov.cn/xxgk/jcxxgk/zcwj/szfwj/t10989798.shtml，2021年11月2日。

路北段、百祥路西段、德爱规划三路等一批市政路网开工建设，在建靖东新区迎宾大道、长旺路等6条路网，建成了龙潭路南延长线、狮子山路东延长线、百祥路等3条路网，并投入使用。建成并投入使用的共有6个山水林田湖草项目，对73处开展饮水安全巩固提升工程，完成了265公里农田水利改造项目。新建和改造25公里的各类地下管网，建设了180个地头水柜，建设完成65个农村污水处理站，完成了2262个村庄“三清三拆”工作。实现了行政村通光纤和4G网络全覆盖。

在公共服务能力提升方面，实施了9个教育基础设施项目，建成了第十小学扩建工程，新增了2000个小学学位、3100个公办学前教育学位，基本完成了义务教育均衡各项建设。现已基本实现了基本养老保险、医疗保险全覆盖；市中医医院通过“二甲”医院复审，市妇幼保健院荣获全国第二批“妇孺国医堂”，目前在建市人民医院异地建设等项目有48个。在全市292个村（街、社区）建成了卫生室、图书室、文化活动室、戏台、文化广场、广播电视等。乒乓主题体育公园等续建项目有38个。新增城镇就业2460人、农村劳动力转移就业1.6万人，634位失业人员实现再就业、454位就业困难人员实现就业、10.4万位贫困劳动力务工实现就业，安置了1.5万人次的公益性岗位；建成了12个全国示范型退役军人服务站，安置了6名符合条件退役士官。已完成了445户危房、1120个新一轮农网改造项目，以及700多套棚改房建设，帮助2.38万人实现易地扶贫搬迁，完成了棚改宝珠安置点等项目16个，并完善了3个安置点的公共配套服务，城区新增了1200多个机动车停车泊位。此外，靖西市致力于加强平安靖西建设，在2020年“亮剑2020·六打”专项行动中，破获了723起刑事案件，打掉了71个犯罪团伙，持续提升各族人民安全感、幸福感、满意度。

（3）大新县①。

2020年全县54个贫困村全部脱贫出列，16993户65348名贫困人口全部脱贫摘帽，具体成效如下。

---

① 大新县人民政府：《关于印发大新县国民经济和社会发展第十四个五年规划和二〇三五年远景目标纲要的通知》（新政发〔2021〕3号），2021年11月22日，http：//www.daxin.gov.cn/xxgk/jcxxgk/zcwj/zfwj/t10852079.shtml，2021年12月2日。

在产业发展方面，其一，推进现代服务业建设，积极推进恩城水乡国际康养旅游度假区项目、安民大健康文旅产业园项目等自治区重大项目建设，新增8家A级景区、14家三星级以上乡村旅游区（农家乐），旅游步道达56.6公里，酒店、饭店、民宿数量达209家，其中，新增2家四星级旅游饭店；下雷特色小镇创建工作通过自治区验收。其二，积极推动边贸工业经济发展，全面建成了硕龙口岸主通道，挂牌成立了硕龙海关、硕龙边检站，硕龙口岸升格为双边性常年开放公路客货运输口岸。稳步推进锰产业补链、强链、延链发展，东来新能源锰酸锂动力电池、中信大锰年产60万吨立磨技改等项目已经投入使用，实现锰产业链下游锰酸锂产业和新能源项目落地投产，锰业产值增长13%；完成了16万亩粮食生产功能区、40万亩糖料蔗生产保护区划定工作，建成了44万亩的高标准农田，粮食产量稳定在12.54万吨以上，糖料蔗种植面积稳定在50万亩以上，引入湘桂集团、广糖集团实施糖企兼并重组，糖业产值增长10.5%；苦丁茶、青梅、皇鸽、生猪、牛等种养产业实现规模化发展。工业集中区获评自治区A类工业园区，新增15家规模以上工业企业、50家服务业企业。

在基础设施方面，崇靖高速建成通车，新建、在建3条高速公路，改扩建324.5公里的各类等级公路，完成了482.7公里的“四好农村路”建设，实现了全县建制村通硬化路全覆盖。实现了全县城镇化率29.7%、森林覆盖率66%以上、环境空气质量优良天数比率98%、地表水水质考核连续5年达标率100%，创建了黑水河国家湿地公园；完成了277处农村饮水安全巩固提升工程，使7.7万人受益。

在公共服务能力提升方面，通过国家“义务教育发展基本均衡县”、自治区“普及高中阶段教育达标县”的评估验收，新建成了养利学校、万承学校等学校，新增7046个学位，实现了学前教育毛入学率96.1%、义务教育巩固率98.1%、高中毛入学率93%。率先在全区实施了健康扶贫“一站式”即时结算，实现了医疗保险参保率98%以上，成为崇左市首个“自治区级慢性病综合防控示范区”，荣获“全国计划生育优质服务先进单位”称号，在147个行政村（社区）建成了卫生室、公共服务中心，新建县妇幼保健院新院区已投入使用，18.72万人参加城乡居民养老保险。完成了农村3362户危房改造、解决9049人住房困难问题。2020年，大新县通过了自治区新型城镇化示范县创建工作评估验收；开展“千屯医诊”“千屯文艺”“千屯排查”活动，使35.8万群众受益；开展“千屯五化”活动，916个自然屯通过了评估验收，建成精品示范型村庄3个、设施完善型村庄8个、基本整治型村庄159个。大新县城乡面貌和公共服务水平持续提升，各族群众生活水平也显著提高。

（4）龙州县①。

2020年底，龙州县实现了5.08万建档立卡贫困人口、47个贫困村脱贫摘帽，具体成效如下。

在产业发展方面，其一，持续推进县域农牧产业升级，建成了四野牧业、甘牛总园、大湾养殖场养牛项目，以及新希望100万头生猪养殖项目（一期），推进建设龙北种猪场、中禾恒瑞养牛项目；建设了生态氧化铝项目、响水光伏项目；新增了2家上规入统工业企业。其二，推进口岸经济转型升级，自治区级龙州边境经济合作区成为国家边民互市贸易进口商品落地加工试点县，水口口岸发展为全国第一个试点进口“提前审核、卡口验放”通关模式的口岸，水口边贸扶贫产业园内建成了20万平方米的标准厂房、有18个项目入驻，其中14个项目建成并投产。其三，持续推进文旅产业创新发展，成功创建广西特色旅游名县，新增了1家四星级农家乐、1家生态旅游示范区、3家4A级景区、4家3A级景区、5家四星级乡村旅游区。

在基础设施方面，新增了691条683公里通电路，完成了崇左至水口高速公路、大新德天—宁明花山一级旅游大道（一期）和叫堪至那花至布局、新旺至上金码头二级公路，新增55.8公里高速公路、24.95公里一级公路、33.99公里二级公路；在建巴马经龙州至凭祥高速公路、崇左经龙州至凭祥铁路、6条二级公路加快建设。新建了579个通信基站、34个5G基站、886个电网项目，实施了农网改造升级工程，实现了所有行政村覆盖光纤高速宽带网络。

在公共服务能力提升方面，实施了164个教育项目，新增了13.22万平方

---

① 龙州县人民政府办公室：《2021年政府工作报告》，2021年2月10日，http://www.longzhou.gov.cn/xxgk/jcxxgk/zfgzbg/t7991147.shtml，2021年7月28日。

米校舍建筑面积；2020年龙州县学前三年毛入园率、义务教育巩固率、高中毛入学率分别达到90.66%、96.53%、90.16%；新建成水口共和完小及附属幼儿园、城南新区小学及幼儿园，并投入使用。城乡居民基本养老保险和医疗保险参保率分别为98%、99.6%，完成了12个乡镇卫生院、117个行政村卫生室的标准化建设，加快推进县中医院、疾控中心、妇幼保健院整体搬迁建设。在134个行政村（社区）建设文化室、农家书屋，率先在全区建成应急广播系统；建成县110指挥中心、工人文化宫、天琴湖公园，并投入使用，推进建设群众文化活动中心、龙湖生态修复治理工程等项目，加强县城亮化、独山路街道、龙鑫商业步行街的改造。城乡居民最低生活保障标准分别提高67.4%、59.4%，城市、农村低保平均补助水平分别提高30%、67.9%，建立了县乡村三级退役军人服务保障体系。建成了9个易地扶贫搬迁安置点，共安置了2147户7017人贫困人口，改造了4257户农村危房，加快推进县城棚户区改造。此外，着力推进平安建设，龙州县获评全国信访工作“三无”县，着力为全县居民创造一个更为宜居宜业、文明法治的环境。

（5）凭祥市①。

2018年凭祥市10个贫困村全部脱贫出列，2019年全市3313户11789人建档立卡贫困人口全部脱贫，具体成效如下。

在产业发展方面，其一，加快升级口岸基础设施，完成了友谊关口岸扩大开放项目以及中新互联互通南向通道友谊关左辅山二桥（含口岸卡口改扩建）项目的桥梁工程竣工验收，正在加快建设凭祥境外边民务工管理服务中心、巴马至凭祥高速公路（凭祥段）、崇左至凭祥城际铁路、广西凭祥综合保税区快速通道二期等项目。加大产业扶贫覆盖范围和支持力度，全市产业扶贫覆盖率达96.1%，边贸扶贫惠及贫困群众4466人。其二，不断提升全域旅游对经济发展的贡献力，加快创建友谊关国家5A级景区、中国—东盟（凭祥）水果旅

① 凭祥市人民政府：《凭祥市国民经济与社会发展第十四个五年规划和二〇三五年远景目标纲要》（凭政发〔2021〕2号），2021年4月19日，http：//www.pxszf.gov.cn/govinfo/gzbm/pxsrmzfbgs/zfxxgkml/zfwj/pzf/t8671203.shtml；凭祥市人民政府：《2021年政府工作报告》，2021年5月19日，http：//www.pxszf.gov.cn/zwgk_1568/xxgkml/jcxxgk/zfgzbg/zfgzbg/t8917755.shtml；凭祥市统计局：《2020年凭祥市国民经济和社会发展统计公报》，2020年8月19日，http：//www.pxszf.gov.cn/govinfo/gzbm/pxstjj/zfxxgkml/tjxx/tjgb/t9853424.shtml。

游城，创建了华夏龟谷生态旅游度假区成功国家3A级旅游景区、巨龙泉生态度假农庄成功自治区4星级农家乐、中国红木文化博物馆、植物王国景区自治区生态旅游示范区。其三，加强边城文旅品牌建设，开展文化惠民下乡演出暨戏曲进乡村进校园活动40场次，开展“壮族三月三”暖心生活节、2020中国—东盟博览会旅游展广西旅游形象展等线上线下文旅宣传活动，不断激活各族群众文化品牌创造力，有6项群众原创文艺作品获得了崇左市级以上奖项。

在基础设施方面，不断补齐城乡基础短板，城乡污垃处理处置能力大幅提升。凭祥市现已完成凭祥市污泥处理处置项目、果蔬垃圾废弃物处理处置项目、浦东村板德屯污水处理项目、新鸣村旧州屯污水处理项目、生活垃圾临时转运场等项目建设，并已全部投入使用。不断提升全市供水能力，中越跨境经济合作区供水项目，39个饮水安全、节水改造项目已全部完成并投入使用，全市所有村屯饮用水检测报告达标率100%。

在公共服务能力提升方面，“十三五”期间，凭祥市在社会保障、公共卫生服务、国门教育、平安建设等方面工作不断加强，义务教育巩固率达到100%，城乡教育资源不均衡问题得到明显改善，2020年高考一本上线人数较去年增幅达80%。实现了城乡居民基本医疗保险参保率达98.7%，基本养老保险参保入库率85.5%；实现了紧密型医联体、医共体建设100%覆盖，4类慢病贫困人口随访率达100%，县域就诊率达96.14%。加快改善提升城乡面貌，已完成全市所有村屯“三清三拆”整治任务，正加快建设12.92万平方米棚户区改造项目，重拳出击整治了6000余起市容市貌行为乱象，持续深化平安建设，2020年凭祥市群众安全感达98.96%，连续六年位居全区前十。凭祥市积极创造经济发展、文化繁荣、文明卫生、民族团结的现代化城市。

（6）宁明县①。

2020年底，宁明县57个贫困村脱贫出列，17715户72901人实现脱贫，

① 宁明县人民政府：《宁明县国民经济与社会发展第十四个五年规划和二〇三五年远景目标纲要》（宁政发〔2021〕18号），2021年11月30日，http://www.ningming.gov.cn/xxfbml/zfxxgkzl/fdzdgknr/jcxxgk/Zjzl/bjzfwj/t10999766.shtml；宁明县统计局：《2020年上半年国民经济和社会发展计划执行情况报告》，2020年8月13日，http://www.ningming.gov.cn/xxfbml/zfxxgkzl/fdzdgknr/jcxxgk/ghjh/ghzxjd/t6919347.shtml。

具体成效如下。

在产业发展方面，其一，创新形成“扶贫车间”等扶贫新模式，发展了县级“5+2”特色产业，村级“3+1”特色产业覆盖率达90%以上，贫困村村级集体经济收入均达到5万元以上；稳步推进花山景区创建国家5A级旅游景区项目，完成了景区停车场（一期）、旅游厕所、动感3D球幕影院建设。其二，不断加强旅游基础设施配套项目建设，已完成堪爱四星级农家乐、珠连至耀达旅游驿站、珠连码头改造提升工程、木洲汽车营地提升工程、驮河换乘中心停车场等旅游基础项目。全年共接待游客703.61万人次，实现旅游总消费79.87亿元，同比增长40.37%。

在基础设施方面，不断强化重大基础设施建设，推进建设县城兴宁大道东延长线、花山大道、新宁路等一批项目，实施完成了33个屯级道路改造提升项目，完成了2.52公里的兴宁大道东延长线主路建设，县城第二水厂总体工程量70%，新宁路、新阳路延长线完成路基开挖及管道铺设。推进了5个山水林田湖草生态修复工程项目建设，实施了250处农村饮水安全工程，使11.6万余人受益，那弄国家级地表水考核自动水质监测站获生态环境部首批100个“最美水站”称号；完成了2个村级垃圾收集转运处理设施项目选址；建设完成了5个村级公厕，完成了4个行政村生活污水处理项目前期规划。建成了33个村级宽带网络项目、3个村级基本公共服务项目；实施完成“壮美广西·智慧广电”工程，完成38个村95个屯的光缆，新增4747户“广电云”用户；已完成226项农网改造项目，新建改造244公里的10千伏线路，227个配变台区；建设了272个乡村光纤网络项目、860个4G基站，实现了全县所有行政村通宽带网络。

在公共服务能力提升方面，引进了北大培文集团对宁明中学进行托管合作办学；实施了49个义务教育学校改扩建工程项目，招聘了192名教师充实师资队伍，县民族中学荣获国家教育部、人社部颁发的“全国教育系统先进集体”荣誉称号。全县全面落实了贫困对象的基本医保、大病保险、医疗救助、商业补充保险等各项优惠政策，完成了市民中心规划编制及市民康养体育场项目。年末城镇新增就业2321人、城镇登记失业率2.85%，县人社局荣获“全区就业促进工作先进集体”，县就业服务中心荣获“全国人力资源社会保障系统2017—2019年度优质服务窗口”“全区人力资源和社会保障工作集体二等功”。建成了2个易地扶贫搬迁安置点，共安置了1181户4734人贫困户；建设了1820套棚户区改造项目，改造了全县12360户危房并已全部入住。宁明县在拓宽农民增收渠道、提高公共服务水平方面取得了良好成效。

（7）防城区①。

2020年底，防城区43个贫困村、21424人建档立卡贫困户全部摘帽出列，如期实现全部脱贫，具体成效如下。

在产业发展方面，大力推进农业现代化发展，建成了那良柑橘产业示范区、大南山金花茶产业核心示范区、珍珠湾海洋渔业核心示范区、农潮火龙果产业核心示范区、白龙生猪产业示范区、大河肉牛生态养殖示范区，建设有28个乡级示范园、170个村级示范点；建成了1个县级运营中心、438个益农信息社站点，其中：146个益农信息社标准站、146个专业站、146个简易站；推进白龙珍珠湾海域国家级海洋牧场示范区多功能平台建设项目、年产2亿尾珍珠石斑鱼苗良种场新建项目、旺众黄鳝苗种繁育场建设项目、双墩渔港工程项目的升级改造。

在基础设施方面，2020年末，有30个自动气象观测站、3个人工影响天气系统，实现了森林覆盖率72.97%、污水处理率98.67%、生活垃圾无害化处理率100%，实现了农村自来水普及率89.6%、农村卫生厕所普及率95.4%。现有27085户有线广播电视用户、27085户数字电视用户。

在公共服务能力提升方面，全区现有270个卫生机构，其中：5个医院、1个保健院、10个乡镇卫生院、1个卫生防疫站；有1117张卫生机构床位、1679位卫生技术人员，其中：581位医生，665位注册护师、护士，34位卫生防疫人员；有146所村卫生室、268位乡村医生和卫生员。全区共有15个社会福利收养性单位，共681张床位，现已收养了65人；建立了19个社区服务设施；有5个提供住宿的各类社会服务机构数，共424张床位。现有1个建筑面积960平方米的公共图书馆、1个馆内藏有档案4.1万卷的档案馆；现有24.84万人参加防城区基本养老保险，其中：4.81万人参加城镇职工养老保

---

① 防城港市防城区人民政府：《防城港市防城区人民政府关于印发防城港市防城区国民经济和社会发展第十四个五年规划和二〇三五年远景目标纲要》，2021年11月30日，http://www.fcq.gov.cn/xxgk/xxgkml/jcxxgk/zfwj/zfwj/202201/t20220105_236381.html。

险、1.72 万离退休人员参加城镇职工养老保险、20.04 万人参加城乡居民基本养老保险。2020 年，38.23 万人参加防城区基本医疗保险，其中：3.28 万城镇职工参加基本医疗保险、34.95 万人参加城乡居民基本医疗保险；2.04 万人参加工伤保险；1.74 万人参加失业保险，2020 年有 2570 人领取失业保险金。防城区不断激活产业发展活力、提升民生兜底保障水平。

（8）东兴市①。

2020 年底，东兴市 4 个贫困村、共 755 户 2815 人建档立卡贫困户全部脱贫，具体成效如下。

在产业发展方面，其一，积极打造乡村旅游产业，创建了 2 个自治区级生态镇、13 个自治区级生态村、8 个防城港市级生态村；“十三五”期间，共发展了 1300 多家农业经营主体；建成了 49 个各级现代特色农业示范区，成为全区率先实现“村村有示范点，镇镇有示范区”的地区。其二，稳步推进科技产业发展，成功建设了全国首个沿边跨境科技企业孵化器——启迪之星（中国·东兴）沿边跨境孵化基地，成功创建了自治区级农业科技园区。稳步推进跨境加工产业发展，新增了边境深加工产业园、冲榄工业园、牛轭岭加工区，67 家企业成功入园；通过互市商品落地加工上下游产业链为边民提供 6 万多个就业岗位。其三，加快推进跨境金融发展，开创了人民币对越南盾直接报价兑换的“东兴模式”；实现了沿边金融改革，创造 3 个全国第一、多个全区第一。其四，加快推进跨境电商发展，率先创立了“互市 + 电商”的边境电商新模式，共发展了 2668 家电商企业，直接带动 1 万多人就业，成为了全国电子商务进农村综合示范县，连续四年荣获中国电商示范百佳县称号，在全国电子商务百佳县中排名第七，居西部第一；共发展了 200 多家物流企业。

在基础设施方面，打通了 28 条教育西路、福海路等断头路，改造提升了 39 个人行道工程项目，建成了带状公园、外滩公园、中越友谊公园；新增了 6 万多平方米的绿地面积，实现了森林覆盖率 67.1%。现已完成了 7 个东盟大

---

① 东兴市人民政府：《东兴市国民经济与社会发展第十四个五年规划和二〇三五年远景目标纲要》（东政发〔2021〕8 号），2021 年 12 月 20 日，http://www.dxzf.gov.cn/zwgk/jcxxgk/gfwj/bjwj/202201/t20220118_238807.html；东兴市统计局：《2020 年东兴市国民经济和社会发展统计公报》，2021 年 6 月 2 日，http://www.dxzf.gov.cn/zwgk/jcxxgk/tjxx/ndtj/202106/t20210602_203549.html。

道排水改造工程等项目，安装了4700盏路灯，铺设了156.2公里天然气管道，新改建了285.6公里污水管道、212.8公里自来水管网。新增了2.5万个公共停车泊位、227个新能源汽车充电桩；实现了城区和行政村宽带光纤覆盖率100%、主城区热点区域免费Wi－Fi和5G信号全覆盖，城镇化率达72.8%。实施建设乡村风貌提升村庄，其中，已完成69个基本整治型村庄、2个设施完善型村庄的建设工作，共清理8557吨的各种村庄垃圾、约19000米的沟渠，实现了农村卫生厕所覆盖率95.6%、农村生活垃圾收运处理率100%；拆除了279处乱搭乱盖、93间废弃危旧房。完成村级公共服务平台标准化建设，竹山村被评为全国乡村治理示范村和国家级美丽乡村标准化试点。

在公共服务能力提升方面，实现了乡镇公办中心幼儿园的全覆盖，以全区最高分通过了国家义务教育均衡发展的评估验收。建设了2个“自治区卫生镇”、13个“自治区卫生村”；现有124个卫生机构，其中：1个等级医院、1个妇幼保健院、1个疾控预防中心、3个乡镇卫生院，有1038位卫生技术人员，其中：418位执业（助理）医师，369位注册护师、护士。全市医院、乡镇卫生院（含妇幼保健院）共501张床位。现有1个博物馆、1个文化馆；1个公共图书馆，藏书量105.24千册；1个青少年活动中心、1个老年活动中心、1个全民健身活动场所、3个全市体育场馆、6个游泳场、25个排球场、40个足球场、156个篮球场。现有748人享受到城镇最低生活保障、4854人享受到农村最低生活保障，28个各类收养性社会福利单位；有6.12万人参加城乡居民基本养老保险、1.9万在职人员和0.49万退休人员享受城镇职工基本养老保险、1.67万人参加城镇职工基本医疗保险、14.53万人参加城乡居民基本医疗保险、1.1万人参加失业保险、1.45万人参加工伤保险、1.51万人参加生育保险。此外，东兴市不断加强边境安全管理工作，实现了社会治安案情“三降两升”，2020年有238天零发刑事案件。全市坚持以特色产业发展为支撑，积极打造文明法治、宜居宜业、民族团结的城市。

（三）民族文化

东兴、防城、宁明、凭祥、龙州、大新、靖西和那坡这八个县（市、区），既是边境地区，也是少数民族地区，形成以壮族为主，多民族聚居的居住格局。

东兴市主要居住民族有汉、京、壮、瑶等民族，其中京族人口2万多人，主要聚居在江平镇的“京族三岛”——巫头岛、山心岛、万尾岛，以及恒望、潭吉、红坎、竹山等地区，其他一小部分京族人散居在北部湾陆地上。东兴是中国京族唯一聚居地。

防城区现有壮族、苗族、回族、傈僳族、拉祜族、佤族、纳西族、瑶族、藏族、景颇族、布朗族、布依族、阿昌族、哈尼族、锡伯族、普米族、蒙古族、怒族、基诺族、德昂族、水族、满族、独龙族等民族分布，少数民族人口占总人口的40.84%。另外，防城区有海外华侨和港澳台同胞26万多人，是广西第二大侨乡。据不完全统计，防城区籍侨居国外华侨华人26.1万人，主要分布在越南、美国、英国、澳大利亚等30多个国家和地区，港澳台同胞5100多人。

宁明县少数民族人口约36.8万人，占总人口的83.33%。在宁明县人口中，壮族约有36.6万人，占总人口的82.43%；汉族约有7.4万人，占总人口的16.67%；瑶族约有1400人，占总人口的0.32%；京族约有150人，占总人口的0.03%。除此之外，宁明县还居住有少数回族、侗族、满族、朝鲜族、傣族、蒙古族、土家族、苗族、水族等少数民族人口。

凭祥市居住有壮、汉、瑶、苗、京、回、侗、水、傣、畲、布依、蒙古等24个民族，少数民族人口占总人口的比例达85.63%，其中壮族人口占总人口的比例达84.7%，是壮族为主体、多民族杂居的少数民族聚居区。

龙州县居住有壮、汉、瑶、苗、回、侗等12个民族，壮族人口占总人口95%。

大新县聚居着壮、汉、瑶、苗等15个民族，其中壮族人口占98%。

靖西市90%以上是壮族人口，还有少量汉族、苗族、回族、瑶族、满族、蒙古族、侗族、布依族、毛南族、土家族等11个民族的人口，是全国典型的壮族人口聚居地。

那坡县作为少数民族的聚居地，境内生活着壮族、汉族、瑶族、苗族、彝族、仫佬族等民族。据统计，那坡县现有汉族共2255户10064人，占常住人口的6.19%；瑶族（蓝靛和大板）共1102户5198人，占常住人口的3.20%；苗族（白苗）共400户1671人，占常住人口的1.03%；彝族（白彝和红彝）

共309户1366人，占常住人口的0.84%；仫佬族共5户42人，占常住人口的0.03%；壮族共36337户156018人，占常住人口的95.95%。

东兴市最独具特色的是中国唯一的海洋民族——京族，也是一个跨境民族，京族一名于1958年5月正式被国务院批准，有“心向北京”之意。根据第七次人口普查数据显示，现东兴市京族人口为20834人，比第六次人口普查数据的1.9万多人增加了1000多人。京族以海洋为主题的民族文化是东兴市特色民族文化的重要组成部分，京族民族文化包括了京族服饰、京族哈节、京族独弦琴、拉大网、踢沙、掷木叶、对花屐、高跷捕鱼、坐蒙（乡饮），以及“竹竿舞”“跳天灯”“花棍舞”等传统京族舞蹈、俗称“呃粉”的京族米粉、别名“冰喇”的风吹饼。京族语言与越南语相同，京语通常被认为属于南亚语系，故京族一般被视为南亚语系民族。京族也曾创造过本民族的文字“喃字”，但未能全面推行和规范化。此外，东兴市还是广西客家聚集地，孕育和发展了客家文化。京族独弦琴艺术、民歌、京族鱼露、服饰制作技艺、风吹饼制作技艺、哈节、高跷捞虾习俗等被列入自治区非物质文化遗产。

那坡县的黑衣壮是当地神秘独特的族群，其拥有别具风采的服饰文化，如传统的蓝靛染织工艺、银饰文化等，有特别的酒文化、酒山歌、饮食习俗、农耕文化，以及独特的婚嫁祝寿、取名习俗、称呼习俗、丧葬文化、民间信仰、原始宗教等，其中，那坡县的民族文化还有彝族跳弓节及“祈雨节”、被称为那坡壮族山歌节“活化石”的中山村“同歌节”、那坡彝族开路经、壮族民歌、壮剧、瑶族织绣技艺、壮族服饰制作技艺、壮族抢花炮等入选了自治区非物质文化遗产名录。另外，那坡县平孟镇平孟村的弄平古炮台、城厢镇那坡屯的和平解放镇边县城谈判旧址等也见证了那坡县历史上承担着戍边守边、维护边疆安宁的使命。

靖西市素有山水“小桂林”“中国绣球之乡”之美誉，“山水边城，锦绣壮乡”这一美誉形象地展现了靖西的地理位置和传统文化，其中，靖西壮锦是一门传承了上千年的传统织造技艺，包括了以绚丽色为主的传统壮锦和以素色为主的现代壮锦，2006年靖西申报“壮族织锦技艺”入选第一批国家级非物质文化遗产名录，靖西壮锦不仅具有文化艺术和美学的意义，被壮族人民视为美好生活的象征，也包含了实用的功能和经济的价值，通过设计成生活日用品、艺术品、旅游纪念品为靖西人民脱贫致富提供了更多机会。绣球是其传统文化代表之一，在历史的发展长河中，绣球拥有更丰富的寓意，不仅象征着爱情，更象征着团结、友好、吉祥，成为了中国—东盟博览会、“丝路杯”中国—东盟乒乓球赛等国际外交或重要赛事中的吉祥物，2012 年靖西绣球被列为自治区级非物质文化遗产名录。靖西市壮族夹砂陶制作技艺也被称作“活化石”，包括了采掘粘土、采选石英石，用筛子把粘土筛选、把石英石烧熟，用手或木棍把筛选的粘土和捣碎的石英石粉搅拌在一起，制模，晒陶，烧制六个过程，2012 年靖西壮族夹砂陶制作技艺被列入自治区非物质文化遗产名录。此外靖西市还有很多丰富的非物质文化遗产资源，如壮族提线木偶戏、壮族末伦、壮剧（南路壮剧）、壮医驳骨疗法、扮台阁、壮族舞蹈、壮族民间小调、壮族八音、东球供纸制作技艺、壮族堆绣、壮族棋艺、壮族土陶烧制技艺、壮族田螺笛制作技艺、壮族端午药市、壮族抢花炮、壮族花灯习俗等。

防城区是广西著名侨乡之一，同时多民族聚居也使得防城区拥有丰富的特色民俗活动，如壮族瑶族风情的歌舞、山歌对唱、瑶族“阿宝节”的跳盘王活动、砧板陀螺技艺、鸡毛球、打狗、喃嘟喝制作、壮族天琴艺术表演等活动。其中，中越民间天琴表演、峒中陀螺赛分别是中越边境传统文化交流项目和传统竞技项目，有利于中越边境社会和谐稳定、中越两国边民友谊和睦。壮族天琴艺术、采茶戏、峒中壮族砧板陀螺技艺、彩石雕刻技艺、大板瑶服饰等被列为自治区非物质文化遗产。

宁明县别名“荷城”，是广西中越陆地边境线最长的县，中国松香之乡、八角之乡。中国第一处岩画类世界遗产、广西首个世界文化遗产——左江花山岩画文化景观是宁明县独特的文化名片，以花山岩画为核心，高山岩画、龙峡山岩画、珠山岩画等为重要组成部分描绘了奇特的骆越文化，生动呈现了壮族先祖骆越人或狩猎、或祈祷、或祭祀等丰富的生产生活场景，壮族文化、岭南民族文化和东南亚民族文化的同生共源。宁明县壮族天琴艺术、壮族道公舞、寨安彩调、左江花山壮拳、壮族民间染织工艺、壮族红糖制作技艺、瑶族服饰、瑶族婚俗、壮族花炮节等被列为自治区非物质文化遗产名录。

凭祥市被称为“中国南大门”，而“千年雄关、边关重镇、旅游名城”十二个字是对其人文最为贴切的概括，千年雄关是因为凭祥历史文化悠久，可以追溯至秦朝，拥有一座2000多年历史的关隘——友谊关（九大名关），是至今唯一一座仍在使用的关隘。“镇南关大捷”“镇南关起义”“区庆日”等一系列重大历史事件先后在友谊关上演。边关重镇是在于凭祥地处“一带一路”国际陆海贸易新通道、中国—东盟自由贸易区、中越“两廊一圈”等战略交汇处，形成了“打开门就是越南，走两步就进东盟”的景象。凭祥市拥有的港口是广西数量最多、种类最全、规模最大，拥有的国家级开放平台也是广西数量最多，形成了独属于凭祥的边贸文化。旅游名城则体现在凭祥所获“最美中国·特色魅力旅游目的地城市”“中国优秀旅游城市”“广西特色旅游名县”“首批国家全域旅游示范区创建单位”的称誉，这些称誉充分展现了凭祥丰富的边关文化资源，如红木文博城、世界第二大亚热带珍稀植物园——大青山石山树木园、中越界河——平而河等特色景点，友谊关、金鸡山古炮台、大清国万人坟、平岗岭地下长城、大连城等名胜古迹。另外，凭祥市上石北帝庙会、上石春社和秋社、上石抢花炮、民间服饰、左江壮族民歌、大连城庙会、壮族艺术天琴等被列入自治区级非遗名录。

龙州县素有“小香港”“边陲重镇”“中国长寿之乡”“中国天琴艺术之乡”等美称。龙州县拥有丰富的民俗文化，如交匙酒、4月13日歌墟节“伏波诞祭典仪式”等民俗活动，“伏波诞”是为了纪念伏波将军马援率兵南征交趾、开拓骆越、曾屯兵龙州保卫开发边疆等诸多建树。金龙壮族官郎歌、壮族天琴艺术、金龙花凤舞、桄榔粉制作、金龙壮族织锦技艺、壮族天琴制作技艺、金龙壮族侬峝节等被列为自治区非物质文化遗产名录。作为红军的故乡、龙州起义点，龙州县拥有较为丰富的红色文化资源。龙州县除了居住着一个语言、称谓、衣着、风俗等民族文化与越南岱族、泰国傣族相似的壮族支系——长衣壮外，还保留着其独有的民族乐器——天琴。天琴是壮族民间特有的弹拨法器，产生于上古壮人先祖洞居时期，源自骆越先民对超自然力量存在的信仰，至今流传已有千年历史。大新县壮族服饰还保留着较为完整的“白巾黑衣”“短衣长裙”“哈尼角巾”“蓝衣盘头”等民族特色。代表着大新县民族文化的壮族歌圩远近有名，歌圩和歌会始自唐代，至今已有千余年历史，它是壮族人民饶有风趣的一种传统风俗，历来盛行，至今大新县壮族人民还传承流唱着与众不同的“上下句高腔山歌”和“引子山歌”等。

大新县有“中国土司文化之乡”“中国侬垌文化之乡”“中国长寿之乡”等称誉。大新拥有丰富的民俗活动，如“抛绣球”“射鸡”“板凳龙”“打陀螺”等民族传统体育活动，“贺新人”等民族婚俗，“腌酸肉”“生血菜”“鱼生”等民族美食，姐妹送嫁歌、对歌、板鞋舞等民族歌舞，打陀螺、跳竹杠等民族杂耍、上甲短衣、三联飘巾黑衣、哈尼角巾等民族服饰，上甲“侬垌”歌会、宝圩街“陇宁”歌圩、下雷镇“霜降”歌圩、硕龙街“弄匡”歌圩、桃城镇“元宵”歌圩、龙门“三联”歌会等壮族歌圩，构成了大新县的民族风情画卷。其中大新壮族高腔山歌、宝圩壮族服饰制作技艺、宝圩侬侗节、下雷霜降节等入选了自治区非物质文化遗产名录。此外，土地制度、建筑文化、土司制度及其教育制度、饮食文化及社会文化等组成了大新独树一帜的土司文化。大新县是广西早期开展农民革命运动的地区之一，左江地区主要游击区之一，还拥有浓厚的革命文化。

二、广西中越边境地区推普政策实践与个案分析

（一）普通话推广政策实践

1. 我国普通话推广政策实践

党和政府一贯高度重视国家通用语言文字事业，注重利用语言文字作为交际工具和信息载体的政治、社会、文化、育人和对外交流功能，发挥国家通用语言文字服务国家发展大局的能力。以我国反贫困事业为例，改革开放以来，我国反贫困治理历经六个阶段：体制减贫阶段（1978—1985 年）[①]、大规模开

① 这一时期是由制度改革推动减贫，如家庭联产承包责任制的实施，使农民获得土地经营权，解决了农业生产激励不足问题；市场机制逐渐形成，开放城乡农产品集市贸易，进一步地激发农民生产积极性，提高农民农业经营性收入水平；户籍制度的逐渐放松，促进了农村劳动力的非农化转移，以及乡镇企业发展激发了农村本地非农产业活力；一系列国家扶持政策的实施，如 1980 年中央财政设立“支援经济不发达地区发展资金”、1982 年国家对“三西”地区进行扶贫开发建设、1984 年实施“以工代赈”、1984 年国务院发布《关于尽快改变贫困地区面貌的通知》，开展重点贫困区域扶贫行动。

发式扶贫阶段（1986—1993年）[①]、扶贫攻坚阶段（1994—2000年）[②]、扶贫新开发阶段（2001—2010年）[③]、精准扶贫和全面建成小康社会阶段（2011—2020年）[④]、相对贫困治理和共同富裕阶段（2021年至今）。循着我国反贫困治理发展轨迹可以发现，在2011年以前，党对普通话推广普及的目标定位是通过扫除文盲、提高识字和教学效率、普及教育等加强教育的方式，不仅让贫困地区的孩子可以接受良好的教育进而阻断贫困代际传递，也提高了劳动群体识字率、文化知识和职业技能，促进其更好就业，提高收入和生活水平，着力彻底解决农村温饱问题。如1982年将“国家推广全国通用的普通话”写入宪法，鼓励各民族相互学习语言文字，切实保障公民受教育权；1988年国家教育委员会提出实施“燎原计划”，在农村大力发展职业教育和成人教育，普及知识技术，提高农民的素质和生产技能；1994年国务院制定和发布《八七扶贫攻坚计划》，提出“基本普及初等教育，积极扫除青壮年文盲”“开展成人职业技术教育和技术培训，使多数青壮年劳力掌握一到两门实用技术”；1995年国务院实施“国家贫困地区义务教育工程”，推进基本普及九年义务教育和基本扫除青壮年文盲工作；1998年国务院批准每年9月第3周列为“全国推广普通话宣传周”，大力推进国家通用语言文字的规范和普及；2001年教育部、中央宣传部、国家民族事务委员会等12部门联合印发的《关于“十五”期间扫除文盲工作的意见》（中办发〔2002〕15号）将15—50周岁的青壮年

---

① 国务院在1986年发布了《国务院办公厅关于成立国务院贫困地区经济开发领导小组的通知》，开启了制度化、组织化的地区开发式扶贫战略。

② 国务院在1994年制定并发布了《国家八七扶贫攻坚计划（1994—2000年）》，提出力争用7年时间基本解决当时农村8000万极端贫困人口的温饱问题。创造条件基本解决温饱是这一时期扶贫的主要目标。

③ 国务院在2001年制定并发布了《中国农村扶贫开发纲要（2001—2010年）》，要求尽快解决农村温饱问题，进一步改善农村地区的基本生产生活条件。彻底解决温饱是这一时期我国农村扶贫的主要任务。

④ 中共中央、国务院在2011年制定并发布《中国农村扶贫开发纲要（2011—2020年）》，要求以2020年全面建成小康社会为目标，在新的贫困标准下全力实施扶贫攻坚计划，这一时期扶贫重点是巩固温饱成果、加快脱贫致富、改善生态环境、提高发展能力、缩小发展差距，最终实现全面建成小康社会。其间，习近平总书记在2013年提出“精准扶贫”战略，在2015年提出“六个精准”和“五个一批”，同年11月国务院印发《关于打赢脱贫攻坚战的决定》；国务院在2016年印发《“十三五”脱贫攻坚规划》等。

文盲作为扫盲工作的主要对象，并鼓励50周岁以上的文盲接受扫盲教育，特别提出“重点推进贫困地区、少数民族和妇女的扫盲教育”，同年不仅实施《国家通用语言文字法》明确了普通话和规范汉字的法定地位，同时国务院颁布《中国农村扶贫开发纲要（2000—2010年）》，要求抓好普通教育、职业教育、成人教育等，不断提高贫困地区群众的科技文化素质；2006年国务院扶贫开发领导小组办公室面向贫困地区实施“雨露计划”，开展青壮年贫困劳动力转移培训、复员士兵就业培训、村干部和致富骨干培训、农业实用技术培训等工作，提高贫困人口素质，增强其就业和创业能力。

直至2011年5月中共中央、国务院印发的《中国农村扶贫开发纲要（2011—2020年）》提到“在民族地区全面推广国家通用语言文字”，国家通用语言文字被直接列入扶贫政策文件中，推普间接扶贫转变为实施推普脱贫攻坚行动计划、推普助力乡村振兴计划等直接减贫，至此，语言扶贫成为国家扶贫战略中的有机组成部分。尤其是党的十八大以来，中共中央、国务院及有关部门相继出台了系列政策文件及指导意见，将语言要素与具体扶贫内容相结合，2016年8月教育部、国家语委印发的《国家语言文字事业“十三五”发展规划》（教语用〔2016〕3号）的第五章教育扶贫的第一节（基础教育）、第三节（职业教育）分别提到“加大双语教师培养力度，加强国家通用语言文字教学”“加强民族聚居地区少数民族特困群体国家通用语言文字培训”，提出实施国家通用语言文字普及攻坚工程；紧接着在2017年4月教育部、国家语委出台《国家通用语言文字普及及攻坚工程实施方案》（教语用〔2017〕2号），强调“扶贫首要扶智，扶智应先通语”，提出“高度重视普及国家通用语言文字在国家发展大局中的重要作用”“大力提高普通话的普及率，为经济发展提供新动力，为文化建设提供强助力，为打赢全面小康攻坚战奠定良好基础”。其间，国务院出台的《“十三五”脱贫攻坚规划》（国发〔2016〕64号）（2016年11月）明确提出“加大双语教师培养力度，加强国家通用语言文字教学”“加强民族聚居地区少数民族特困群体国家通用语言文字培训”。2017年11月中共中央办公厅、国务院办公厅印发的《关于加强贫困村驻村工作队选派管理工作的指导意见》（厅字〔2017〕50号）将“积极推广普及普通话，帮助提高国家通用语言文字应用能力”列为驻村工作队的主要任务之一。2018 年 1 月教育部、国务院扶贫办、国家语委三部委联合出台的《推普脱贫攻坚行动计划（2018—2020 年）》（教语用〔2018〕1 号）首次提出“推普脱贫”的概念，明确将“贫困地区青壮年劳动力具备基本的普通话交流能力”作为推普脱贫攻坚行动的目标定位，提出“将普通话学习掌握情况记入贫困人口档案卡”“将普通话普及率的提升明确纳入地方扶贫部门、教育部门扶贫工作绩效考核，列入驻村干部和驻村第一书记的主要工作任务”等内容，推行省、市、县、乡、村“五级联动”工作模式。

进入第六阶段，为实现巩固拓展脱贫攻坚成果同乡村振兴有效衔接，从语言层面提供的制度保障和实施意见也更加与时俱进。2020 年 7 月教育部、中央组织部、中央编办、国家发展改革委、财政部、人力资源社会保障部六部门印发的《关于加强新时代乡村教师队伍建设的意见》（教师〔2020〕5 号）从抓好乡村教师培训的角度提出“按照乡村教师的实际需求改进培训内容和方式，严把语言关，提升乡村教师自觉推广国家通用语言文字和中华传统文化的意识”。2020 年 9 月国务院办公厅印发的《关于全面加强新时代语言文字工作的意见》（国办发〔2020〕30 号）则是新中国成立以来第一次以国办名义下发的全面加强语言文字工作的指导性文件，从国家更高层面提出“以推广普及和规范使用国家通用语言文字为重点，加强语言文字法治建设，推进语言文字规范化、标准化、信息化建设，科学保护各民族语言文字，构建和谐健康语言生活，传承弘扬中华优秀语言文化，提升国家文化软实力，为铸牢中华民族共同体意识、建设社会主义现代化强国贡献力量”，牢固确立国家通用语言文字的主体地位，而且在充分肯定国家通用语言文字推广普及在国家扶贫战略、乡村振兴战略中作用的同时，将普通话推广普及上升到服务铸牢中华民族共同体意识的战略高度。2021 年 3 月《中华人民共和国国民经济和社会发展第十四个五年规划和 2035 年远景目标纲要》在“建设高质量教育体系”章的“推进基本公共教育均等化”节中提出“提高民族地区教育质量和水平，加大国家通用语言文字推广力度”，将推普作为提升国民素质、提高教育质量、提升人力资本水平、促进人的全面发展的重要手段。2021 年 4 月教育部、国家发展改革委、财政部、国家乡村振兴局四部门联合发布的《关于实现巩固拓展教育脱贫攻坚成果同乡村振兴有效衔接的意见》（教发〔2021〕4 号）提出

"实施国家通用语言文字普及提升工程和推普助力乡村振兴计划"。紧接着，为贯彻落实国办发〔2020〕30号等文件精神，2021年12月教育部、国家乡村振兴局、国家语委联合印发的《国家通用语言文字普及提升工程和推普助力乡村振兴计划实施方案》（教语用〔2021〕4号）进一步提出提高国家通用语言文字普及程度和质量，以及推普高质量服务乡村振兴战略的指导意见，将普通话高质量普及作为实现巩固拓展脱贫攻坚成果同乡村振兴有效衔接的有力举措。教育部、国家语委《关于加强高等学校服务国家通用语言文字高质量推广普及的若干意见》（教语用〔2022〕2号）立足服务铸牢中华民族共同体意识，从学校这一语言文字工作的基础阵地，提出聚焦高质量推广普及国家通用语言文字，为教育强国和文化强国建设贡献力量的总体要求和工作思路。

为贯彻落实各项行动计划和实施方案，在国家层面，从语言公共教育和语言产业两个方面采取具体举措落实普通话推广普及与推普扶贫方略，其中语言公共教育包括了国家通用语言文字的学校教育（教育序列各层次学生的国家通用语言文字教育）和社会培训（青壮年农民、牧民普通话培训，校长及新入职教师普通话培训，基层干部、公务人员普通话培训）；语言产业则包括语言科技产品开发（语言识别技术、语言教育技术、语音测试技术等，电子信息资源、有声资源等数字化产品）和语言资源开发（方言资源开发和少数民族语言资源开发），开展了边疆和民族地区推普脱贫的"石榴籽计划""童语同音计划"、送教"六个一"①的"推普脱贫乡村行""职业+普通话""推普脱贫乡村行暨学前学会普通话""同语同心乡村振兴""小手牵大手·我教长辈普通话""万家云端传同音"等活动，开发了语言扶贫、普通话学习等APP，创设了地方曲艺、民族史诗等以语言为表征的产品，越来越多的居民主动学习国家通用语言文字，截至2021年底，我国超过1亿人参加普通话水平测试②。截至2020年，国家通用语言文字推广普及成效显著，全国范围内普通

---

① 组织一期推普公益课程，开展一次主题文化下乡活动，发放一套普通话培训教材，策划一次推普脱贫攻坚主题宣传，开展一次扶贫帮扶调研，搭建一个推普网络平台。详见周仕兴：《广西2019"推普脱贫乡村行"走进贫困乡村》，2019年6月21日，https：//difang. gmw. cn/gx/2019 -06/21/content_32938966. htm。

② 详见柴如瑾：《语言文字这十年——促进文化传承 助力国家繁荣》，《光明日报》2022年04月14日，第5版。

话普及率达 80.72%，历史性实现了“普通话在全国范围内基本普及、语言交际障碍基本消除”的目标。越来越多的人因此走上了成长、成才、成功的坦途，特别是贫困地区各族群众获取了新知识、增长了就业本领、拓宽了就业领域，可以学习发达地区先进理念、技术、经验，促进同全国其他地区的观念互通、思路互动、技术互学。

2. 广西推普扶贫政策实践

为贯彻落实中央有关文件精神，广西先后制定并实施《广西实施〈国家通用语言文字法〉办法》《广西贯彻〈国家中长期语言文字事业改革和发展规划纲要（2012—2020 年）〉实施意见》《广西壮族自治区贯彻落实国家〈推普脱贫攻坚行动计划（2018—2020 年）〉实施方案》《广西壮族自治区语言文字工作督导评估方案》《2022 年广西壮族自治区语言文字工作要点》等地方性法规、政策文件和指导意见，将推普助力脱贫攻坚纳入自治区义务教育保障挂牌督战内容，将“是否会讲普通话”作为指标列入《广西脱贫攻坚精准帮扶手册》，制定县域“一县一策”工作方案，实施贫困地区语言文字水平提升计划，为推普扶贫实施提供政策保障。广西中越边境地区八县（市、区）为进一步贯彻落实国家层面、自治区级层面政策，在县（市、区）级层面制定了《2018 年宁明县“学前学会普通话”行动工作实施方案》《宁明县贯彻落实〈推普脱贫攻坚行动计划（2019—2020 年）〉实施方案》《那坡县 2018 年推普脱贫培训工作方案》《2019 年县域普通话普及情况调查工作实施方案》《那坡县 2020 年推普脱贫工作实施方案》《那坡县 2019 年“小手拉大手，学说普通话”活动方案》《靖西市学校语言文字规范化建设工作实施方案》《靖西市 2020 年推普脱贫攻坚工作实施方案》《靖西市“学龄前学会普通话”三年行动方案（2018—2020 年）》《凭祥市 2020 年推普脱贫攻坚工作实施方案》《大新县进一步做好全县推普脱贫攻坚工作实施方案》《龙州县 2018 年学前教育阶段推广普通话实施方案》《龙州县全面推进国家通用语言教学实施方案》等具体实施方案，建立语言文字工作领导小组，将推普纳入有关部门考核评估内容，为推动边境地区普通话普及工作、提高普通话普及率提供制度保障。

在推普工作落实方面，在边境地区为建档立卡贫困户青壮年农民工开设“职业技能 + 普通话”融合培训班、举办村民推普夜校，对农村中小学教师进行普通话达标培训，对基层干部、学龄前儿童进行普通话训练，举办“送经典下基层”“送培下乡”“三下乡”“啄木鸟行动”“小手拉大手活动”“家校互助活动”“看视频学习普通话”、普通话进“妇女之家”、世界读书日诵读、“战‘疫’有我”“为爱发声诵读”网络诵读等系列活动；推行《推普脱贫乡村行——跟我学说普通话》《推普脱贫乡村行——学前儿童学习普通话》《普通话1000句》等音视频配套的双语版系列推普手册，让各年龄段各族群众训练时“有话可说”，解决了不同年龄段群体因语言不通而无法脱贫的难题。截至2020年，广西全区范围内普通话普及率达85.68%（高于全国平均水平4.96个百分点）[①]，位居西部地区首位，其中脱贫人口能够使用普通话进行日常交流的占比达83.03%[②]。此外，在推普助力脱贫攻坚过程中，重视摸底排查工作和普通话“巩固提高”训练，对有需求参加普通话培训的18—45岁建档立卡脱贫户青壮年农民，组织进行普通话专项培训、“人人通”推普培训班、“职业技能+普通话”融合培训、高校与县（市、区）结对帮扶、推行“语言扶贫”APP网络学习等，全面开展普通话巩固提升和职业技能培训，为边境地区贫困人口克服了由于语言因素造成的困境，有利于更好融入现代化社会、在更广阔的领域就业创业。

（二）田野调查点的推普个案

2020年7月至2020年8月，调研组前往与越南接壤的那坡县百合乡、靖西市的龙邦镇大莫村弄关屯，调查了解居民普通话水平和生产生活状况。具体情况如下：那坡县百合乡、大莫村弄关屯的村屯住户以留守老人和小孩为主，极少数青壮年留村务农，其中，老年人可以熟练使用壮语，但大多数老年人的普通话处于“达不到交流的目的”的水平，极少数可以“基本能达到交流的目的”，大多数正在上中小学、幼儿园的小孩处于“能使用普通话与人交流，但带有明显的方言和民族语口音”“能说比较标准的普通话”的水平，留村青

① 详见广西壮族自治区人民政府办公厅：《关于报送2021年广西壮族自治区人民政府履行教育职责自评情况的函》，2021年9月7日，http://www.gxzf.gov.cn/html/gggs/t10036753.shtml。

② 详见廖志荣：《努力创建中华民族共同体意识示范区》，《广西日报》2021年7月8日，第1版。

壮年的普通话处于“基本能达到交流的目的”的水平。

在那坡县朗列屯韦某方女士是初中学历，她用带有明显口音的普通话跟我说：“之前我看电视都只能看得懂，为了能带好孙女，我跟着孙女开始学习普通话，现在能将电视剧内容说出个一二三，也能用手机刷视频看直播。”（访谈编号：20200701）弄关屯村民熊某逢是小学学历，他的普通话水平处于“基本能达到交流的目的”的等级，他说：“我一直就在本地种田，农作物收成不好，2016 年，在政府和村干部的帮助下，我参加了‘职业技能 + 普通话’培训，不仅学会讲普通话，可以跟别人交流，还掌握了养牛羊技术，我通过养牛羊，每年可以有十万左右的收入。现在我家的条件比以前可好太多了。”（访谈编号：20200702）弄关屯村民熊某明熟练掌握了普通话，他说：“我初中毕业后去汕头打工，我不会讲本地话，普通话发音也不太准，刚开始听不懂组长的指令，和同事也不怎么交流，闹了不少笑话。”（访谈编号：20200703）现在的熊某明能说比较标准的普通话，对于创业政策也有所了解，已经回到家乡从事经商工作，他说这样可以更好照顾家里的老母亲。通过此次访谈发现，不止是本地村民因不会或不熟练普通话而苦恼，还有不少跨境婚姻家庭的越南籍女性囿于不会普通话（仅仅会说“谢谢”“你好”“没有”等词语），加上低学历，难以融入本地生产生活，也影响子女的教育。

2021 年 6 月至 9 月，调研组前往大新县、龙州县、宁明县、凭祥市、防城区、东兴市六个县（市、区）调查居民普通话水平和生产生活情况，此次访谈的六个县（市、区）中大多数青年群体的普通话处于“能使用普通话与人交流，但带有明显的方言和民族语口音”的水平，大多数老年人的普通话处于“基本能达到交流的目的”水平，极少有人可以开展更深层次的交谈，学生群体的普通话较好，多数处于“能说流利、标准的普通话”水平。

凭祥市卡凤村干部同志的普通话普遍处于“能使用普通话与人交流，但带有明显的方言和民族语口音”的水平，同时卡凤村村民学习普通话的热情比较高，基本能达到交流的目的，学生也能说比较标准的普通话。但卡凤小学的校长表示：“现在的小孩子不好好学习，要在后面赶着才动一下，不少学生各科成绩都不及格，可能是家长能力有限，参与孩子教育的积极性不高，大部分家长把教育小孩的事情完全交给了学校，怎么在提高孩子普通话水平的同时，把孩子的学习成绩提上来也是学校一直在努力做的事情，这多少还是需要家长的配合。”（访谈编号：20210701）随着推普脱贫攻坚工作有序推进，越来越多的村民有机会参与普通话专项培训，村里普通话普及率大大提升，卡凤村一位退伍军人说：“我早几年从部队退伍回来，通过参加‘普通话+职业培训’，普通话水平有提高，和别人基本交流不成问题，同时学习了驾车技术，除了种田，现在我还可以外出拉货、跑业务，日子过得还可以。”（访谈编号：20210702）茶礼村村干部马某标说：“现在村里的人基本上都会讲普通话，但邻居之间交流还是说壮话，可惜的是现在小孩基本上不会说壮话，像我自己的两个孩子，完全不会说，能听懂一点。”（访谈编号：20210703）因特殊的地理位置，广西中越边境地区是得天独厚的风景胜地，同时也拓宽边民增收渠道，促进了各族人民文化交流，其中闻名遐迩的德天瀑布就养活了一方人。德天瀑布作为国家5A级景区，每年都有全国各地的旅客慕名而来，大量客源带动了当地酒店、民宿、餐饮、特色农产品的发展，大大拓宽了村民增收致富渠道。德天村原村支书带头成立广西大新德天屯旅游服务有限公司，推行“支部+公司+边民”的经营模式，为游客提供竹排观光、电瓶游览车、家庭旅馆住宿等服务，创造了200多个就业岗位，帮助边民实现本地就业，该公司蒙某明用比较标准的普通话说：“我住在景区旁边，有两个小孩，加上语言不通、学历不高，根本没办法外出打工，公司成立就召集我们这些人做竹筏员，还给我们提供‘岗位技能+普通话’培训，包括竹筏技巧、服务技巧等，现在和外地游客交谈也不成问题，每个月收入有5000多元。”（访谈编号：20210704）

随着调查越来越深入，我们发现中越边境地区各县（市、区）的跨境婚姻家庭不在少数，大多是20世纪八九十年代嫁入广西中越边境地区。龙州县共和村的一名村干部说：“这些越南妇女是边民互市的时候过来的，最久的有三十多年了，最少的也有七八年，她们说的话和我们壮话相似，能和同村村民简单交流，因为不认识汉字、不会说普通话，以及国籍身份等原因，没办法去更远的地方，活动范围也仅限家或者口岸附近。”（访谈编号：20210801）当然，也有少数越南妇女的普通话达到了基本交流的水平，如龙州县共和村村民陆某康的妻子，虽然是越南籍，但穿着十分光鲜亮丽，能使用普通话与人交流，经营着一个小卖铺，她说：“我很开心我嫁过来，我在这里学会了普通话，白天可以帮我儿子看店、带带孙女，晚上还能参加村里的广场舞团，日子过得十分好。”（访谈编号：20210802）德天瀑布景区附近住户的越南籍妇女说：“我来这里20多年了，那会儿刚来的时候，我们的房子非常破烂，我不会讲普通话，基本上不出来，后来景区发展起来，我跟着我两个女儿学习普通话，也能跟游客进行简单的交流，现在靠收停车位费过日子，日子越过越好了。”（访谈编号：20210803）

三、广西中越边境地区的语言生态

边境少数民族地区语言种类较为多样，普通话、方言、少数民族语言、跨境语言等相互交织，形成了丰富的语言生活。如东兴市语言种类有普通话、白话（粤方言）、客家话、京语、壮语、越南语等。东兴市居民多语言使用现象普遍，多数居民会使用两种以上的语言。在双语使用过程中，主要表现为当地母语与普通话，如京语与普通话、白话与普通话、客家话与普通话。靖西市居民所使用的语言包括普通话、粤语、客家话、桂柳话、壮语、苗语、瑶语、越南语等八种。靖西市居民多语言使用现象也较普遍，多数居民会使用两种以上的语言。由于靖西市是典型的壮族聚居地，因此在使用双语的居民中，壮语与普通话的双语较为常见，其他的双语者则有普通话与白话、普通话与苗语、普通话与越南语等类型。由于靖西市语言种类多达八种，语言环境较为复杂，因此，也有部分居民会使用三种语言，如“壮语—普通话—白话”“壮语—普通话—桂柳话”“壮语—普通话—越南语”“壮语—瑶语—普通话”等。

（一）龙州县语言生态

1. 语言使用情况

（1）语言使用类型。

龙州县边境居民所使用的语言主要是壮语、普通话和瑶语三种语言。被调查者中64.72%的居民母语为壮语，26.87%为普通话，0.07%为瑶语。调查结果如表2－3所示，龙州县居民多语言使用的现象较为普遍，其中掌握一种语言的有15729人，占比32.75%；掌握两种语言的有27421人，占比57.1%；掌握三种语言的有4875人，占比10.15%。在被调查的12个乡镇中，上龙乡掌握多种语言的人数占比最多，占全村的92.71%，其余各乡镇使用多语的人数占比皆在64%—70%，比较集中（详见图2－2）。

表2－3　　　龙州县居民语言账务数量情况

一种		两种		三种	
人数	占比	人数	占比	人数	占比
15729	32.75%	27421	57.1%	4875	10.15%

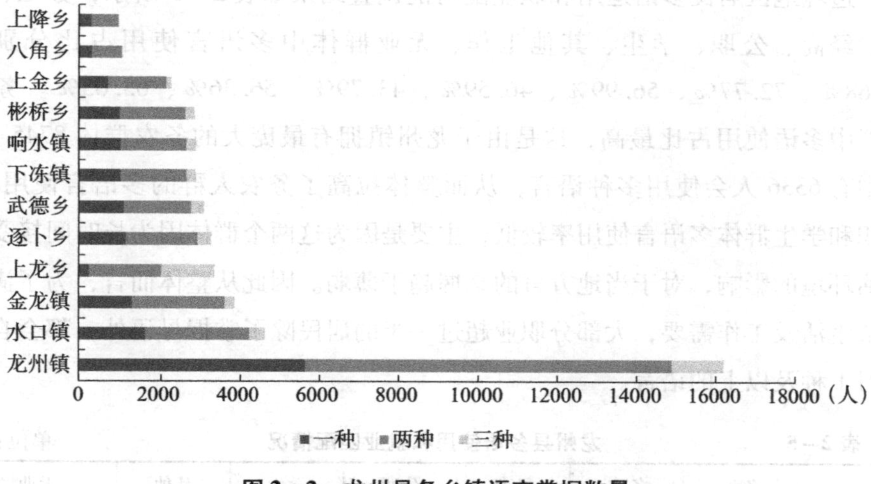

图2－2　龙州县各乡镇语言掌握数量

表2－4为当地多语使用情况，具体表现为双语和三语，包括“壮语—普通话”“壮语—瑶语”“瑶语—普通话”“壮语—瑶语—普通话”等，使用人数分别是：28319人、2946人、56人、2962人，分别占比82.6%、8.59%、0.16%、8.64%，其中“壮语—普通话”双语使用者最多，主要是因为当地居民大多为壮族，母语就是壮语，但在日常外出打工、学校教学、子女教育方面普通话使用则更加普及，因此双语使用的趋势越来越明显。“壮语—瑶语”双语使用者中，龙舟镇的居民占所有乡镇的三分之一，其余各镇除八角乡、金

龙镇和上降乡人数低至个位数外，其余各镇所占比例相当。“瑶语—普通话”双语使用者大部分集中在八角乡和龙州镇。

表 2-4 龙州县多语使用情况

双语		三语	
种类	人数	种类	人数
壮—普	28319	壮—瑶—普	2962
壮—瑶	2946		
瑶—普	56		
合计	31321		2962

（2）语言使用与就业匹配情况。

边境地区居民多语运用和职业配对的调查结果如表 2-5 所示，务工、务农、经商、公职、学生、其他工作、无业群体中多语言使用占比分别为 59.68%、72.77%、56.99%、46.59%、43.79%、56.36%、65.63%。务农人群中多语使用占比最高，这是由于龙州镇拥有最庞大的务农群体 8745 人，其中有 6336 人会使用多种语言，从而整体拉高了务农人群的多语言使用率。公职和学生群体多语言使用率较低，主要是因为这两个群体因为长时间接受普通话环境的影响，对于当地方言的掌握趋于薄弱。因此从整体而言，为了满足日常生活及工作需要，大部分职业超过一半的居民除了掌握母语外，都会自主学习 1 种及以上的语言。

表 2-5 龙州县多语使用和就业匹配情况 单位：人

	务工	务农	经商	公职	学生	其他	无业
一种语言	883	7083	1747	1121	1308	2884	971
两种语言	1211	18249	1640	756	541	2818	1420
三种语言	96	678	675	222	478	907	434
合计	2190	26010	4062	2099	2327	6609	2825

2. 普通话能力

（1）普通话使用情况。

龙州县边境各乡镇居民普通话水平如表 2-6 和图 2-3 所示，图中将普通话熟练程度分为"熟练""一般""略懂"以及"不会"四个等级，其中"熟练"等级的有29290人，占比60.79%；"一般"等级的有14386人，占比29.86%；"略懂"等级有4494人，占比9.33%；"不会"等级有9人，占比0.02%。可见普通话的普及程度还是很高的，会讲普通话的人数占比超过了99%。各乡镇中能够熟练掌握普通话的人数占比相差不大，除了上金乡、上降乡、八角乡占比为55.87%、55.17%、52.51%外，其他各乡镇能够熟练掌握普通话人数占比均在60%左右，地区差异并不明显。

表2-6　　龙州县受访居民普通话技能分布情况

语言	熟练		一般		略懂		不会	
	人数	占比	人数	占比	人数	占比	人数	占比
普通话	29290	60.79%	14386	29.86%	4494	9.33%	9	0.02%

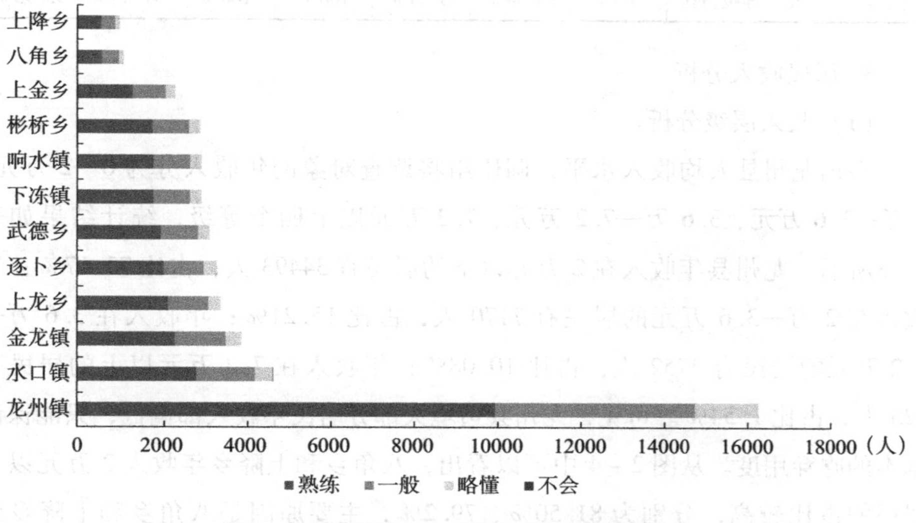

图2-3　龙州县各乡镇居民普通话掌握程度

（2）普通话与就业匹配情况。

受访者的普通话水平与职业匹配情况如表2-7所示，绝大多数工作都对普通话有一定程度上的要求，只有无业的职业群体中有小部分人不会讲普通话，这部分群体集中在水口镇，其余工作普通话掌握率达到100%。从普通话的掌握程度上来看，务工人员、公职人员、学生群体掌握水平较高，全部集中在“熟练”或者“一般”等级。而务农、经商、其他工作、无业人群中普通话掌握在“熟练”或者“一般”等级的人数，分别占该职业中会讲普通话人数的83.84%、99.21%、91.60%、93.93%。可见务农群体对普通话水平的要求最低，其他工作和无业群体对普通话掌握要求相对较低，而务工群体由于流动频繁，受到周围语言环境的影响，尤其和陌生人进行交流，必须学习和掌握普通话。

表2－7　龙州县普通话与职业匹配情况

	务工	务农	经商	公职	学生	其他	无业
不会	0	0	0	0	0	0	9
会[①]	2180	22607	4094	2099	2463	6702	2934
“略懂”等级占比	0	16.16%	0.79%	0	0	2.4%	6.07%
“熟练”“一般”等级占比	100%	83.84%	99.21%	100%	100%	97.60%	93.93%

3. 居民收入分析

（1）收入层级分析。

根据龙州县人均收入水平，调研组将调查对象的年收入分为0—2万元、2万—3.6万元、3.6万—7.2万元、7.2万元以上四个等级，统计结果如表2－8所示，龙州县年收入在2万元以下的居民有34493人，占比73.17%；年收入在2万—3.6万元的居民有7170人，占比15.21%；年收入在3.6万—7.2万元的居民有4752人，占比10.08%；年收入在7.2万元以上的居民有725人，占比1.54%。可见，龙州县边境大部分居民年收入都偏低，只能保证基本的吃穿用度。从图2－4中可以看出，八角乡和上降乡年收入2万元以下居民的占比较高，分别为81.50%、79.2%，主要原因是八角乡和上降乡约72%的人群为从事务农和无业人员，同时务工人员和经商者较少，从而导致两乡的低收入人数一直居高不下。综上，龙州县边境居民收入结构呈陡峭的金字塔形，处于底部的低收入人群占多数，中等收入群体占比骤降，高收入群体更少，因此具有很大的优化空间。

① 本书的“会”指普通话等级达到熟练、一般、略懂三个等级。

表 2-8　　　　龙州县边境居民收入分布情况

0—2 万元		2 万—3.6 万元		3.6 万—7.2 万元		7.2 万元以上	
人数	占比	人数	占比	人数	占比	人数	占比
34493	73.17%	7170	15.21%	4752	10.08%	725	1.54%

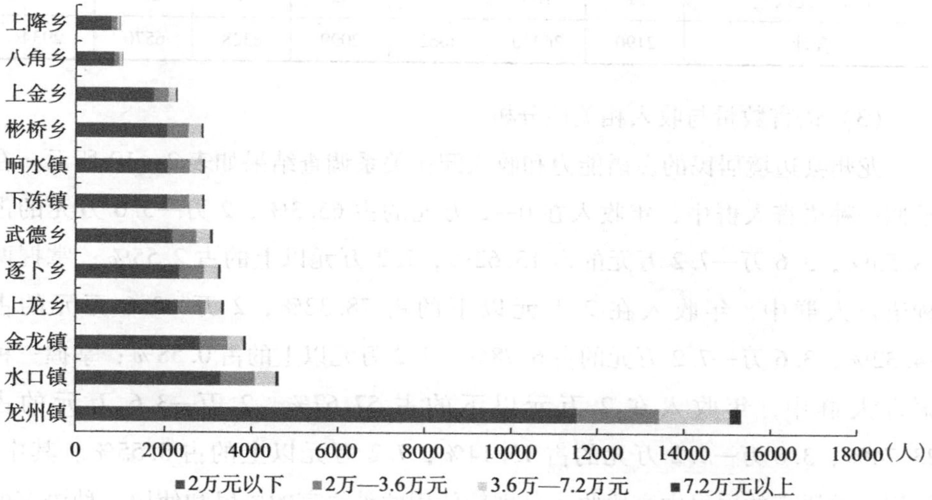

图 2-4　龙州县各镇居民收入分布情况

（2）职业与收入相关性分析。

对龙州县边境居民的职业和年收入进行配比，结果如表 2-9 所示。我们可以发现除了学生群体外，有 82.59% 的务农群体、78.42% 的无业人群和 69.69% 的其他职业群体，年收入在 0—2 万元，虽然可以满足基本生活需要，但是只能维持较低水平的生活质量，处于相对贫困水平，而这三类人群约占总人数的 77%，这部分人群也是龙州县在未来进一步解决相对贫困问题的重点工作对象。另外，89% 的务工群体和 70% 的经商群体中年收入集中于 2 万—3.6 万元和 3.6 万—7.2 万元，可见务工和经商将成为龙州县居民提高收入、改善生活质量的两大职业发展方向。

表 2－9　　　　龙州县边境居民职业与收入匹配情况　　　　单位：人

收入段	务工	务农	经商	公职	学生	其他	无业
2 万元以下	207	21664	963	879	2328	4579	2301
2 万—3.6 万元	862	3590	1763	323	0	1194	380
3.6 万—7.2 万元	1089	790	1085	865	0	573	253
7.2 万元以上	32	186	251	32	0	224	0
合计	2190	26230	4062	2099	2328	6570	2934

（3）语言数量与收入相关性分析。

龙州县边境居民的多语能力和收入配比关系调查结果如表 2－10 所示。在掌握一种语言人群中，年收入在 0—2 万元的占 65.3%，2 万—3.6 万元的占 18.53%，3.6 万—7.2 万元的占 13.62%，7.2 万元以上的占 2.55%；掌握两种语言人群中，年收入在 2 万元以下的占 78.32%，2 万—3.6 万元的占 14.32%，3.6 万—7.2 万元的占 6.78%，7.2 万元以上的占 0.58%；掌握三种语言人群中，年收入在 2 万元以下的占 57.67%，2 万—3.6 万元的占 23.74%，3.6 万—7.2 万元的占 15.14%，7.2 万元以上的占 3.55%。其中，使用三种语言的居民中高段收入分别较使用两种语言的居民和使用一种语言的居民高 20.66 和 7.63 个百分点。

表 2－10　　　　龙州县边境居民多语言能力与收入匹配情况　　　　单位：人

	0—2 万元	2 万—3.6 万元	3.6 万—7.2 万元	7.2 万元以上
一种	11169	3169	2330	437
两种	21795	3984	1887	161
三种	2064	846	542	127
合计	35028	7999	4759	725

（4）普通话能力与收入能力相关性分析。

普通话能力与收入配比之间的关系如表 2－11 所示。龙州县不会讲普通话人群年收入都集中在 0—2 万元，而会讲普通话人群中 71.73% 收入在 0—2 万元，16.87% 收入在 2 万—3.6 万元，9.89% 收入在 3.6 万—7.2 万元，1.51% 收入在 7.2 万元以上。由于龙州县不会讲普通话的人数基数很小，因此无法反映掌握普通话能否对收入产生的影响。但我们进一步分析了龙州县居民普通话掌握水平与收入之间的关系，可以发现“略懂”普通话的人群中有93.01%收入在0—2万元，5.56%收入在2万—3.6万元，1.42%收入在3.6万—7.2万元。而普通话掌握在“熟悉”和“一般”等级的人群中有69.53%收入在0—2万元，18.04%收入在2万—3.6万元，10.76%收入在3.6万—7.2万元，1.66%收入在7.2万元以上。可见，相对于“略懂”普通话群体，“熟悉”和“一般”等级的群体年收入处于2万元以下的居民，占比下降了23.48%，而收入在2万—3.6万元以及3.6万—7.2万元的居民占比分别提高了12.48%和9.34%。因此，可以得出初步结论，提高居民的普通话能力，可以在一定程度上提高居民收入，从而改善生活水平。

表2－11　龙州县边境居民多语言能力与收入匹配情况　单位：人

	0—2万元	2万—3.6万元	3.6万—7.2万元	7.2万元以上
不会	9	0	0	0
会	34484	8112	4754	725
略懂	4180	250	64	0
熟悉/一般	30304	7862	4690	725

综上，我们通过实地调查、数据汇总，对龙州县边境居民语言使用类型以及语言类型与职业、收入之间的配比关系进行了深入分析，从而可以得出以下几点结论：

第一，龙州县总体普通话普及率较高，但掌握程度不够。受访者中大于九成的居民可以听懂、看懂汉语的电视广播节目，并且基本可以应付日常交流，但是受访者中对普通话掌握的熟练程度参差不齐，尤其在“略懂”普通话人群中，务农人员占比较大，约为81.31%，原因有以下几点。其一，从整体层面来看，务农人员在龙州县基数较大，约占总人口的一半之多。其二，从工作环境来看，务农的工作环境比较封闭，通常活动范围限制在居住的村或者乡，封闭的环境给母语的使用创造了良好的环境，但也给务农人员的汉语学习带来了一定的障碍。其三，务农人员大多年龄偏大，文化程度较低。据统计，“不会”“略懂”普通话的务农人员81.6%是中老年群体，80.27%为小学学历，在缺少语言环境的前提下，年龄和学历也会限制这部分人群接受新鲜事物的能力。另外，所有受访居民中能达到“熟练”掌握层次的人数占比不高，仅有60.79%，可见当地居民在普通话的语言表达的准确性、书写的规范化上还有一定的改进空间。

第二，多种语言现象较为普遍，同时也存在语言转用的情况。在龙州县所有受访者中将近七成的居民能够掌握多种语言，其中掌握“壮语—普通话”的居民占绝大多数，由于统计样本中57.4%为务农人员，因此在多语使用者中占比最高的还是农业工作者，可见，即使受到母语语言环境等因素的影响，双语类型依然占有优势，居民的语言观念也在逐步开放，他们通过掌握不同的语言，根据不同场合转变不同的语码。但是我们也可以发现一个现象，公职人员与学生的双语掌握水平较低，根据数据显示，公职人员和教师职业人群中有53.41%“不会”地方方言，并且在不会地方方言的公职人员中有77.16%的人本身就是壮族。同样学生中也存在一部分可以熟练使用普通话，但对地方方言不太熟悉的情况。随着年龄的降低，地方方言的使用比例也在降低，据统计，20岁以内的居民，约三分之一的人群仅掌握普通话。可见，当生活环境或学校教育以汉语为主时，母语环境逐渐弱化，最终导致脱离母语型队伍或者语言转用的现象。因此，有针对性地对地方方言进行保护和传承也是十分必要的。

第三，龙州县低收入人口占比较多，普通话能力对收入配比影响较大。由于龙州县边境居民中务农、无业者人口基数较大，因此，低收入段人口数量较多，居民收入水平结构极不平衡。而根据职业与收入关系进行分析，务工和经商群体居民收入水平较高，同时这两个群体对普通话的要求更高。根据上文分析可以看出，会讲普通话的低收入人群占比明显比不掌握普通话人群少，可见普通话能力对收入配比的影响还是很大的，通常可以帮助居民拓宽就业面，从而获取更多收入来源。另外，多语能力对收入配比影响就显得比较小了，其中，双语使用者对居民人均收入占比结构并无改善，只有掌握三语居民中高段收入有明显增加，因此只能得出初步结论，三语使用者可以更加顺利地在各民族之间进行交流，可以帮助其扩宽收入渠道。

4. 语言发展趋势

通过以上调查和总结分析，我们认为龙州县边境地区居民未来语言使用趋势如下。

第一，单语言人群将不断缩小，多语使用者人数稳步增加。龙州县不会讲普通话的单语人群多为40岁以上年龄段的务农、无业人员，或者学龄前儿童，随着时间的推移，部分务农人员会受收入影响外出工作，或者随着汉语的逐渐普及，与普通话的接触频率增加。学龄前儿童也会随着他们的成长，进入学校学习通用语言，因此仅掌握一种语言的人群会不断减少，双语型语言群体将会不断扩充。但是转变的过程仍需要龙州县有关部门的大力扶持，特别是针对一些学习和理解能力较弱的中老年人群，需要帮助他们学习普通话，尽量做到让原本不会讲普通话的人群可以听懂，并能应付基本的日常交流，打破其陈旧观念；能够使用普通话但是掌握水平一般的人群，可以通过多与外界接触，开阔视野，来刺激其主观能动性，从而提高语言能力。

第二，转用型人群也逐渐增加。龙州县内居民绝大多数都是壮族，长期处于聚居状态，拥有良好的母语使用环境，壮语获得了较好的保护，大部分双语使用者都是在掌握母语的基础上，又掌握了汉语，根据不同场合和对象转换不同语言。但是随着年龄降低，使用方言的比例也在降低，公职人员在日常工作交际时，也通常使用普通话，就会导致少部分壮族人转用了汉语。因此，根据调研调查及合理推测，随着现代化进程的加速，部分人群可能会离开聚居的状态，散居、杂居在其他地区，特别是青少年，由于学校教育以及普通话的推广，龙州县未来可能会面临着部分居民转用汉语，成为单语言型人群。

5. 语言发展对策

第一，加强龙州县少数民族语言文字的出版和译播。龙州县自2006年便开办了少数民族语言栏目，有良好的壮语节目制作基础。利用好龙州县现有的广播电台、电视台、网络媒体，丰富现有的少数民族语言栏目和播放内容，延长播放时间，增加壮语、苗语、瑶语等使用龙州县当地方言主持的电台及电视节目比例。鼓励和支持少数民族语言电影、微电影、电视剧的拍摄以体现边境地区当地的风土人情，从而达到传承少数民族语言文字和促进民族团结的目的。另外，做好少数民族文字报刊、图书的编辑出版发行工作，使用少数民族语言文字进行文艺创作和演出等，以文字、艺术等形式将口口相传的当地故事流传下来。通过多形式保护少数民族语言文字，减少双语型人群向单语言型人群转化的趋势，增加青少年对本民族文化的了解和热爱。

第二，进一步国家通用语言文字规范化建设。一方面，学校是语言文字规范化建设的基地，因此有必要严格执行教师准入制度，对持有教师资格证上岗的新教师录用时，普通话等级必须达到国家规定的相应等级。同时，学校应积极开展弘扬中华优秀文化活动，如朗诵比赛、书法比赛等，在丰富的推普活动中，提高学生对传统文化和社会主义核心价值观的理解。另一方面，龙州县失业人群掌握普通话的水平较低，因此，应将普通话纳入职业技能培训中，进一步提高当地居民的就业竞争力，拓展就业空间。

（二）靖西市语言生态

1. 语言使用情况

（1）语言使用情况。

根据调查发现，靖西市边境地区居民使用语言包括普通话、壮语、白话（粤语）、客家话、苗语、瑶语、越语、桂柳话八种语言。由于壮族占绝大多数，因此母语大多为壮语。掌握一种语言的有44448人，占比64.77%，其中仅掌握壮语的有44362人，占比99.81%（详见表2－12）。掌握两种语言的有24175人，占比35.23%。从图2－5中可以看出，临近边境的7个乡镇中，壬庄乡掌握双语的人数最多，占全村的84.97%，相比较而言，湖润镇、龙邦镇、岳圩镇使用双语的人数较少，分别占比3.16%、2.60%、2.77%。根据进一步调查，壬庄乡居民所掌握的方言种类也是最多的，基本覆盖了全部8种语言，其中使用较多的是壮语，其次是白话、桂柳话和客家话。湖润镇和安宁乡民族结构均是由99%以上的壮族和少许汉族构成，大部分居民仅掌握一种母语——壮语，以及少量的普通话、白话和越南语。龙邦镇是广西靖西市唯一的苗族聚集，有239名苗族居民，除了壮语，苗语在当地也十分流行。

表2－12　　靖西市居民语言掌握数量情况

一种		两种	
人数	占比	人数	占比
44448	64.77%	24175	35.23%

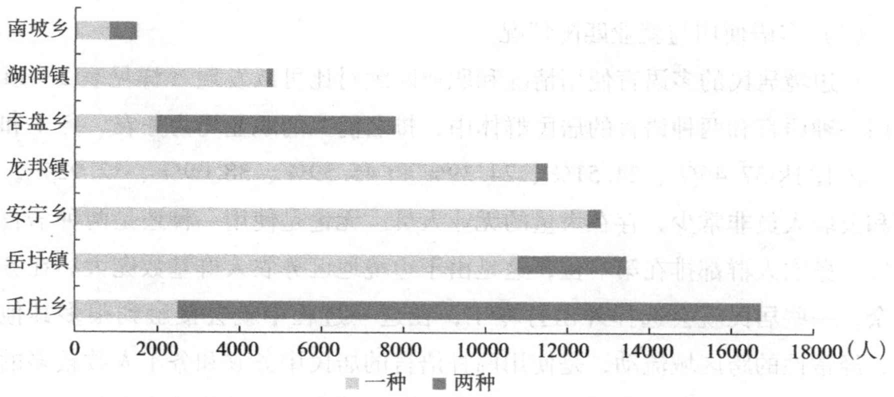

图2－5　靖西市各乡镇语言掌握数量

由于靖西市边境语言环境较为混杂，因此掌握双语人群存在多种种类。存在“壮语—白话”“壮语—桂柳话”“壮语—普通话”“壮语—客家话”“壮语—苗语”“壮语—越南语”“白话—客家话”“壮语—瑶语”“普通话—白话”双语使用者分别是14128人、4643人、2657人、700人、231人、224人、41人、19人、3人，分别占比62.39%、20.5%、11.73%、3.09%、1.02%、0.8%、0.1%。“壮语—白话”双语使用者较多，其中约92%集中在壬庄乡和吞盘乡。“壮语—瑶语”双语使用者全部集中在壬庄乡，“壮语—苗语”双语使用者全部集中在龙邦镇，而由于这七个乡镇均在中越边境线上，因此“壮语—越语”的双语使用者分布在七个乡镇上。详见表2－13。

表2－13　　　　　　　　　靖西市多语言使用情况

双语使用类型	人数
壮—白	14128
壮—桂柳话	4643
壮—普	2657
壮—客	700
壮—苗	231
壮—越	224
白—客	41
壮—瑶	19
普—白	3

（2）多语使用与就业匹配情况。

将边境居民的多语言使用情况和职业匹配对比可以发现（详见表2－14），使用一种语言和两种语言的居民群体中，排名前三的职业均为务农、务工和学生，占比达37.46%、24.51%、24.39%和45.59%、38.09%、12.92%，经商和公职人员非常少，存在大量的无业人员。无论是使用一种还是两种语言的居民，务农人群都排在第一位，这是由于边境地区务农人群基数庞大。在务农之余，一些居民就会选择外出打零工，在这一过程中就会接触到很多其他方言，经常性的跨区域流动，是使用两种语言的居民中务农和务工人数较多的主要原因。据调查，失业人员群体中主要包括老年人，以及待业中青年，其中使用一种语言的人数远超使用两种语言的居民，可见使用多种语言可以为其职业的发展提供一定的便利。

表2－14　　靖西市多语言使用与职业匹配　　单位：人

	务工	务农	经商	公职	学生	其他	无业
一种	10896	16651	50	5	10840	2918	3088
两种	9208	11021	7	1	3123	596	219
合计	20104	27672	57	6	13963	3514	3307

2. 普通话能力

（1）普通话能力分析。

靖西市边境各乡镇居民普通话水平如表2－15以及图2－6所示，我们将普通话熟练程度分为“熟练”“一般”“略懂”“不会”四个等级，其中“熟练”等级的有31317人，占比45.63%；“一般”等级的有22044人，占比32.12%；“略懂”等级有13338人，占比19.44%；“不会”等级有1924人，占比2.8%；约97.2%的边境居民可以使用普通话。在7个乡镇中，湖润镇和南坡乡普通话“熟练”掌握的人数占比较多，分别占该乡镇总人数的82.07%、77.69%，安宁乡、岳圩镇普通话“熟练”掌握的人数占比较小，分别为22.8%和24.72%。可见边境地区可以熟练使用普通话的不及总居民的一半，同时还伴随着明显的地区差异。

表 2－15　　靖西市受访居民普通话技能分布情况

	熟练		一般		略懂		不会	
	人数	占比	人数	占比	人数	占比	人数	占比
普通话	31317	45.63%	22044	32.12%	13338	19.44%	1924	2.8%

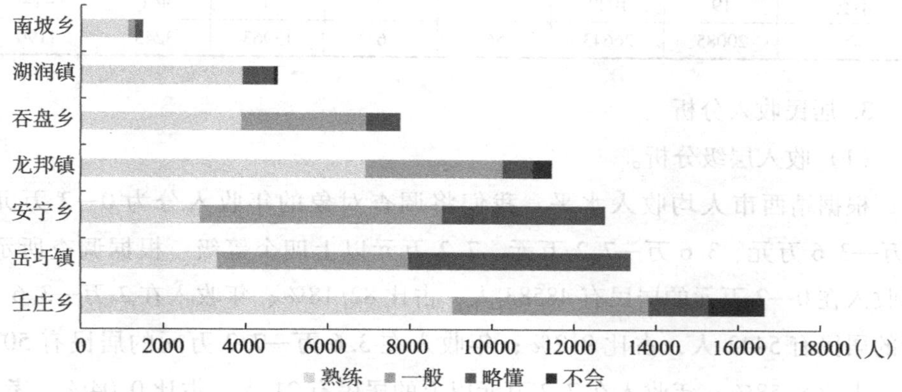

图 2－6　靖西市各乡镇普通话掌握程度

（2）普通话能力与职业匹配情况。

我们进一步将受访者居民的普通话水平与职业匹配对比分析后可以发现（详见表 2－16），不会讲普通话人群中从事务农、其他工作、无业的占比较多，分别为 53.48%、23.96%、21.52%。务工和务农作为靖西市两个最大的从业群体，普通话的普及率有所差别，务工群体中会讲普通话的居民占 99.91%，务农群体中会讲普通话的居民占 96.28%，可见务农对普通话的要求标准相对较低。另外经商、公职人员、学生群体中普通话普及率很高，学生群体由于拥有学校的优质的教学资源，更容易学习、掌握运用汉语以及具备较高的语言文字交流能力。同时，经商和公职人员群体中基本实现了普通话的全覆盖，可见对于工作环境相对开放，社交面广，需要在不同区域之间流动的职业而言，普通话已成为非常必要的日常生活技能。而在从事其他工作和无业人群中，普通话普及率明显较低，从事其他工作居民中有 12.45% 不会讲普通话，无业人群中有 25.81% 的居民不会普通话，比例远大于其他职业。因此，普通话能力对于职业影响还是比较明显的，不同职业工作环境差异性较大，对于普通话能力的要求就不一样，在靖西市普通话普及率已经达到 97.2% 的情况下，从事其他工作和无业人群的普通话能力较弱，一定程度上限制了他们的思想观念，从而影响到他们的生活和生产方式。

表 2－16　　　　　　靖西市普通话与职业匹配情况　　　　　　单位：人

	务工	务农	经商	公职	学生	其他	无业
不会	19	1029	1	0	0	461	414
会	20085	26643	56	6	13963	3243	1190

3. 居民收入分析

（1）收入层级分析。

根据靖西市人均收入水平，我们将调查对象的年收入分为 0—2 万元、2 万—3.6 万元、3.6 万—7.2 万元、7.2 万元以上四个等级。根据调查所示，年收入在 0—2 万元的居民有 48583 人，占比 82.18%；年收入在 2 万—3.6 万元的居民有 5442 人，占比 9.2%；年收入在 3.6 万—7.2 万元的居民有 5070 人，占比 8.58%；年收入在 7.2 万元以上的居民有 21 人，占比 0.04%。考虑到年收入在 0—2 万元的居民中有 12915 名学生，未参与工作，同时龙邦镇和岳圩镇均有部分务工和务农人员未填写年收入，收入层次占比将会有些许出入，但总体收入结构不会改变。详见表 2－17 和图 2－7。

表 2－17　　　　　　靖西市边境居民收入分布情况

0—2 万元		2 万—3.6 万元		3.6 万—7.2 万元		7.2 万元以上	
人数	占比	人数	占比	人数	占比	人数	占比
48583	82.18%	5442	9.2%	5070	8.58%	21	0.04%

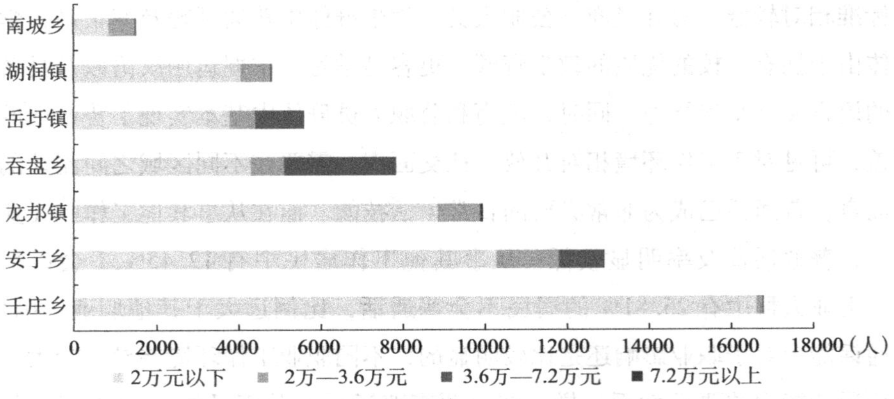

图 2－7　靖西市各镇边境居民收入分布情况

（2）职业与收入相关性分析。

为了进一步了解受访者不同职业与年收入之间的关系，我们分别统计了四个收入等级中不同职业的数量，可以发现不同职业的居民群体的收入存在着较大的差异（详见表2－18）。最庞大的务农群体中94.08%年收入小于2万元，但也有少许务农居民收入大于7.2万元，中高收入人群占比较少。务工群体中年收入处于中高阶段的占比为48.82%，远大于务农群体。而经商及公职人员职业群体收入则全部集中于中高段。可见不同职业群体居民在收入水平上存在非常大的差异。

表2－18　靖西市边境居民职业与收入匹配　单位：人

收入段	务工	务农	经商	公职	学生	其他	无业
0—2万元	9456	20033	0	0	13854	3579	1661
2万—3.6万元	4126	1104	33	0	107	64	9
3.6万—7.2万元	4896	136	23	6	0	8	0
7.2万元以上	0	20	0	0	0	0	0
总计	18478	21293	56	6	13961	3651	1670

（3）语言数量与收入相关性分析。

为了了解靖西市边境居民的双语能力和其收入之间的关系，我们汇总了表2－19，从表中我们可以发现掌握一种语言人群中84.14%的居民年收入在0—2万元、10.5%年收入在2万—3.6万元、5.31%年收入在3.6万—7.2万元、0.05%年收入在7.2万元以上。而掌握多语的居民年收入在0—2万元、2万—3.6万元、3.6万—7.2万元、7.2万元以上的人数占比分别为78.78%、6.96%、14.25%、0.0046%。掌握多语的居民中高段收入占比大于仅掌握一种语言的居民，可见多语掌握能力在一定程度上帮助边境居民提高收入。

表2－19　靖西市边境居民多语言能力与收入匹配　单位：人

	0—2万元	2万—3.6万元	3.6万—7.2万元	7.2万元以上
一种	31561	3938	1991	20
两种	17022	1505	3079	1

（4）普通话能力和收入相关性分析。

靖西市边境居民普通话能力与收入配比结果如表2－20所示。从表中可以看出，受访居民中不会普通话的人群中，有98.77%收入在0—2万元，1.17%收入在2万—3.6万元，0.06%收入在3.6万—7.2万元。而会讲普通话的人群中，有72.54%收入在2万元以下，18.78%收入在2万—3.6万元，8.64%收入在3.6万—7.2万元，0.04%收入在7.2万元以上。会讲普通话的人群相比于不会讲的人群，在2万元以下的低收入层次中占比下降了26.23个百分点，而在2万—7.2万元的中等收入层次中占比上升了26.19个百分点。另外，会讲普通话的居民中还出现了年收入在7.2万元以上的高收入人群。因此，我们可以推断，普通话能力的普及有利于提高劳动者收入。

表2－20　　靖西市边境居民普通话能力与收入匹配　　单位：人

	0—2万元	2万—3.6万元	3.6万—7.2万元	7.2万元以上
不会	1610	19	1	0
会	42904	11109	5109	21

综上，我们通过实地调查、数据汇总后，对靖西市边境居民语言使用类型以及与职业、收入之间的配比关系进行了深入分析，从而可以总结出以下几点结论：

第一，普通话普及率较高，但掌握程度不高。靖西市边境居民普通话普及率较高，占总数的97.2%，还有1924名居民不会使用或者听不懂普通话。但是受访者中普通话的掌握的熟练程度偏低，仅有约一半的居民能够熟练使用。另外，各乡镇居民对普通话掌握程度相差很大，个别乡镇如南坡乡、湖润镇，大多数居民都能熟练使用普通话，而其余各镇居民普通话的使用水平则普遍较低。另外，从职业角度来看，从事其他工作和无业人群的普通话普及率远低于平均水平，务工、学生、经商、公职群体普通话普及率较高。可见普通话作为求职的“敲门砖”，通常会为务工人员节约求职的时间，增加就业机会。

第二，语言种类丰富，但掌握多语的人数较少。靖西市边境语言环境混杂，语言资源丰富，拥有近八种方言，其中壮语、白话、桂柳话使用频率较高，在苗族少数民族聚居地，苗语使用也十分普遍，虽然靖西市边境与越南有频繁交互的贸易往来，但是能掌握越南语的居民并不算多。虽然语言种类丰富，但能掌握多语的人数却较少，方言的双语使用者都相对比较集中，如

“壮语—白话”双语使用者集中在壬庄乡和吞盘乡，“壮语—瑶语”双语使用者集中在壬庄乡，“壮语—苗语”双语使用者集中在龙邦镇。可见，乡镇之间人员流动并不频繁，壮语在当地保持着很强的母语使用环境。从职业角度分析，学生群体中双语使用者占比较小，因此在推广普通话的同时也要兼管青少年对少数民族文化的保护。

第三，多语能力和普通话能力均能帮助改善人均收入结构不均衡。靖西市边境居民收入结构面临发展极度不平衡的现状，0—2 万元的低收入人群占 82.18%，中高收入人群占比较少，因此，改善靖西市居民的收入状况迫在眉睫。根据上文研究可以发现，掌握多种语言在减少低收入人群占比上具有很大的作用，居民掌握的语言数量增加可以帮助居民向外流动，与不同民族进行交流，可以在闲暇时间找到其他的工作，是居民实现增收的有力途径。同时推广普通话可以帮助大基数的务农人员获得进入城市的通行证，这对扩宽务农和无业人群的就业面是最直接且有效的方式。

4. 语言的发展趋势

第一，普通话普及力度和推广范围趋于扩大。靖西市壬庄乡、龙邦镇、湖润镇还有部分居民不会讲普通话，另外除南坡乡和湖润镇外，其余各乡镇居民的普通话熟练程度都不高，在普通话的表达能力上比较薄弱。这会导致居民们很难学习和掌握基本的务工技术，对其综合素质以及现代意识的提高都具有负面影响，没有信心和能力去改变现状，从而陷入了思想上安于现状，生活上趋于贫困的循环。上文已充分分析了，普通话推广对当地居民提高生活质量有很大的影响，因此，加强推广普通话的力度应该成为靖西市下一阶段语言发展的工作重点，有关部门可以通过统一的调配和培训，增强外出务工人员语言能力以及劳动技能，帮助无业人员重新就业。

第二，中越边境贸易往来愈发频繁，对越南语人才的需求增加。靖西市边境与越南自古以来就保持着跨境贸易往来，双方互访频繁，友谊深厚。目前靖西市拥有全区第三大陆路口岸——龙邦口岸，以及多个边民互市点，如果当地居民能同时掌握越南语和壮语，可以很大程度上减少由于语言不通带来的交际成本，提高当地的贸易收入。同时，还可以增加双边交流合作，深化与越南的友好关系，更有利于维护边境地区的和平与稳定。因此，靖西市未来可以重点考虑培养会讲越南语、壮语、普通话的多语人才，帮助形成与越南边境地区全方位、多领域的交流对接。

第三，多语能力的掌握是不可逆转的趋势，对其他小语种的保护及重视程度增加。靖西市边境存在着丰富的方言种类，语言是民族最重要的标志之一，代表着各民族对本民族语言天然的热爱之情，人们通过口口相传的一些民间故事来传承自己民族的传统文化。通常在一个聚居的村落中，会保持着较好的母语使用环境，在家庭内部往往会使用母语作为交流工具。但在城镇化进程的推进、市场经济的发展等社会多方位的影响下，不仅本民族之间需要进行交流，更要和其他民族进行接触，并且为了提高收入，扩宽就业，掌握多语已是大势所趋。在此背景下，苗语、瑶语、客家话等小语种都会存在不同程度的冲击，特别是青少年，双语使用的人数占比较少，可能会面临着小语种保护后继乏人的局面。因此，在使用多语人群稳步增长的情况下，做好双语教学工作，利用先天优势，保护和发展少数民族文化是靖西市未来语言发展的重要方向。

5. 语言发展对策

第一，培养壮语、越南语等小语种专业技术人才。由于缺乏壮语专业技术人才，给很多工作带来诸多困难。比如在靖西市撤县设市时，需要突击翻译全市党政机关、企事业单位几千个公章、牌匾，其间带来了很多困难和问题，完成任务的难度很大。另外，靖西市边境贸易交流程度不断加深，对越南语潜在的人才需求较大。因此靖西市有必要健全和完善双语干部培养，建立评价、选拔、激励、保障的体制和机制，大力促进少数民族聚居地区干部双语能力水平的提高。利用好当地民语委网站及公众号等开发壮、汉双语学习平台。

第二，将推普工作贯彻到底。针对靖西市边境部分地区仍存在居民不会讲普通话，且普通话掌握程度不高的问题，有关部门应对此现象进行彻底排查，排查出具体人员并建档立卡。各乡镇部门应从学校、青壮年农民、基层干部、学龄前儿童等多重角度开展推普工作。充分利用全国推普周契机，深入基层开展“推普乡村行”活动，通过组织农村居民喜闻乐见的公益活动、发放富有特色的推普脱贫活动宣传材料、刊播推普脱贫公益广告等形式多样的推普增强推普脱贫活动的宣传效果，营造良好的舆论氛围。

（三）凭祥市语言生态

1. 语言使用情况

调查发现，在凭祥市使用的语言主要有普通话、白话、壮语和越南语。白话主要在城镇地区使用，壮话一般在乡村使用。此外，不少与越南通婚的家庭以及有密切商业往来的商人还可以熟练使用越南话。详见表2－21。

表2－21　凭祥市母语情况统计　单位：人

	汉语	壮语	瑶语	客家话	白话	越南语	其他
凭祥镇	3995	15160	0	0	330	183	25
上石镇	924	3595	0	0	81	45	6
夏石镇	841	3940	0	0	120	75	5
友谊镇	1721	9411	2	15	395	1	0
总计	7481	32106	2	15	926	304	36

母语是一个人的本民族语言，也是一个人的第一语言。从表2－21中可以看出，母语中使用最广泛的还是壮语，其次是汉语、白话以及越南语，友谊镇的极个别人数还在使用客家话和瑶语。

2. 普通话能力分析

在日常生活中，边民在家庭内部沟通或与本地人沟通时一般使用壮话或白话，但是在与外地人进行交流时，当地人多会使用普通话，但事实上大部分当地人在说普通话时都带有浓重的口音，并且使用方言的语法习惯，外地人往往难以理解。这一点在受教育程度低或年纪大的边民身上尤为突出。

从普通话能力来看，凭祥市居民中28772人等级为熟练，占比70.40%；9641人等级为一般，占比23.59%；2457人等级为略懂/不会，占比6.01%。表2－22统计表明，凭祥市的大部分居民都能够熟练使用普通话，但还是有部分居民只是略懂普通话，或者是根本不会说普通话。

表 2－22　　　　　　　凭祥市普通话掌握情况

	熟练		一般		略懂/不会	
	人数	占比	人数	占比	人数	占比
普通话	28772	70.40%	9641	23.59%	2457	6.01%

表 2－23 中可以看出，凭祥市的大部分居民都会普通话，且受教育程度越高的居民，普通话的普及率高，不会普通话的多为务农人员和无业人员，除了无业人员，其他职业掌握普通话的人数占比达到了 90% 以上，而无业人员会普通话的比例只有 76.08%，这类人员年龄普遍偏大，接触普通话的机会较少。

表 2－23　　　　凭祥市居民普通话能力与职业匹配情况

	务工	务农	经商	公职	学生	教师	其他	无业
不会	155（3.27%）	566（5.96%）	94（2.77%）	0	225（6.86%）	0	642（4.75%）	775（23.92%）
会	4587（96.73%）	8923（94.04%）	3302（97.23%）	2726（100%）	3055（93.14%）	489（100%）	12866（95.25%）	2465（76.08%）

注：表格中数据为语言的使用人数及其占从事同一职业人数比率。

3. 多语能力分析

凭祥市使用的语言主要有普通话、白话、壮语和越南语。调查结果表明，凭祥市居民多语言使用现象普遍；使用单一语言的有 2240 人，使用两种语言的有 28465 人，使用三种语言的有 10165 人（详见图 2－8、表 3－24）。

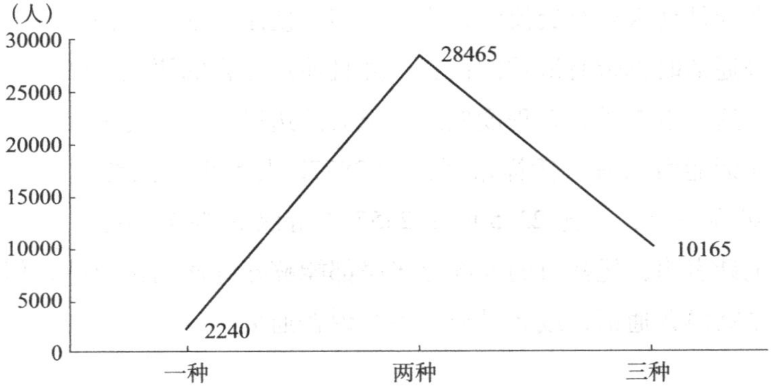

图 2－8　凭祥市居民多语言使用情况

表 2－24　凭祥市居民多语言使用情况

两种语言		三种语言	
种类	人数	种类	人数
壮、汉	25585	壮、白、汉	9385
瑶、汉	1	壮、客、汉	8
客、汉	10	壮、瑶、汉	1
白、汉	2804	壮、越、汉	719
越、汉	1	壮、其他、汉	15
其他、汉	64	白、越、汉	14
		瑶、白、汉	1
		客、白、汉	1
		白、汉、其他	21
合计	28465		10165

由表 2－24 可以得出，凭祥市的居民至少会一种语言，大多数居民掌握了两种语言，且有三分之一的居民会三种语言，近一半的居民掌握了三种语言。

在双语使用过程中，凭祥市的大部分居民使用的双语都是当地母语和汉语，占双语使用总人数的 99.73%，其中使用壮语和汉语的人数最多，有 25585 人，占双语使用总人数的 89.88%，其次是白话和汉语，有 2804 人，占双语使用总人数的 9.85%。随着交流范围不断扩大，大部分居民也逐渐掌握了三种语言，其中使用频率最高的是壮语、白话和汉语，其次是壮语、越南语和汉语。

表 2－25　凭祥市多语言使用与职业匹配情况

	务工	务农	经商	公职	学生	教师	其他	无业
一种	136（2.87%）	82（0.86%）	183（5.39%）	36（1.32%）	838（25.55%）	333（68.10%）	222（1.64%）	410（12.65%）
两种	2035（42.91%）	5868（61.84%）	2769（81.54%）	1852（67.94%）	1714（52.26%）	156（31.9%）	11870（87.87%）	2201（67.93%）
三种	2571（54.22%）	3539（37.3%）	444（13.07%）	838（30.74%）	728（22.19%）	0	1416（10.49%）	629（19.42%）

注：表格中数据为语言的使用人数及其占从事同一职业人数比率。

如表 2－25 所示，从多语言使用与职业匹配情况来看，所有职业的大部分居民均至少使用两种及以上的语言。其中，务工居民使用两种语言的有2035人，使用三种语言的有2571人，这部分人在务工过程中，需要与不同地区、使用不同语言的人接触、沟通与交流，所以语言能力相对较强；其次为务农人员及学生，务农人员在完成农活之余，常常外出打零工，需要使用母语以外的其他语言，务农居民使用两种语言的有5868人，使用三种语言的有3539人；而学生除了能熟练使用母语以外，在学校多使用普通话，学生使用两种语言及以上的人有2442人；同样，由于工作需要，公职人员大部分也为双语或者三种语言使用者，公职人员使用两种语言的有1852人，使用三种语言的有838人。

4. 越南语能力分析

随着近年来中越贸易的发展，来往友谊关口岸、浦寨口岸的中外商人、游客不断增多。越南语是越南的官方语言，凭祥市居民掌握越南语，有利于强化两国居民之间的交流、交融。由表2－26可以看出，凭祥市居民越南语的能力较差，大多数的凭祥边民都不会越南语，只有极少数的居民能掌握该门语言，等级达到熟练的只有21人，占比2.86%；等级在一般的有142人，占比19.35%；而等级为略懂/不会的有571人，占比达到77.79%。

表2－26　　凭祥市越南语掌握情况

	熟练		一般		略懂/不会	
	人数	占比	人数	占比	人数	占比
越南语	21	2.86%	142	19.35%	571	77.79%

5. 居民收入分析

（1）收入层级分析。

据表2－27所示，将凭祥市居民的年收入水平分为四个等级，其中，收入在0—2万元的有18009人，占比44.06%；收入在2万—3.6万元的有11526人，占比28.20%；收入在3.6万—7.2万元的有8973人，占比21.95%；收入在7.2万元以上的有2362人，占比5.78%。因此，可以看出，所调研居民中，收入等级较低的占比较高，收入等级较高的占比较低。

表 2－27　　凭祥市居民收入情况

0—2 万元		2 万—3.6 万元		3.6 万—7.2 万元		7.2 万元以上	
人数	占比	人数	占比	人数	占比	人数	占比
18009	44.06%	11526	28.20%	8973	21.95%	2362	5.78%

（2）不同职业居民收入情况。

如表 2－28 显示，不同职业的居民收入差距较大，年均收入在 2 万元以下的大部分为学生，且年均收入在 7.2 万元以上的大部分为经商人员。

表 2－28　　凭祥市居民职业与年收入分布情况　　单位：人

收入段	职业								合计
	务工	务农	经商	公职	学生	教师	其他	无业	
2 万元以下	3042	4948	536	234	3276	104	3224	2645	18009
2 万—3.6 万元	1038	3033	1115	948	4	125	4766	497	11526
3.6 万—7.2 万元	659	1384	1635	1436	0	260	3502	97	8973
7.2 万元以上	3	124	110	108	0	0	2016	1	2362
合计	4742	9489	3396	2726	3280	489	13508	3240	40870

（3）普通话能力与收入相关性分析。

调研发现，在多语言使用现象中，普通话是大多数人掌握兼用的语言。特别是在对外交流时，普通话已经成为大多数人使用的语言。表 2－29 显示，掌握普通话的人群获得较高收入的可能性较大，收入在 2 万元以下的居民中，等级为不会的有 1958 人，占比达 79.69%。收入在 2 万元以上的居民，等级为不会的占比为 20.31%，而等级为会的居民比例达 58.22%，高出 37.91 个百分点。进一步研究表明，普通话推广有利于凭祥市边境居民外出务工或者经商，对推动中越边境地区农村剩余劳动力转移就业具有积极作用。

表 2－29　　凭祥市居民普通话能力与年收入情况

	0—2 万元	2 万—3.6 万元	3.6 万—7.2 万元	7.2 万元以上
不会	1958 （79.69%）	368 （14.98%）	95 （3.87%）	36 （1.47%）
会	16051 （41.79%）	11158 （29.05%）	8878 （23.11%）	2326 （6.06%）

可见，普通话普及率对经济增长的影响存在最小规模，在普通话推广开始的一定阶段，由于普通话推广成本大于带来的经济收益，从而导致其对经济增长的影响为负效应，但是普通话普及率超过一定规模之后，其对经济增长的影响效应转化为正。要使得普通话推广对经济发展产生正面效应，就必须保证普通话普及率大于60%。凭祥市边境居民语言生活状况调查显示，凭祥市边境居民总人数为40870人，掌握普通话的人数有28772人，占总人数的70.40%，普通话普及率已超过60%，这一语言要素将会对凭祥市经济发展、扶贫攻坚战略的实施产生持续的正向效应。

（4）多语能力与收入相关性分析。

由表2－30所示，单一语言使用者2240人中，年均收入在2万元以下的占68.97%，年均收入在2万—3.6万元的占10.49%，年均收入在3.6万—7.2万元的占14.29%，年均收入在7.2万元以上的占6.25%；掌握两种语言的28465人中，年均收入在2万元以下的占35.64%，年均收入在2万—3.6万元的占30.08%，年均收入在3.6万—7.2万元的占26.69%，年均收入在7.2万元以上的占7.59%；掌握三种语言的10165人中，年均收入在2万元以下的占62.16%，年均收入在2万—3.6万元的占26.85%，年均收入在3.6万—7.2万元的占10.38%，年均收入在7.2万元以上的占0.61%。

表2－30　　凭祥市居民多语能力与年收入情况

	0—2万元	2万—3.6万元	3.6万—7.2万元	7.2万元以上
一种	1545 （68.97%）	235 （10.49%）	320 （14.29%）	140 （6.25%）
两种	10145 （35.64%）	8562 （30.08%）	7598 （26.69%）	2160 （7.59%）
三种	6319 （62.16%）	2729 （26.85%）	1055 （10.38%）	62 （0.61%）

（5）越南语能力与收入相关性分析。

由表2－31可以看出，凭祥市掌握越南语的居民人数较少，仅有163人，并且掌握越南语的大多数为低收入群体。但是随着贸易范围的不断扩大，掌握越南语有利于促进凭祥市经济的发展。因此，凭祥市可以利用其地缘优势，提升越南语这一外语能力，从而促进凭祥市边民与越南商人的沟通交流，降低中越贸易的交际成本，这对推动中越边境贸易业务的繁荣，提高中越边境居民收入具有积极的意义。

表 2-31 凭祥市越南语能力与年收入情况

	0—2 万元	2 万—3.6 万元	3.6 万—7.2 万元	7.2 万元以上
会	111	51	1	0
不会	195	273	103	0

6. 语言发展对策

凭祥市是一个多语兼用、多语和谐的地区，当地语言生态具有全民性、多语兼用普遍性、和谐性等特点。通过对广西中越边境地区凭祥市的语言生态调查，可以得出，边境地区的语言多样性特征显著，边民一般都懂多种语言。民族语言壮语和白话在日常生活中保持着较强活力，但在一定程度上也受到外来语的冲击。边民虽基本具备汉语能力，但其汉语使用受方言的口音与表达习惯影响较大。凭祥市位于中越边境，为了促进凭祥市边民掌握邻国语言，加强两国之间的交流，以及满足“一带一路”倡议对语言互联互通的要求，可以在当地基础教育规划中增设越南语课程。总而言之，凭祥市边民在日常生活中所使用的各种语言能够不断融合，并将长期共存，共同发展，既反映了边民较强的语言能力，又体现了当地和谐且充满生机的语言生态状况。

凭祥是广西的边境城市，凭祥的少数民族以壮族为主，凭祥弄怀互市点和浦寨互市点的中越贸易频繁，商户普遍认为越南语很有用。在凭祥，外地人一般只会说普通话和出生地的方言，而本地人多会壮语、白话、普通话，少数人掌握了越南语。这种会说多语，而且听说双项都达到 85% 以上的语言能力，更多是受客观语言环境的影响。随着各民族之间的互联互通，以及中越边贸的发展，使得普通话的使用频率会越来越高，使用范围也会越来越广。同时，应该加大对青少年的教育，推广普通话，强化凭祥市居民对普通话的认同感。并且凭祥市边境居民在提升自身多语能力的同时，应重点强化越南语的学习，以充分发挥凭祥市的地缘优势，提升与越南商人的沟通交流能力，为参与、从事和经营中越边贸业务提供保障，从而推动凭祥市的经济发展。

此外，凭祥市在推广普通话以实现普通话乡村振兴效应的同时，兼顾当地少数民族语言的保护和传承。在开展普通话推广时，注重青壮年劳动力普通话水平的提升，而对于无劳动能力的老年人及儿童则侧重于少数民族语言的保护和教育，根据居民的实际及少数民族语言文化保护的需求，构建“分类施策”的兼顾普通话推广和少数民族语言文化保护的模式。

（四）那坡县语言生态

1. 语言使用情况

那坡县边境居民所操语言有壮语、苗语、瑶语、彝语、白话（粤语）、客家话、汉语（普通话）和越南语。调研结果表明，那坡县边境居民语言使用类型多样，有单语、双语、三语、四语四种类型，其中多语言使用现象极为普遍。

（1）单语使用情况。

在那坡县边境居民使用单语模式中，主要为壮语、苗语、瑶语、彝语，单语使用总人数为2227人，其中使用壮语的人数为2116人，人数使用人数最多，占单语使用总人数的95.02%，使用苗语人数为65人，占单语使用总人数的2.92%，使用瑶语的人数为33人，占单语使用总人数的1.48%，使用彝语人数为13人，占单语使用总人数的0.58%。在单语使用人群中，单语使用者大部分为老人，少数为小孩，这部分老人一般在50岁以上，与外界接触少，基本只在当地村屯活动，活动轨迹极为简单，交际工具仅为当地母语，对内对外仅使用母语交流。此外，有少数小孩仅会使用母语，这部分小孩一般属于留守儿童，与爷爷奶奶生活，未达到入学的年纪，仅接触到只能使用母语的爷爷奶奶，因此，也只会使用母语。单语具体使用情况如图2-9所示。

（2）双语使用情况。

在那坡县边境居民使用双语模式中，主要表现为母语与其他语言的使用，具体包括：壮语与汉语、瑶语与汉语、苗语与汉语、彝语与汉语、客家话与汉语、白话与汉语、苗语与客家话、越南语与汉语、壮语与客家话、壮语与苗语、壮语与瑶语、壮语与白话，使用双语的总人数为24790人，其中掌握壮语与普通话的人数最多，共22048人，占使用双语总人数的88.94%，其次为苗

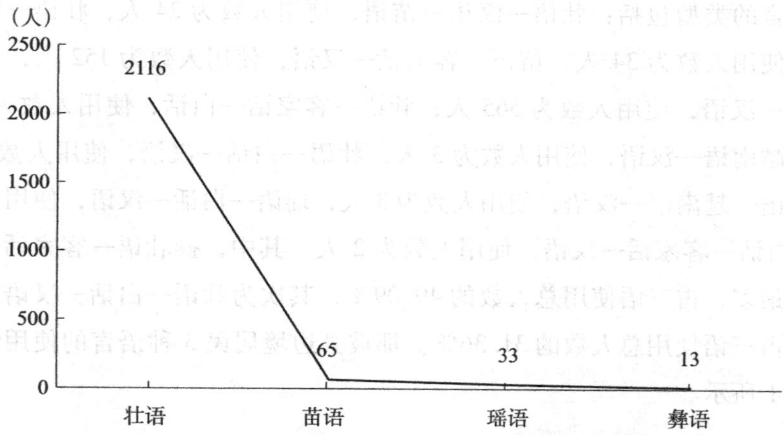

图2-9　广西那坡县边境居民单语使用情况

语与汉语，共1741人，占双语使用总人数的14.24%，使用瑶语与汉语的人数为654人，占双语使用总人数的2.64%；掌握苗语与汉语的人数为237人，彝语与汉语的人数为237人，客家话与汉语的人数为2人，白话与汉语的人数为6人，苗语与客家话的人数为29人，越南语与汉语的人数为1人，壮语与客家话的人数为55人，壮语与苗语的人数为4人，壮语与瑶语的人数为3人，壮语与白话的人数为10人。具体使用情况如图2-10所示。

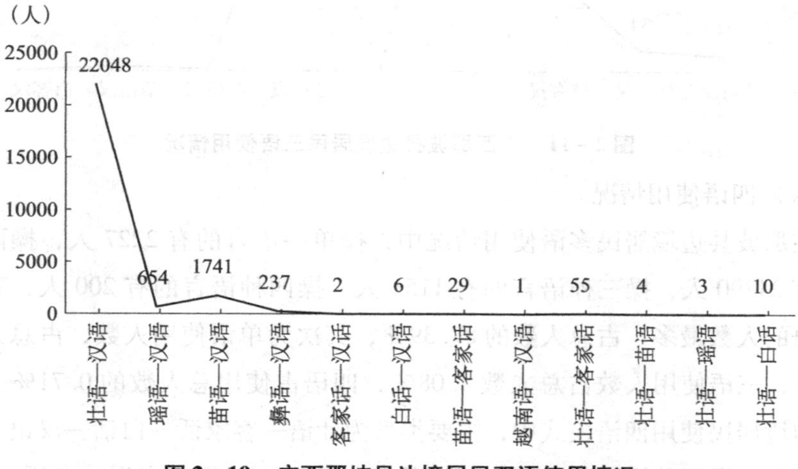

图2-10　广西那坡县边境居民双语使用情况

（3）三语使用情况。

在那坡县边境居民使用三语模式中，三语使用总人数为1151人，使用三种语言的类型包括：壮语—汉语—苗语，使用人数为 24 人，壮语—瑶语—汉语，使用人数为 34 人，苗语—客家话—汉语，使用人数为 152 人，壮语—客家话—汉语，使用人数为 565 人，壮语—客家话—白话，使用人数为 3 人，壮语—越南语—汉语，使用人数为 3 人，壮语—白话—汉语，使用人数为 361 人，壮语—越南语—汉语，使用人数为 3 人，瑶语—白话—汉语，使用人数为 7 人，白话—客家话—汉语，使用人数为 2 人。其中，操壮语—客家话—汉语的人数最多，占三语使用总人数的 49.09%，其次为壮语—白话—汉语三语的使用，占三语使用总人数的 31.36%。那坡县边境居民 3 种语言的使用情况如图 2－11 所示。

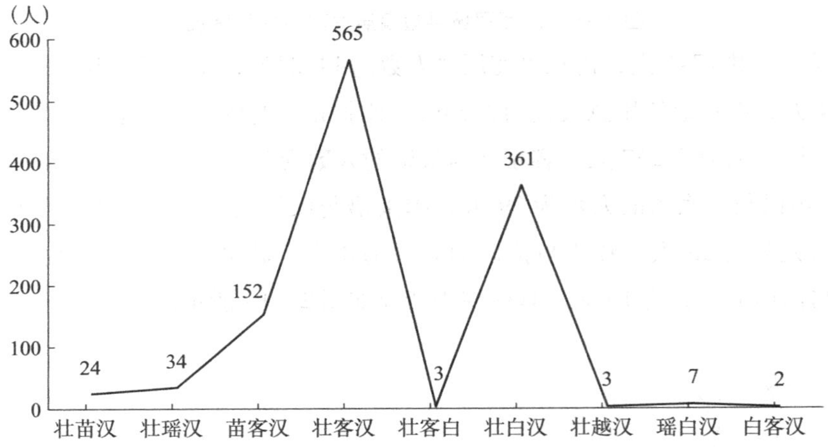

图 2－11　广西那坡县边境居民三语使用情况

（4）四语使用情况。

在那坡县边境居民多语使用情况中，操单一语言的有 2227 人，操两种语言的有 24790 人，操三种语言的有 1151 人，操四种语言的有 200 人，其中使用双语的人数最多，占总人数的 87.39%，其次为单语使用人数，占总人数的 7.85%，三语使用人数占总人数 4.08%，四语占使用总人数的 0.71%。在那坡县边境居民使用四语模式中，主要类型为壮语—客家话—白话—汉语，人数为 200 人，操四种语言的人当中，以壮语为母语，兼用客家话、白话、汉语，具体情况如表 2－32、图 2－12 所示。

表 2－32　　广西那坡县边境居民语言使用情况

一种语言		两种语言		三种语言		四种语言	
语言种类	人数	语言种类	人数	语言种类	人数	语言种类	人数
壮	2116	壮—汉	22048	壮—苗—汉	24	壮—客—白—汉	200
苗	65	瑶—汉	654	壮—瑶—汉	34		
瑶	33	苗—汉	1741	苗—客家—汉	152		
彝	13	彝—汉	237	壮—客家—汉	565		
		客家—汉	2	壮—白—汉	361		
		白—汉	6	壮—客家—白	3		
		越南—汉	1	壮—越南—汉	3		
		苗—客家	29	瑶—白—汉	7		
		壮—客家	55	白—客家—汉	2		
		壮—苗	4				
		壮—瑶	3				
		壮—白	10				
合计	2227		24790		1151		200

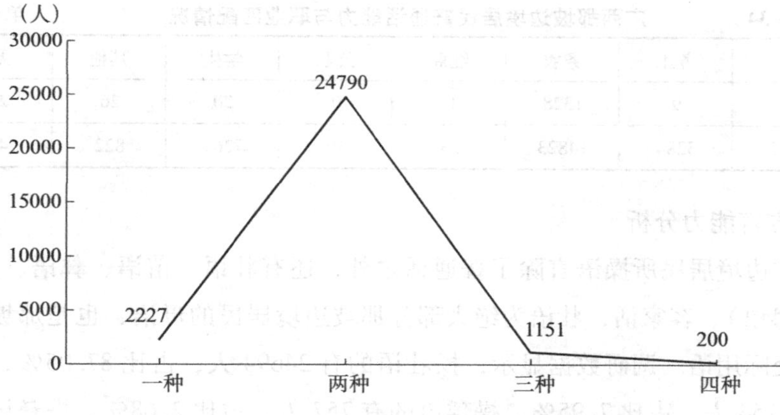

图 2－12　广西那坡县边境居民语言使用情况

2. 普通话能力分析

在那坡边境居民的普通话能力调查中，我们将那坡居民的普通话语言能力分为熟练、一般、略懂、不会四个等级，在被调研的 28368 人中，11567 人熟练掌握普通话，占比 40.77%；9578 人普通话水平为一般，占比 33.76%；5567 人的普通话水平为略懂，占比 19.62%；1656 人不会普通话，占比 5.84%。详见表 2－33。

表 2－33　　广西那坡边境居民普通话能力情况

	熟练		一般		略懂		不会	
	人数	占比	人数	占比	人数	占比	人数	占比
普通话	11567	40.77%	9578	33.76%	5567	19.62%	1656	5.84%

从表 2－33 中可知，那坡边境居民中大部分能使用普通话交流，即普通话水平达到一般及以上，占比为 74.53%，在不会普通话的人群中，绝大部分为老年人，他们大部分时间都在当地活动，与外界的交流极少，仅使用母语或者其他少数民族语言进行交流，少部分为儿童，他们多为留守儿童，与爷爷奶奶一起生活，加上没有入学，因此缺少使用普通话的环境。

我们在调研普通话能力与居民职业匹配结果发现，全部的经商人员和公职人员均掌握普通话，且达到了一般及以上水平，大部分的务工人员、务农人员、学生、其他职业及无工作人员能掌握普通话。详见表 2－34。

表 2－34　　广西那坡边境居民普通话能力与职业匹配情况　　单位：人

	务工	务农	经商	公职	学生	其他	无业
不会	9	1328	0	0	20	26	273
会	3284	14823	33	39	7264	822	447

3. 方言能力分析

那坡边境居民所操语言除了普通话之外，还有壮语、苗语、彝语、瑶语、白话（粤语）、客家话，壮语为绝大部分那坡边境居民的母语，也是那坡地区主要的交际用语。调研数据显示，操壮语的有 24694 人，占比 87.05%，操苗语的有 2254 人，占比 7.95%，操瑶语的有 757 人，占比 2.68%，操彝语的有 237 人，占比 0.84%，操白话的有 586 人，占比 2.07%，操客家话的有 1027 人，占比 3.62%。从掌握的语言水平来看，24413 人能够熟练使用壮语，196 人使用壮语水平一般，85 人略懂，3674 人不会；2221 人能熟练使用苗语，16 人使用苗语水平一般，17 人略懂，26114 人不会；757 人能熟练使用瑶语，

27609 人不会；234 人能熟练使用彝语，3 人略懂，28131 人不会；189 人能熟练使用白话，87 人使用白话水平为一般，310 人略懂，27782 人不会；159 人能够熟练使用客家话，657 人使用水平为一般，211 人略懂，27341 人不会；2 人能熟练使用越南语，1 人使用越南语水平一般，1 人略懂，28364 人不会。详见表 2－35。

表 2－35　　广西那坡边境居民方言能力情况

	熟练		一般		略懂		不会	
	人数	占比	人数	占比	人数	占比	人数	占比
壮语	24413	86.06%	196	0.69%	85	0.30%	3674	12.95%
苗语	2221	7.83%	16	0.06%	17	0.06%	26114	92.05%
瑶语	757	2.68%	0	0	0	0	27609	97.32%
彝语	234	0.82%	0	0	3	0.01%	28131	99.16%
白话	189	0.67%	87	0.31%	310	1.09%	27782	97.93%
客家话	159	0.56%	657	2.32%	211	0.74%	27341	96.38%

从表 2－35 中可知，壮语是那坡边境居民的主要交际工具，使用等级达到一般及以上的达到 86.75%，0.3% 的人略懂，仅 12.95% 的人壮语水平等级为不会。白话与客家话为汉语方言的一种，以此为母语的人较少，多为当地人在与外地人交流时掌握的语言，不作为内部交际用语。

那坡边境居民的语言使用能力与其职业调查结果显示，壮语、苗语、瑶语、彝语均为当地部分群体的母语，尤其是壮语，几乎在所有调研的职业划分中都有分布，少部分人掌握白话和客家话。从公职人员的语言方言能力可知，主要为母语使用者，较少会使用白话和客家话，其工作主要面对的是当地群众，工作中除了使用母语外，就是使用普通话；而商人能够使用白话和客家话的人数比较多，因除了主要与当地人群交际外，还需要与外地人员交流。务工、务农、学生等职业人群除了使用母语、其他当地少数民族语言外，也较多使用白话、客家话，多在对外交际时会使用到。详见表 2－36。

表 2-36　　广西那坡边境居民方言能力和职业匹配情况　　单位：人

	务工	务农	商人	公职人员	学生	其他	无业
壮语	3073	13965	33	35	6176	779	633
苗语	128	1318	0	2	694	41	71
瑶语	55	481	0	1	200	10	12
彝语	31	127	0	0	59	20	0
白话	218	299	2	1	55	4	7
客家话	356	314	9	1	212	17	118

4. 跨境语言能力分析

那坡边境居民所使用的跨境语言为越南语，总体而言，那坡县边境居民的跨境语言能力较弱，跨境语言越南语的使用主要在中越边境商贸中发挥作用，由于那坡边境群体多以务工、务农为主，边境贸易不发达，因此缺少跨境语言使用的环境，在被调研的人群中，仅有 2 人能熟练使用越南语，其中 1 人为越南籍，随母加入那坡县，另 1 人为务工人员，在边境务工，平时接触越南籍较多；1 人使用越南语能力为一般，亦为务工人员，在务工过程中与越南籍人员交流较多；1 人为务农人员，使用越南语的水平为略懂。详见表 2-37。

表 2-37　　广西那坡边境居民跨境语言能力情况　　单位：人

	熟练	一般	略懂	不会
越南语	2	1	1	28364

5. 多语使用与就业匹对情况

我们将那坡边境居民的职业分为七大类，分别为务工、务农、经商、公职、学生、其他工作、无工作。调研对象包括务工人员 3293 人、务农人员 16151 人、经商人员 33 人、公职人员 39 人、学生 7284 人、其他职业人员 848 人、无业人员 720 人。调研结果显示，务工人员操一种语言的有 15 人，操两种语言的有 2819 人，操三种语言的有 381 人，操四种语言的有 93 人；务农人员操一种语言的有 1767 人，操两种语言的有 13793 人，操三种语言的有 499 人，操四种语言的有 61 人；经商人员操两种语言的有 22 人，操三种语言的有 11 人；公职人员操两种语言的有 38 人，操四种语言的 1 人；学生操一种语言的有213人，操两种语言的有6827人，三种语言的202人，四种语言的为38人；其他职业中，18人操一种语言，743人操两种语言，7人操三种语言；无业人员操一种语言的有213人，操两种语言的有548人，51人操三种语言，7人操四种语言。详见表2－38。

表2－38　广西那坡边境居民多语使用与就业匹配情况　单位：人

	务工	务农	经商	公职人员	学生	其他	无业
一种	15	1767	0	0	213	18	213
两种	2819	13793	22	38	6827	743	548
三种	381	499	11	0	202	7	51
四种	93	61	0	1	38	0	7
合计	3293	16151	33	39	7284	848	720

6. 居民收入分析

（1）收入层级分析。

根据那坡县边境居民的收入水平，我们将被调研群体的年均收入水平分为4个等级，即0—2万元、2万—3.6万元、3.6万—7.2万元、7.2万元以上。在那坡县边境居民的收入水平调研中，收入为0—2万元的有25961人，占比91.52%；2万—3.6万元的有2212人，占比7.80%；收入为3.6万—7.2万元的有193人，占比0.68%；7.2万元以上仅有2人。详见表2－39。

表2－39　那坡县边境居民收入情况

0—2万元		2万—3.6万元		3.6万—7.2万元		7.2万元以上	
人数	占比	人数	占比	人数	占比	人数	占比
25961	91.52%	2212	7.80%	193	0.68%	2	0

从被调研边境居民的收入与其职业情况来看，大部分务工及绝大部分务农人员的收入为0—2万元，7.2万元及以上收入的仅有2人，1人为务农人员，家中种植果树，收入较高，1人为经商人员。详见表2－40。

表 2 -40　　那坡县边境居民职业与收入匹配情况　　单位：人

收入段	务工	务农	经商	公职	学生	其他	无业
0—2 万元	1281	15819	4	21	7279	838	719
2 万—3. 6 万元	1879	298	12	8	5	9	1
3. 6 万—7. 2 万元	33	33	16	10	0	1	0
7. 2 万元以上	0	1	1	0	0	0	0

（2）语言能力与收入相关性分析。

调研结果显示，持一种语言的 1611 人中，年均收入为 0—2 万元的有 1605 人，2 万—3. 6 万元的有 6 人，这部分人群中没有收入在 36001 元及以上的；掌握两种语言的 25073 人中，年均收入为 0—2 万元的有 23146 人，2 万—3. 6 万元的有 1793 人，3. 6 万—7. 2 万元的有 132 人，7. 2 万元以上的有 2 人；掌握三种语言的 1482 人中，年均收入为 0—2 万元的有 1088 人，2 万—3. 6 万元的有 334 人，3. 6 万—7. 2 万元的有 60 人，这部分人群中没有收入在 7. 2 万元以上的；掌握四种语言的 202 人中，年均收入为 0—2 万元的有 122 人，2 万—3. 6 万元的有 79 人，3. 6 万—7. 2 万元的有 1 人，这部分人群中没有 7. 2 万元以上的。详见表 2 -41。

表 2 -41　　那坡县边境居民多语能力与年均收入情况

	0—2 万元	2 万—3. 6 万元	3. 6 万—7. 2 万元	7. 2 万元以上
一种语言	1605	6	0	0
两种语言	23146	1793	132	2
三种语言	1088	334	60	0
四种语言	122	79	1	0

（3）普通话能力和收入相关性分析。

那坡边境居民的调研数据显示，那坡边境居民大多数都能使用普通话，虽然掌握普通话的水平存在着差异，但是绝大部分都能够使用普通话进行交流或者能够听懂一些基本交际用语。从那坡县边境居民的普通话能力及收入情况来看，年均收入在 2 万元以上居民的人群中，能使用普通话的人数占比 99. 68%，高出年均收入 0—2 万元等级 6. 32 个百分点，而在收入 3. 6 万元及以上的人群中，掌握普通话的人数占比100%。详见表2－42。

表2－42　　那坡县边境居民普通话能力与年均收入情况

	0—2万元	2万—3.6万元	3.6万—7.2万元	7.2万元以上
不会	1723（6.64%）	7（0.032%）	0	0
会（熟练、一般、略懂）	24238（93.36%）	2205（99.68 %）	193（100%）	2（100%）

从表2－42中可知，收入较高的人群掌握普通话的能力越强，普通话作为我国的通用语言，掌握普通话是我国各族人民相互交际交流的通用工具，那坡县边境居民除了使用当地母语（壮语、苗语、彝语、瑶语）外，最为常用的语言则为普通话，特别是在对外交流过程中，基本使用普通话作为交际用语。卞成林等的研究表明，普通话普及率的最小规模为60%—63.8%，此时，能推动区域经济发展，普通话的推广能对经济产生正面效应。那坡县边境居民的语言使用生态调研显示，那坡县边境居民总人数为28368人，能够熟练使用，或者能够进行基本交流，或者能听懂一些基本词汇并完成基本交际的人群有26638人，占总人数的93.90%，普通话普及率已经超过60%—63.8%的最小规模，因此，这一语言要素能够促进当地经济发展。

（4）跨境语言能力和收入相关性分析。

那坡县边境跨境语言为越南语，这一地区能够掌握跨境语言能力的人数极少，仅有4人掌握，2人的年均收入水平为2万元以下，另外两人的收入水平在2万—3.6万元（详见表2－43），可见，在较高等级的收入人群中没有人掌握越南语，这一结论与其他边境如东兴、防城等地边境县市有较大的差异。越南语作为跨境语言，主要用于商贸交际活动中，在东兴、防城等地双边贸易较为发达，因此，无论是否经商，都有可能会接触到越南语，从而学习一些基本的交际用语。但在那坡县边境地区，由于交通等要素的制约，贸易不发达，边境居民多数外出务工或者在家务农，较少参与边境贸易，因此，跨境语言使用能力较低，在当地经济发展过程中作用未能发挥出来。

表 2－43　　那坡边境居民越南语能力与年均收入情况　　单位：人

	0—2 万元	2 万—3.6 万元	3.6 万—7.2 万元	7.2 万元以上
不会	25959	2210	193	2
掌握（等级达到略懂以上）	2	2	0	0

（五）防城区语言生态

1. 语言使用情况

由表 2－44 可以看出，防城区的居民的母语大多为客家话和白话等民族语言，很少有母语是普通话的，峒中镇的母语还有壮语，而峒中社区的母语基本都是客家话。

表 2－44　　防城区母语情况　　单位：人

	普通话	壮	瑶	客	白	其他
那良镇	9	0	966	8762	24475	21
峒中镇	85	1013	17	8975	4940	2231
峒中社区	1	0	0	189	0	0
总计	95	1013	983	17926	29415	2252

2. 普通话能力分析

防城区是多民族聚居的地方，普通话作为人与人之间沟通的桥梁，显得越来越重要。我们把普通话能力分为熟练/一般/略懂/不会，将防城区居民的普通话能力进行汇总，通过表 2－45 可以得出，防城区有 21.01% 的居民熟练掌握了普通话，68.84% 的居民普通话能力一般，还有 10.14% 的居民不会说普通话。

表 2－45　　防城区居民普通话能力情况

	熟练		一般		略懂		不会	
	人数	占比	人数	占比	人数	占比	人数	占比
普通话	10852	21.01%	35552	68.84%	0	0	5237	10.14%

而从普通话能力和职业匹配情况来看，绝大多数的务工、务农、经商、公职、学生、其他工作职业的居民掌握了普通话，防城区的公职人员掌握普通话

的人达到了100%（详见表2－46）。

表2－46　防城区居民普通话与职业匹配情况

	务工	务农	经商	公职	学生	其他
不会	11（0.06%）	4700（17.59%）	415（22.54%）	0	25（0.80%）	2（0.52%）
会	17757（99.94%）	22015（82.41%）	1426（77.46%）	21（100%）	3087（99.20%）	386（99.48%）

注：表格中数据为语言的使用人数及其占从事同一职业人数比率。

3. 多语能力分析

防城区居民使用的语言有普通话、壮语、瑶语、客家话、白话等。调研结果表明，居民多语言使用现象普遍。使用单一语言的有15672人；使用两种语言的有28071人；使用三种语言的有4240人；使用四种语言的有1258人。

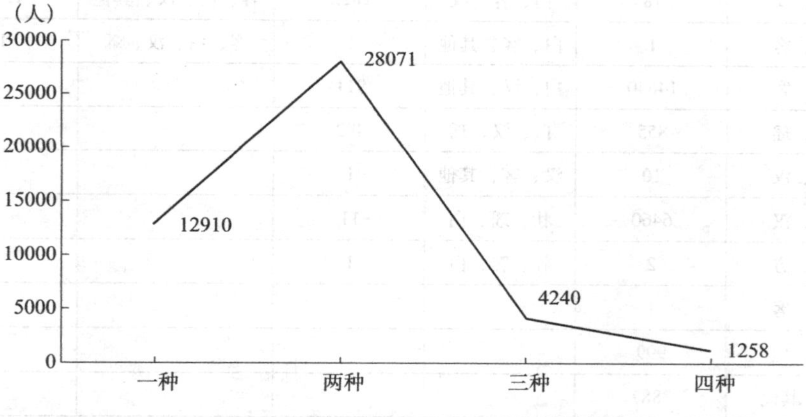

图2－13　防城区居民多语言使用情况

从图2－13可以看出，防城区的居民大多数掌握了两种语言，其中有27.8%的居民掌握了一种语言，60.4%的居民掌握了两种语言，9.1%的居民掌握了三种语言，2.7%的居民掌握了四种语言，且都在防城区峒中镇。

根据表2－47所示，在双语使用过程中，使用白话与客家话的人最多，占双语使用总人数的52.30%；分地区看，那良镇的居民使用的双语主要是白话和客家话、白话和汉语以及白话和瑶语；峒中镇的居民使用的双语主要是客家话和其他话、白话和其他话以及壮语和白话；峒中社区没有居民使用双语。从整体上看，防城区的居民使用的双语主要还是白话和客家话以及白话和汉语。

使用三种语言的居民中，主要表现为当地母语和普通话，比如白话、客家话、汉语以及白话、瑶语、汉语。掌握普通话的人数占99.69%。分地区看，那良镇的居民使用的三语是白话、客家话和汉语；峒中镇的居民使用的三语主要是白话、汉语和其他话以及白话、客家话和汉语；峒中社区没有居民使用三语。从整体上看，防城区的居民使用的三语主要还是白话、客家话和汉语以及白话、汉语和其他话。并且防城区只有峒中镇的居民会使用四种语言，其中有1257人使用的是客家话、白话、汉语和其他话，有1人使用的是客家话、白话、汉语以及瑶语。

表2－47　防城区居民多语言使用情况

两种语言		三种语言		四种语言	
种类	人数	种类	人数	种类	人数
瑶、汉	18	白、客、汉	2822	客、白、汉、其他	1257
瑶、客	1	白、客、其他	1	客、白、汉、瑶	1
白、客	14640	白、汉、其他	911		
白、瑶	855	白、汉、瑶	492		
客、汉	10	汉、客、其他	1		
白、汉	6460	壮、瑶、白	11		
汉、方	2	壮、客、白	1		
壮、客	1				
壮、白	999				
客、其他	3887				
白、其他	1118				
合计	27993		4239		1258

从表2－48可以得出，所有职业的大部分居民均使用两种及以上语言。其中，务工居民使用两种语言的有10712人，使用三种语言的有1864人，使用四种语言的有808人。分地区看，防城区峒中镇掌握一到三种语言的职业基本都是务农，掌握四种语言的职业大多为务工人员；那良镇掌握一到三种语言的也基本都是务农或者务工人员；峒中社区的居民只掌握了一种语言，大部分为务工人员或者学生。

表 2-48　防城区居民多语使用与就业匹配情况

	务工	务农	经商	公职	学生	无业
一种	4441（24.91%）	5506（24.92%）	434（30.41%）	12（0.40%）	1706（55.28%）	47（81.03%）
两种	10712（60.10%）	14537（65.80%）	920（64.47%）	8（26.67%）	969（31.40%）	6（10.34%）
三种	1864（10.46%）	1854（8.39%）	47（3.29%）	6（0.20%）	187（6.06%）	4（6.90%）
四种	808（4.53%）	195（0.88%）	26（1.82%）	4（13.33%）	224（7.26%）	1（1.72%）

注：表格中数据为语言的使用人数及其占从事同一职业人数比率。

4. 居民收入分析

（1）收入层级分析。

由表 2-49 可以看出，将防城区居民的收入情况划分为四个等级，即 2 万元以下、2 万—3.6 万元、3.6 万—7.2 万元、7.2 万元以上。并且收入在 2 万元以下的居民人数最多，有 38636 人，占比 94.54%，收入在 7.2 万元以上的居民人数最少，只有 16 人，占比 0.04%。

表 2-49　防城区居民收入情况

2 万元以下		2 万—3.6 万元		3.6 万—7.2 万元		7.2 万元以上	
人数	占比	人数	占比	人数	占比	人数	占比
38636	94.54%	1943	4.75%	273	0.67%	16	0.04%

（2）不同职业居民收入情况。

如表 2-50 所示，防城区不同职业的居民收入差距比较大，居民收入水平普遍偏低，且大部分居民的年收入都在 2 万—3.6 万元，并且普遍从事的也是务工或者务农等低收入工作。

表 2-50　防城区居民职业与年收入分布情况　单位：人

收入段	职业							合计
	务工	务农	经商	公职	学生	其他	无业	
2 万元以下	14329	21971	870	33	691	373	434	38701
2 万—3.6 万元	1324	491	115	5	0	6	0	1941
3.6 万—7.2 万元	144	41	78	5	0	4	0	272
7.2 万元以上	1	1	14	0	0	0	0	16
合计	15798	22504	1077	43	691	383	434	40930

（3）普通话能力与收入相关性分析。

从表 2－51 可以看出，防城区不会普通话的居民都是年收入在 2 万元以下的低收入群体。收入在 2 万元以上的居民中，等级为不会的占比为 0，而等级为会的占比 6.19%，高出 6.19 个百分点。推广普通话有利于防城区边境居民外出务工或经商，对推动中越边境地区农村剩余劳动力转移就业具有积极作用。在务工和经商居民中，掌握普通话的人数分别占 99.94% 和 82.41%。

防城区边境居民总人数为 51641 人，普通话普及率已经超过 60%。当地居民学习普通话大部分都是为了更好与外界交流，从而获得更多的就业机会。

表 2－51　　防城区居民普通话能力与年收入情况

	2 万元以下	2 万—3.6 万元	3.6 万—7.2 万元	7.2 万元以上
不会	4831 （100%）	0	0	0
会	33803 （93.81%）	1943 （5.39%）	273 （0.76%）	16 （0.04%）

（4）多语能力与收入相关性分析。

由表 2－52 可以看出，单一语言使用者 6150 人中，年均收入在 2 万元以下的占 87.35%，2 万—3.6 万元的占 12.10%，3.6 万—7.2 万元的占 0.54%，7.2 万元以上的占 0.02%；掌握两种语言的 23801 人中，年均收入在 0—2 万元的占 97.54%，2 万—3.6 万元的占 2.05%，3.6 万—7.2 万元的占 0.38%，7.2 万元以上的占 0.04%；掌握三种语言的 3596 人中，年均收入在 0—2 万元的占 75.97%，2 万—3.6 万元的占 19.69%，3.6 万—7.2 万元的占 4.17%，7.2 万元以上的占 0.17%；掌握四种语言的 2 人中，年均收入在 0—2 万元的占 50%，2 万—3.6 万元的占比为 0，3.6 万—7.2 万元的占 50%，7.2 万元以上的占比为 0；以上分析可以得出防城区大部分的居民掌握了两种语言，且年收入大多为 0—2 万元；掌握三种语言的比较少，且都集中在那良镇的低收入群体，峒中镇有个别居民掌握了四种语言。

表 2－52 防城区居民多语能力与年收入情况

多语能力	各收入段居民人数及占比			
	2 万元以下	2 万—3.6 万元	3.6 万—7.2 万元	7.2 万元以上
一种	5372 (87.35%)	744 (12.10%)	33 (0.54%)	1 (0.02%)
两种	23215 (97.54%)	487 (2.05%)	90 (0.38%)	9 (0.04%)
三种	2732 (75.97%)	708 (19.69%)	150 (4.17%)	6 (0.17%)
四种	1 (50%)	0	1 (50%)	0

5. 语言发展对策

通过对防城区的语言生态调查，可以得出，防城区的语言生活呈现出多样性的特点，大多数居民至少掌握了一种语言，民族语言白话和客家话在日常生活中保持着较强活力，同时也受到了汉语和其他语言的冲击。随着经济的发展，以及各地区交流的需要，应该提高普通话的普及率，加强各民族对普通话的认同感，有利于民族团结。

防城区地处中越边境，推广普通话是促进当地居民增收脱贫的有效举措。目前，防城港市边境地区普通话能力等级达到略懂及以上水平的居民占比达到98%以上，这部分人群中有近半数居民的年均纯收入处于20000 元以上，掌握普通话能力的居民的平均收入为不会讲普通话人群的1.5 倍左右，人均高出近5000 元/年以上。普通话作为我国的通用语言，对该语言的掌握是农民工融入城市的通行证，也是农民工就业应聘的“敲门砖”，有利于提高农民工沟通交流能力和就业竞争力，降低农民工的工作搜寻时间，增加农民工的城市就业机会，从而对其工资水平具有重要影响。

同时，在防城港市整体普通话普及率已经较高的情况下，应该有针对性地推广普通话，特别注重以青壮年为代表的特定人群的普通话推广，着力提升该类人群的普通话技能。一是集中力量组织开展非外出务工青壮年人群普通话的专项培训。鼓励他们借助信息化工具和资源自主学习，带动推普工作进村、入户、到人，为农村劳动力走出去消除语言障碍，为更好地求职创业打下坚实的语言基础。二是持续加强外出务工的青壮年普通话技能的提升。针对已外出务工的青壮年，在其过年过节等返乡时期，组织其参加普通话培训，及时了解其语言使用困境，帮助其提高语言使用的能力及技巧。在培训组织上，当地语言文字部门牵头协调，在各乡各村组织语言教学。

（六）东兴市语言生态

1. 语言使用情况

（1）母语能力分析。

语言不仅是文化的载体，而且还是其使用族群进行社会化认同的重要依据。语言联系着人与人之间的情感、行为等，语言的使用可以增强团体的认同感，语言态度的不同会影响人们对语言的选择和使用。社会语言学的理论观点认为，一个国家的语言政策和语言规划对国家民族的社会语言生活和民族关系状况起着决定性的作用和影响。

通过问卷调查、入户访谈等形式获得第一手资料，对广西东兴市语言使用情况及语言态度进行调查，分析广西少数民族语言的使用功能、社会地位及形成原因，了解少数民族边疆地区语言使用情况，从而更好地掌握语言国情、族情、民情。东兴市居民母语使用情况如表 2－53 所示，在整体上东兴市居民普遍会说多种语言或方言，主要有京话、白话、壮话、客家话和普通话等。东兴市掌握白话的人数较多，占比人数达到了 99.9%。普通话的掌握人数也达到了 92.6%，可以看出普通话的普及效果非常显著，掌握京话、壮话、客家话和越南语的人数相对较小，分别占比 0.1%、0.1%、10.5%、0.3%。

表 2－53　　东兴市居民母语使用情况

	京话	白话	普通话	壮话	客家话	越南语
不会	38447（99.9%）	2（0.1%）	2814（7.3%）	38437（99.9%）	34656（90.1%）	38301（99.6%）
会	20（0.1%）	38445（99.9%）	35633（92.6%）	10（0.1%）	3791（9.8%）	146（0.3%）

（2）多语能力分析。

表 2－54 为东兴市居民多语使用情况，大部分居民都能够熟练掌握两种或多种语言。在东兴市使用的语言主要包括普通话、白话、客家话、京语、壮

语、越南语，其中，掌握普通话和白话的人数最多。而在双语使用过程中，东兴市主要表现为白话和普通话掌握人数较多，占双语总人数的81%。使用白话和客家话、客家话和普通话的人数占双语总人数的8.7%和8.5%。其余双语使用人数均不到1%。在多语使用的情况中，可以看出东兴镇多语使用者人数众多，其中，使用白话、普通话和客家话的人数最多，有3714人；其次是白话、普通话和越南语，有133人。并且可以从中看出普通话的普及率越来越高，掌握三种语言和四种语言的居民全都会讲普通话。

"多语言身份"是指可以使用除母语外的其他语言与他人交流。多语言使用者不但在语言类科目上有优异的表现，在数学、地理和科学等非语言科目上也表现良好。剑桥大学教育学院高级讲师琳达·费希尔（Linda Fisher）提到，研究表明，掌握多种语言的学生更容易拥有积极的心态，同时也更自信。学校要为培养多语言学生创造条件，让年轻人参与探索不同类型的语言课程，鼓励他们在校外生活中积极使用多种语言，这将对其总体学业表现产生积极影响。

表2-54　东兴市居民多语使用情况

两种语言		三种语言		四种语言	
种类	人数	种类	人数	种类	人数
京、白	20	京、白、普	19	白、普、壮、客	1
京、普	19	白、普、壮	6		
白、普	35650	白、普、客	3714		
白、壮	10	白、普、越	133		
白、客	3789	普、壮、客	1		
白、越	144	普、客、越	22		
普、壮	6				
普、客	3716				
普、越	135				
壮、客	1				
客、越	23				
合计	43513		3895		1

2. 普通话能力分析

从普通话能力来看，被调研的东兴市居民28450人等级为熟练，占比

79.7%；2815 人等级为不会，占比 7.3%。从普通话能力与职业匹配情况来看，绝大多数居民都可以掌握普通话。其中，学生熟练掌握普通话的占比最高，可达 90% 以上。其次是公职人员，熟练人数占比 89.1%，略懂人数为 0 人。务工人员和经商人员熟练人数占比在 80% 左右，略懂人员占比仅 0.1%。这说明普通话能力在不同职业群体身上呈现明显的不平衡性。高社会声望的职业群体通常具有相对较高的普通话能力，低社会声望的职业群体的普通话能力相对较低。这也说明普通话能力是一种重要的人力资本。一些商业服务业作为直接面向社会的行业，其从业者应该具备良好的普通话服务能力。详见表 2－55。

表 2－55　　东兴市普通话与职业语言能力匹配情况

	务工	务农	经商	公职人员	学生	其他工作	无业
熟练	12060（78.0%）	2510（72.2%）	1372（84.8%）	107（89.1%）	10223（90.3%）	283（42.5%）	1895（63.2%）
一般	3372（21.8%）	819（23.5%）	244（15.0%）	13（10.8%）	1087（9.6%）	331（49.7%）	1053（35.1%）
略懂	28（0.1%）	144（4.1%）	1（0.1%）	0	9（0.1%）	51（7.6%）	49（1.6%）

3. 跨境语言能力分析

东兴市是广西乃至中国通往越南以及东南亚最便捷的通道之一，是中国海陆边境线的交接点，是唯一与越南社会主义共和国海陆相邻的城镇。随着中国—东盟自由贸易区的建立，东兴市优越的地理位置已经是我国各省市与东南亚各国往来的桥头堡。跨境语言能力的提高，可以促进两国之间经济文化交往。

从表 2－56 可以看出，东兴市使用越南语的居民人数较少，有 38321 人完全不会越南语，占调查总人数的 99.6%，会使用越南语的居民仅有 146 人，占调查总人数的 0.3%。其中，会使用越南语的居民职业分布主要体现在务工人员 48 名、务农人员 5 名、经商人员 62 名、学生 18 名、公职人员 1 名、其他人员 3 名、无业人员 9 名。分别占 32.8%、3.4%、42.4%、12.3%、0.6%、2.0%、6.1%。在职业分布中使用人数最多的是经商人员。

表 2－56　　东兴市越南语居民使用情况表

	熟练		一般		略懂		不会	
	人数	占比	人数	占比	人数	占比	人数	占比
越南语	47	0.1%	74	0.1%	25	0.1%	38321	99.6%

4. 语言发展对策

第一，普通话全面普及。民族地区推广普及国家通用语言文字，是促进各民族交往、交流、交融的重要前提，是推动各民族共同团结奋斗、共同繁荣发展和铸牢中华民族共同体意识的重要基础。新中国成立以来，我国以各族群众的语言需求为导向，遵循语言发展规律，推广普及国家通用语言文字，取得了显著成就，为各民族同步全面建成小康社会发挥了有力的助推和保障作用。新时代推广普及国家通用语言文字应充分重视经济转型对语言文字提出的新需求，以铸牢中华民族共同体意识为主线，为民族地区更好地融入新发展格局提供基础保障。

根据调查可以发现，东兴市和大新县普通话的普及率和熟练程度趋于全面，多种语言使用的现象也在逐步提升。习近平总书记指出："加强中华民族大团结，长远和根本的是增强文化认同，建设各民族共有精神家园，积极培养中华民族共同体意识。"现在推行的普通话和规范汉字是中华民族在长期的历史发展中共同选择的结果，是《宪法》和《国家通用语言文字法》规定的国家通用语言文字。全民自觉学习和使用国家通用语言文字是铸牢中华民族共同体意识的基础条件之一，同时也是各族人民交往交流交融、互学互鉴互助、共生共利共荣的基本条件。

第二，多种语言能力共同发展。东盟是"一带一路"建设的重点区域，而广西是面向东盟的重要门户，这对广西的经济发展必将产生重要促进的作用，同时广西经济和社会发展以及更紧密的国际合作对全方位外语人才也会产生巨大需求，多语教育理念也逐渐深入人心，越来越多的民众认识到当今中国社会迫切需要三语或多种语言的专业人员，仅会一门英语几乎无法满足广西面向东盟市场需求。具备良好英语和多种东南亚语言能力的管理人才将最具竞争力。这不仅促进更多边境居民学习普通话和越南语以及其他小语种，还有利于边境居民更多参与和经营边境贸易业务增加收入，促进相邻国家的文化交流，加强跨境民族的团结。

随着广西北部湾经济区开放开发以及中国—东盟自由贸易区建设步伐的进一步加快，中国与东盟经贸文化交流日益频繁，不仅广西需要培养大量的复合型语言人才，东盟各国对熟悉中国经济文化背景的汉语人才需求也日益加大。广西壮族自治区根据国家战略需求已经制定了《广西教育事业“十三五”规划》《广西教育提升三年行动计划（2018—2020年）》《广西壮族自治区中长期人才发展规划纲要（2010—2020年）》，明确了新时期广西民族教育整体发展目标，广西教育规划部门应结合这些广西地区的政策规划，制定适应新时代广西民族语言多语教育政策，参考国际上语言教育的成熟教学标准，制定校内外交叉协同、国内国际联合培养的人才培养方案，从而培养一批熟悉国际规则、具备跨文化沟通能力的高层次外向型人才以及特定领域少数民族管理人才。

第三，国内外语言向外传播。在世界流动性不断加大、外来语言文化源源不断涌入的大形势之下，实施汉语传播多语教育是保护本土语言文化多样性、维护语言生态相对平稳的积极对策。东盟国家语言教育政策新的发展态势强调了开展英语作为通用语的教学的同时，积极促进民族语言教育、复兴民族语言的语言治理策略。

东盟10国的华人大概有2500万人，占全球约3000万海外华人的八成以上。根据2018年孔子学院发展年报，我国已在除了文莱之外的东盟9国设立52所孔子学院和47所孔子课堂，这充分说明孔子学院在东盟各国得到强力支持。值得注意的是，整体上来看孔子学院在东盟国家的分布还不均衡，多集中在泰国（16所），马来西亚、菲律宾等国只有4所，越南、新加坡仅有1所。华语在许多东盟国家是重要的少数民族语言，我们应最终抓住历史机遇，顺应东盟国家民族语言教育复兴的浪潮，整合对外汉语和华语教育资源，针对东盟各国的历史文化差异和思维差异采用不同的教学方法，支持和帮助东盟国家发展学校汉语教育和社区教育，更好地服务整个东南亚，通过发展汉语教育来促进中国与东盟国家的友好交往。

广西可以通过积极落实中国政府所倡导《岳麓宣言》精神，加强广西多语教育政策规划，推广汉语文化在东盟国家语言传播，从而为保护世界多样性的民族语言资源、促进东盟地区多语教育发展以及语言生态的保护、为构建人类命运共同体的伟大实践做出更积极的贡献。

（七）大新县语言生态

1. 语言使用情况

（1）母语能力分析。

对收回的19999份调查问卷进行分析后（详见表2－57）可以发现，大新县居民使用的语言以壮语、白话、普通话为主，也有少数居民使用瑶语和客家话。其中使用壮语人数达12471人，占总人数的62.3%；白话5342人，占总人数的26.7%；瑶语249人，占总人数的1.2%；客家话104人，占总人数的9.0%。其中，大新县普通话掌握率达到了100%。

表2－57　　大新县母语使用情况调查表

	壮语	白话	瑶语	客家话	其他
人数	12471	5342	249	104	1833
占比	62.3%	26.7%	1.2%	0.5%	9.0%

（2）多语能力分析。

边境居民掌握多种语言，有助于促进和加强边境地区对内陆地区和境外的交流、联系，拓宽边境居民的生存空间。

从表2－58可知，大新县居民多语言使用现象普遍。使用两种语言的有18722人，普通话是全部居民都会使用的，除普通话外还会使用白话的居民有5342人，占比28.5%；使用壮语的居民12471人，占比66.6%；瑶语249人，占比1.3%；客家话104人，占比0.5%。使用其他语言的人数1833人，占比9.7%。使用三种语言的有14050人，其中使用人数最多的是壮语、白话和普通话，占比60.1%。

表2－58　　大新县语言使用情况

	白话	壮语	瑶语	客家话	其他
两种语言	5342 (28.5%)	12471 (66.6%)	249 (1.3%)	104 (0.5%)	1833 (9.7%)
三种语言	4265 (30.3%)	8455 (60.1%)	32 (0.2%)	26 (0.2%)	30 (0.2%)

不同年龄的语言使用情况如表2－59所示。大新县男性12759人，占比63.8%；女性7231人，占比36.1%。被调查者年龄分布覆盖13—80岁，其中：7—32岁4674人，占比23.8%，掌握两种语言的人数4296人，占比21%，掌握三种语言的人数2883人，占比14%；32—41岁4994人，占比24.9%，掌握两种语言的人数4661人，占比23%，掌握三种语言的人数3166人，占比15.8%；41—50岁5147人，占比25.7%，掌握两种语言的人数4977人，占比24.8%，掌握三种语言的3653人，占比18.2%；50—91岁5175人，占比25.8%，掌握两种语言的4375人，占比21.8%，掌握三种语言的3075人，占比15.3%。

从多种语言掌握的人数来看，不同年龄段表现各异：掌握两种语言人数较多人群的年龄段主要在32—50岁。这个年龄段区间的居民对普通话和母语的掌握程度都可以达到沟通良好的程度；对于新的语言，也可以接受，对于多种语言的使用率越来越高。而50—91岁的居民大多使用母语，普通话的掌握程度也只是一般或略懂。调查发现同年龄段的村民对母语传承具有明显的代际差异。低年龄段的人群对母语的熟练程度呈下滑趋势，对普通话和外语的掌握熟练程度逐渐上升。

在日常生活中，居民在家庭内部沟通或与本地人沟通时一般多使用白话，但当当地居民语言无法准确表达自己的语意时，便会发生语码转换，转为普通话，随机重新转回民族语言。在与外地人进行交流时，当地人多会使用普通话，但事实上大部分当地人在说普通话时都带有浓重的口音，并且有使用方言的语法习惯，外地人往往难以理解。这一点在受教育程度低或年纪大的边民身上尤为突出。

表2－59　　各年龄段居民语言使用情况表

	两种语言	三种语言
7—32岁	4296	2883
32—41岁	4661	3166
41—50岁	4977	3653
50—91岁	4375	3075

2. 普通话能力分析

语言是人与人沟通的桥梁，是社会发展的奠基石。普通话的普及可以促进当地的经济发展。从表 2－60 可知大新县居民 13727 人等级为熟练，占比 68.6%；4218 人等级为一般，占比 21.0%；2054 人等级为略懂，占比 10.2%。

表 2－60 大新县居民普通话能力情况表

	熟练		一般		略懂	
	人数	占比	人数	占比	人数	占比
普通话	13727	68.6%	4218	21.0%	2054	10.2%

表 2－61 为普通话能力与职业的匹配情况，从表中可以看出，绝大多数务工、务农、经商、公职人员、学生、无业、其他工作等职业的居民普通话等级都能达到一般或者熟练，占调查总人数的 89.7%。经商、公职人员、学生等居民的熟练程度可达 80% 以上，可见环境和沟通的频率可以提高居民的普通话能力。从表 2－61 可知，大新县普通话使用最为熟练的为学生，普通话水平为熟练的占比达到 90% 以上；其次是公职人员，都能达到熟练和一般。普及率在 90% 左右，略懂人数为零；经商人员普通话熟练程度和一般程度可以达到 80% 以上。再往下依次是务工人员和务农人员；最后是无业人员和其他职业人员。可以看出不同职业群体的普通话水平存在着较大差异。

表 2－61 普通话与职业能力匹配情况

	务工	务农	商人	公职人员	学生	其他工作	无业
熟练	1238（79.3%）	4768（53.4%）	3408（88.4%）	559（96.2%）	1081（90.7%）	663（58%）	1426（67.2%）
一般	312（19.9%）	2695（30.2%）	417（10.8%）	22（3.7%）	77（6.4%）	212（18.5%）	441（20.7%）
略懂	11（0.7%）	1460（16.3%）	27（0.7%）	0	33（2.7%）	268（23.4%）	255（12.0%）

3. 语言发展对策

广西中越边境地区是以壮族为主体的各少数民族聚居地，边境居民的母语是各自的民族语言，他们从小使用自己的民族母语，在平常的生活中耳濡目染，因此边境居民也都会使用民族母语进行交流，其民族母语主要有壮话、白话、客家话和普通话等，东兴市的居民对白话和普通话的掌握人数可达90%以上，大新县的居民对壮语的掌握人数可达60%以上，他们对母语都有着非常深厚的感情。双语使用情况人数众多，更有掌握三种、四种语言的居民。由此可见环境影响和历史原因使广西人民的语言使用情况出现各种各样的多元化。

白话是粤方言的次方言，操该种白话者与操广州白话者交流基本上没有障碍。成年边民及其中小学子女在日常生活中经常说白话，东兴市居民掌握白话的居民人数可达99.9%。因此，对白话有着较深的感情。广东是沿海经济发达地区，其方言也是强势方言，很多人以会说广州方言为荣，作为广州粤方言次方言的白话，也同样受到边境居民的尊崇。由于广西和广东有地缘优势，很多边民农闲时都去广东打工，会说白话成为在广东打工的重要语言优势。

第一，加强多种语言共同发展。广西语言资源丰富，语种纷繁复杂，是中国语言最复杂的省区，再加上广西享有邻近东盟的地理优势，自从举办中国—东盟博览会以来，东南亚语言在广西日益流行。这些多样化的语言环境为广西制定面向东盟的语言教育，特别是双语教育、多语教育和民族语言教育政策也带来一定的挑战和机遇。21世纪以来，在我国边境民族地区，三语或多语教育成为我国民族教育改革与发展的关键性问题，维系和保护民族语言文化的生态属性既是体现民族教育本土与国际化特色的重要前提条件，也是民族教育与多元教育体系相融合的主体内涵。把三语或多语教育放在民族教育发展与改革的重要位置，才能给民族文化多样性的传承赋予真实的内涵意义。人类历史发展的事实证明：民族教育的发展有助于各个民族自身的语言文化传承，有助于加强世界民族间的相互了解、团结和交融，有利于促进区域性社会经济、文化教育、科学技术的发展和现代化建设。对于像广西这样一个居住着不同少数民族的边境地区来说，多语教育的发展就更加具有重大的现实意义。

第二，构建和谐语言生态。城市的不断扩张，使小城镇变成了小城市，小城市变成了中城市，中城市变成了大城市，大城市变成了特大城市。城市化的飞速发展需要和谐的城市语言生活，这是城市化发展的必然需求。但是城市规模越来越大，语言和谐生态的构建又涉及社会的方方面面，仅靠一两个人或一两个部门是不可能达成这个宏伟目标的，需要上下联动、部门协同、全民参与，形成构建和谐语言环境的强大合力。

首先，加强国家语言文字方针政策、法律法规和语言文字规范标准的宣传教育，让每一个普通民众充分了解国家的语言文字政策，了解语言文字规范的内容和语言文字和谐的重要性，并积极投身到语言规范和语言生态环境建设的行动中来。其次，提升语言文字的科学研究水平。鼓励科研院所、高校语言研究者深入开展广西语言文字科研工作，对城市化进程中的各种语言现象进行分析，为城市化语言生态建设把脉把关，提出针对问题的解决方案。再次，普通民众、新闻媒体和社会各方力量积极参与到城市语言生态文明建设工作中来，与城市语言不文明现象进行斗争，积极举报有关语言文字使用不规范不文明现象。最后，消除语言歧视问题，树立与时俱进符合新时代社会发展的语言观。伴随城市化进程而来的人员流动的加快、外来人口的增加，使得语言歧视现象还普遍存在。语言歧视一般有两种情况：普通话对方言的歧视；强势方言对弱势方言或普通话的歧视。每一种语言，都是一种身份的认同。当你操着某一种语言时，你会觉得自己属于讲着这个语言的群体，反之则不然。首先我们要坚持语言的平等性。语言的平等不是作用的平等，而是尊严的平等、话语权的平等。其次是正确处理好普通话与民族语言、方言的关系。处理好两者的关系，必须坚持社会语言生活主体化与多样化相结合的原则，一方面使广大民众普遍具备普通话应用能力，可以顺畅地与人交流，另一方面则要尊重民族语言、方言的使用价值和文化价值。在城市化进程中，普通话一定要大力推广，在正式场合要坚持使用通行的普通话，但在日常生活中可让民族语言、方言继续发挥增进乡情亲情的作用，在艺术领域中提倡用民族语言、方言继续发挥繁荣民俗文化的作用。

第三，增强话语传播能力。话语传播能力在大传播时代变得尤其重要。“一带一路”沿线国家关系密切、交流广泛，但是根据不同受众进行有效的传播不仅有赖于政府的努力，也需要借助各类主体合力激发话语传播的最大效力。话语传播只有符合受众的接收习惯，才能产生更大的影响力。技术的便利性，使得所有人和所有机构都成为国际传播的主体。因此，要提高包括个人在内的所有语言主体的话语传播能力。一方面，要通过增强凝聚力提高其正面传播的主动性；另一方面，在跨境民族地区各类教育中增加媒介素养和媒介能力教育。智媒时代，不仅要学会利用各类网络平台讲好中国故事，也要通过提高跨境地区的生活水平，提高跨境地区人民的幸福感，促进跨境民族地区的安全稳定。

（八）宁明县语言生态

1. 语言使用情况

宁明县边境居民所操语言有壮语、白话（粤语）、客家话、苗语、瑶语、汉语（普通话）和越南语。调研结果表明，宁明县边境居民语言使用类型多样，有单语、双语、三语、四语、五语五种类型，其中，多语多言使用的现象较为普遍。

（1）单语使用情况。

在宁明县边境居民使用单语模式中，主要为壮语、白话、瑶语、客家话、普通话、越南语，单语使用总人数为2261人，其中使用壮语的人数为2102人，使用人数最多，占单语使用总人数的92.97%，使用白话的人数为50人，占单语使用总人数的2.21%，使用瑶语的人数为11人，占单语使用总人数的0.49%，使用普通话的人数为98人，占单语使用总人数的4.33%。在单语使用人群中，单语使用者大部分为老人，少数为小孩，这部分老人一般在50岁以上，与外界接触少，基本只在当地村屯活动，活动轨迹极为简单，交际工具仅为当地母语，对内对外仅使用母语交流。此外，有少数小孩仅会使用母语，这部分小孩一般属于留守儿童，与爷爷奶奶生活，未达到入学的年纪，仅接触到只能使用母语的爷爷奶奶，因此，也只会使用母语。单语具体使用情况如图2-14所示。

（2）双语使用情况。

在宁明县边境居民使用双语模式中，主要表现为母语与其他语言的使用。具体包括：白话与客家话、白话与壮语、壮语与普通话、瑶语与白话、瑶语与壮语、壮语与越南语、白话与普通话、客家话与普通话、瑶语与普通话九种类型。使用双语的总数为33500人，其中掌握①壮语与普通话的人数最多，共32738人，占使用双语总人数的97.73%；其次为白话与普通话，共525人，占

① 从语言能力来看，“掌握”是指语言能力达到熟练、一般、略懂三个等级。

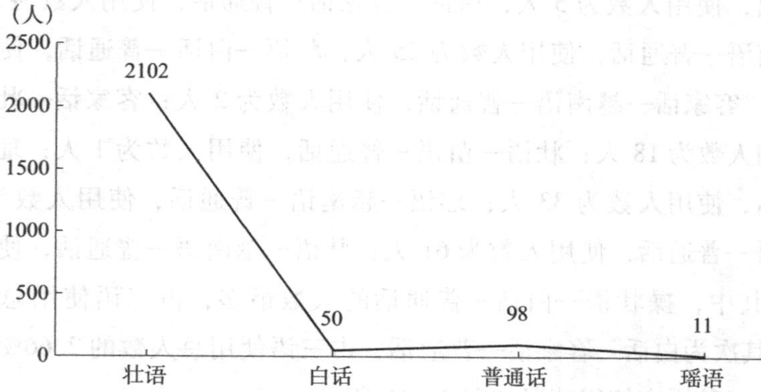

图 2－14　广西宁明县边境居民单语使用情况

双语使用总人数的 1.57%；使用白话与客家话的人数为 26 人，占双语使用总人数的 0.08%；掌握白话与壮语的人数为 167 人，占双语使用总人数的 0.50%；使用瑶语和普通话的人数为 21 人，占双语使用总人数的 0.06%；使用瑶语和白话的人数为 2 人，使用瑶语和壮语的人数为 13 人，使用壮语和越南语的人数为 3 人，使用客家话与普通话的人数为 5 人。具体使用情况如图 2－15 所示。

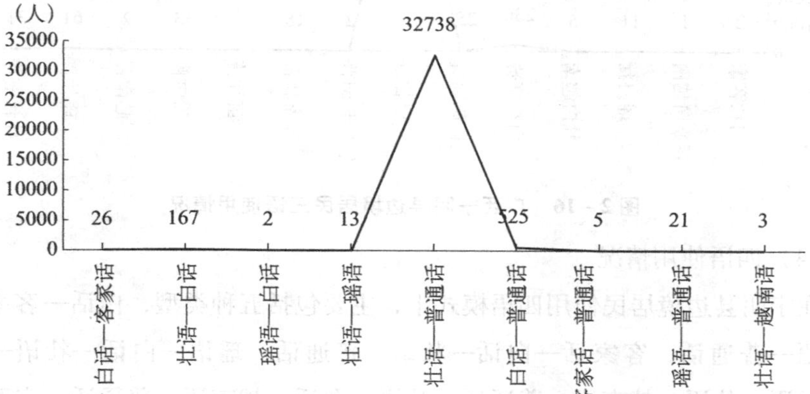

图 2－15　广西宁明县边境居民双语使用情况

（3）三语使用情况。

在宁明县边境居民使用三语模式中，三语使用总人数为 9315 人，使用三种语言的类型包括：白话—壮语—客家话，使用人数为 2 人；客家话—白话—越南语，使用人数为 1 人；瑶语—白话—壮语，使用人数为 11 人；壮语—白话—越南语，使用人数为 5 人；白话—客家话—普通话，使用人数为 236 人；白话—越南语—普通话，使用人数为 25 人；壮语—白话—普通话，使用人数为 8887 人；客家话—越南语—普通话，使用人数为 2 人；客家话—壮语—普通话，使用人数为 18 人；壮语—苗语—普通话，使用人数为 1 人；瑶语—白话—普通话，使用人数为 33 人；瑶语—越南语—普通话，使用人数为 2 人；壮语—瑶语—普通话，使用人数为 61 人；壮语—越南语—普通话，使用人数为 31 人。其中，操壮语—白话—普通话的人数最多，占三语使用总人数的 95.41%，其次为白话—客家话—普通话，占三语使用总人数的 2.66%。宁明县边境居民三种语言使用情况如图 2－16 所示。

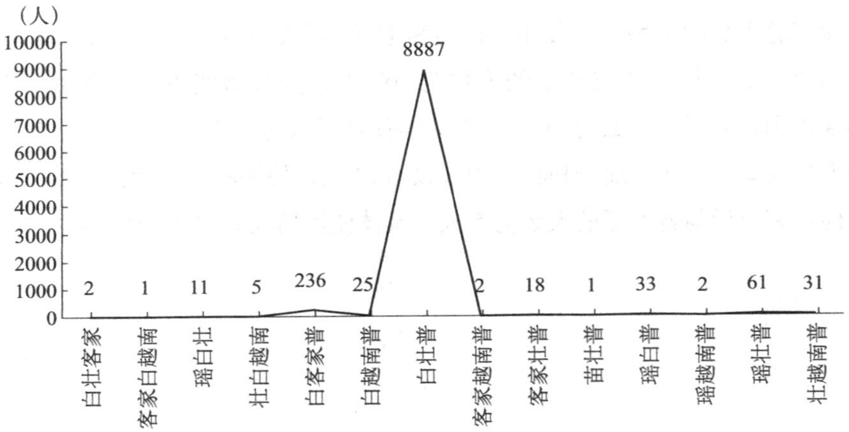

图 2－16　广西宁明县边境居民三语使用情况

（4）四语使用情况。

在宁明县边境居民使用四语模式中，主要包括五种类型，白话—客家话—越南语—普通话、客家话—白话—壮语—普通话、瑶语—白话—壮语—普通话、瑶语—壮语—越南语—普通话、壮语—白话—越南语—普通话。宁明县边境居民共有 539 人操四种语言，其中操白话—客家话—越南语—普通话 17 人，占四语使用总人数的 3.15%；客家话—白话—壮语—普通话 59 人，占四语使用总人数的 10.95%；瑶语—白话—壮语—普通话 302 人，占四语使用总人数的 56.03%；瑶语—壮语—越南语—普通话 1 人，占四语使用总人数的 0.18%；壮语—白话—越南语—普通话 160 人，占四语使用总人数的 29.68%。

宁明县边境居民四种语言使用情况如图 2－17 所示。

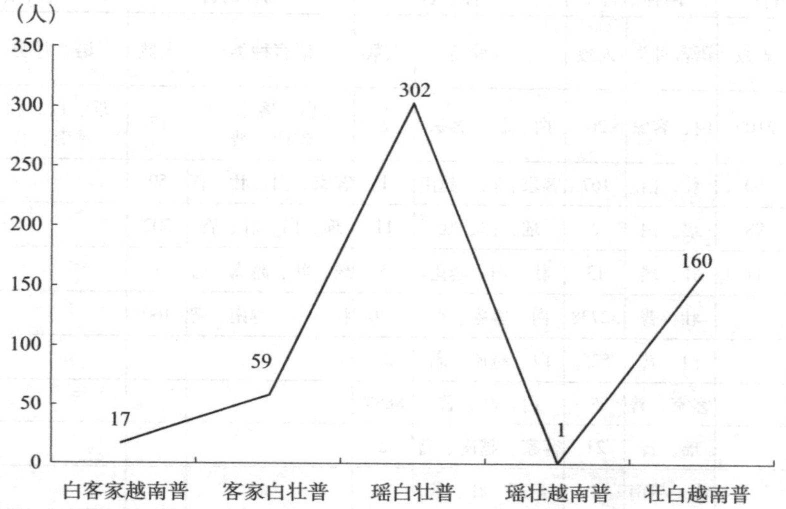

图 2－17　广西宁明县边境居民四语使用情况

（5）多语使用情况汇总。

在宁明县边境居民多语使用情况中，操单一语言的有 2261 人，操两种语言的有 33500 人，操三种语言的有 9315 人，操四种语言的有 539 人，操五种语言的有 13 人，其中使用双语的人数最多，占总人数的 73.42%，其次为三语使用人数，占总人数的 20.42%，单语使用人数占总人数 4.96%，四语使用人数占使用总人数的 1.19%，五语使用人数占使用总人数的 0.03%。具体情况如图 2－18、表 2－62 所示。

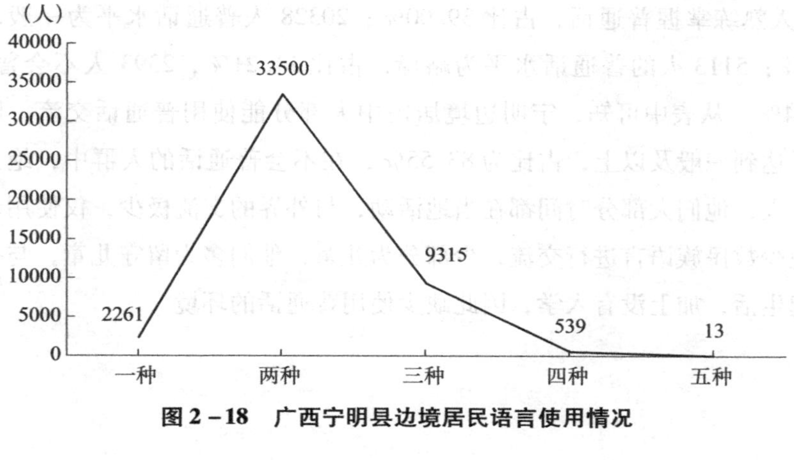

图 2－18　广西宁明县边境居民语言使用情况

表 2-62 广西宁明县边境居民语言使用情况

一种语言		两种语言		三种语言		四种语言		五种语言	
语言种类	人数	语言种类	人数	语言种类	人数	语言种类	人数	语言种类	人数
壮	2102	白、客家	26	白、壮、客家	2	白、客家、越南、普	17	瑶、白、壮、越南、普	13
白话	50	壮、白	167	客家、白、越南	1	客家、白、壮、普	59		
普通话	98	瑶、白	2	瑶、白、壮	11	瑶、白、壮、普	302		
瑶语	11	壮、瑶	13	壮、白、越南	5	瑶、壮、越南、普	1		
		壮、普	32738	白、客家、普	236	壮、白、越南、普	160		
		白、普	525	白、越南、普	25				
		客家、普	5	白、壮、普	8887				
		瑶、普	21	客家、越南、普	2				
		壮、越南	3	客家、壮、普	18				
				苗、壮、普	1				
				瑶、白、普	33				
				瑶、越南、普	2				
				瑶、壮、普	61				
				壮、越南、普	31				
合计	2261		33500		9315		539		13

2. 普通话能力分析

表 2-63 为宁明县居民的普通话能力情况，在被调研的 45628 人中，17794 人熟练掌握普通话，占比 39.00%；20328 人普通话水平为一般，占比 44.55%；5113 人的普通话水平为略懂，占比 11.21%，2393 人不会普通话，占 5.24%。从表中可知，宁明边境居民中大部分能使用普通话交流，即普通话水平达到一般及以上，占比为 83.55%，在不会普通话的人群中，绝大部分为老年人，他们大部分时间都在当地活动，与外界的交流极少，仅使用母语或者其他少数民族语言进行交流，少部分为儿童，他们多为留守儿童，与爷爷奶奶一起生活，加上没有入学，因此缺少使用普通话的环境。

表 2－63　　广西宁明边境居民普通话能力情况

	熟练		一般		略懂		不会	
	人数	占比	人数	占比	人数	占比	人数	占比
普通话	17794	39.00%	20328	44.55%	5113	11.21%	2393	5.24%

从调研普通话能力与居民职业匹配结果发现，全部公职人员均掌握普通话，大部分的务工人员、务农人员、经商、学生、其他职业及无工作人员能掌握普通话（详见表 2－64）。

表 2－64　　广西宁明县边境居民普通话能力与职业匹配情况　　单位：人

	务工	务农	商人	公职	学生	其他	无业
不会	28	1277	4	0	91	16	977
会	11075	19984	1418	176	8931	282	1369

3. 方言能力分析

宁明边境居民所操语言除了普通话之外，还有壮语、苗语、彝语、瑶语、白话（粤语）、客家话，壮语为绝大部分宁明边境居民的母语，也是宁明地区主要的交际用语。根据调研数据显示，操壮语的有 24694 人，占比 87.05%，操苗语的有 2254 人，占比 7.95%，操瑶语的有 757 人，占比 2.68%，操彝语的有 237 人，占比 0.84%，操白话的有 586 人，占比 2.07%，操客家话的有 1027 人，占比 3.62%。从掌握的语言水平来看，24413 人能够熟练使用壮语，196 人使用壮语水平一般，85 人略懂，3674 人不会；2221 人能熟练使用苗语，16 人使用苗语水平一般，17 人略懂，26114 人不会；757 人能熟练使用瑶语，27609 人不会；234 人能熟练使用彝语，3 人略懂，28131 人不会；189 人能熟练使用白话，87 人使用水平为一般，310 人略懂，27782 人不会；159 人能够熟练使用客家话，657 人使用水平为一般，211 人略懂，27341 人不会；2 人能熟练使用越南语，1 人使用水平一般，1 人略懂，28364 人不会。详见表 2－65。

表 2－65　　广西宁明边境居民方言能力情况

	熟练		一般		略懂		不会	
	人数	占比	人数	占比	人数	占比	人数	占比
壮语	24413	86.06%	196	0.69%	85	0.30%	3674	12.95%
苗语	2221	7.83%	16	0.06%	17	0.06%	26114	92.05%
瑶语	757	2.68%	0	0%	0	0%	27609	97.32%
彝语	234	0.82%	0	0%	3	0.01%	28131	99.16%
白话	189	0.67%	87	0.31%	310	1.09%	27782	97.93%
客家话	159	0.56%	657	2.32%	211	0.74%	27341	96.38%

从表 2－65 中可知，壮语是宁明边境居民的主要交际工具，使用等级达到一般及以上的达到 86.75%，0.3% 的人略懂，仅 12.95% 的人壮语水平等级为不会。白话与客家话为汉语方言的一种，以此为母语的人较少，多为当地人在与外地人交流时掌握的语言，不作为内部交际用语。

宁明边境居民的语言使用能力与其职业调查结果显示，壮语、苗语、瑶语、彝语均为当地部分群体的母语，尤其是壮语，几乎在所有调研的职业划分中都有分布，少部分人掌握白话和客家话。从公职人员的语言方言能力可知，宁明县公职人员主要使用母语，较少会使用白话和客家话，其工作主要面对的是当地群众，工作中除了使用母语外，就是多使用普通话；而商人能够使用白话和客家话的人数比较多，因除了主要与当地人群交际外，还需要与外地人员交流。务工、务农、学生等职业人群除了使用母语、其他当地少数民族语言外，也较多使用白话、客家话，多是在对外交际时会使用到。详见表 2－66。

表 2－66　　广西宁明边境居民方言能力和职业匹配情况　　单位：人

	务工	务农	商人	公职人员	学生	其他	无业
壮语	3073	13965	33	35	6176	779	633
苗语	128	1318	0	2	694	41	71
瑶语	55	481	0	1	200	10	12
彝语	31	127	0	0	59	20	0
白话	218	299	2	1	55	4	7
客家话	356	314	9	1	212	17	118

4. 跨境语言能力分析

受地理位置因素影响，越南语是宁明县的跨境语言。越南语在宁明的使用群体相对较多，在受调研的群体中，共有260人使用越南语。越南语作为母语使用的有7人，使用水平均为熟练。将越南语作为第二语言使用的有253人，其中使用水平为熟练的46人，水平一般的有48人，略懂层级的有159人。详见表2－67。

表2－67　广西宁明边境居民跨境语言能力情况　单位：人

	熟练	一般	略懂
母语	7	0	0
第二语言	46	48	159

5. 多语使用与就业匹对情况

我们将宁明边境居民的职业分为七大类，分别为务工、务农、经商、公职、学生、其他工作、无工作。调研对象包括务工人员11103人、务农人员21261人、经商人员1422人、公职人员176人、学生9022人、其他职业人员298人、无业人员2346人。调研结果显示，务工人员操一种语言的有50人，操两种语言的有8172人，操三种语言的有2754人，操四种语言的有127人；务农人员操一种语言的有1255人，操两种语言的有15775人，操三种语言的有3965人，操四种语言的有287人，操五种语言的有9人；经商人员操两种语言的有22人，11人操三种语言；公职人员操两种语言的有38人，操四种语言的1人；学生操一种语言的为213人，操两种语言的有6827人，三种语言的202人，四种语言的为38人；其他职业中，18人操一种语言，743人操两种语言，7人操三种语言；无业人员操一种语言的为213人，操两种语言的为548人，51人操三种语言，7人操四种语言。详见表2－68。

表2－68　广西宁明边境居民多语使用与就业匹配情况　单位：人

	务工	务农	商人	公职人员	学生	其他	无业
一种	50	1225	1	0	117	1	863
两种	8172	15775	705	128	7598	48	1074
三种	2754	3965	693	47	1232	249	374

续表

	务工	务农	商人	公职人员	学生	其他	无业
四种	127	287	23	1	71	0	31
五种	0	9	0	0	4	0	0
合计	11103	21261	1422	176	9022	298	2346

6. 居民收入分析

（1）收入层级分析。

根据宁明县边境居民的收入水平，我们将调研群体的年均收入水平分为4个等级，即0—2万元、2万—3.6万元、3.6万—7.2万元、7.2万元以上。在宁明县边境居民的收入水平调研中，收入为0—2万元等级的有25991人，占比57.0%；2万—3.6万元等级的有11202人，占比24.6%；3.6万—7.2万元等级的有7957人，占比17.4%；7.2万元以上有478人，占比1.0%。详见表2－69。

表2－69　　宁明县边境居民收入情况

0—2万元		2万—3.6万元		3.6万—7.2万元		7.2万元以上	
人数	占比	人数	占比	人数	占比	人数	占比
25991	57.0%	11202	24.6%	7957	17.4%	478	1.0%

从宁明县被调研的边境居民的收入与其职业情况来看，从事农业工作的务农群体最为庞大，总数达到21261人，占比46.60%，接近半数。而在其中，收入位于0—2万元低收入阶段的有12502人，占比接近六成，位于2万—3.6万元阶段的有6178人，占比29.06%，位于3.6万—7.2万元阶段的有2490人，占比11.71%，位于7.2万元以上高收入阶段的仅有91人。务工群体是宁明县第二大职业群体，总人数共11103人。相比于务农群体，务工人群的整体收入水平较高，在低收入阶段，务工人群有2212人，占从事该行业总数的19.92%，在中低收入阶段有4461人，占比40.17%，在中高收入阶段有4312人，占比38.84%，在高收入阶段有118人，占比1.06%。此外在宁明县的边境居民中，经商群体共有1422人，虽然总量较少，但收入水平明显更高。其中位于中高收入阶段的有951人，占比66.88%，位于高收入阶段的有266人，占比18.71%。公职人员共有176人，其他职业群体共298人，均主要集中在

中等收入阶段。详见表 2 – 70。

表 2 – 70　　宁明县边境居民职业与收入匹配情况　　单位：人

	务工	务农	商人	公职	学生	其他	无业
0—2 万元	2212	12502	40	16	8840	35	2346
2 万—3. 6 万元	4461	6178	165	90	147	161	0
3. 6 万—7. 2 万元	4312	2490	951	69	35	100	0
7. 2 万元以上	118	91	266	1	0	2	0

（2）多语能力与收入关系分析。

调研结果显示，操一种语言的 1611 人中，年均收入为 0—2 万元的有 1605 人，2 万—3. 6 万元的有 6 人，这部分人群中没有收入在 36001 以及以上的；掌握两种语言的 25073 人中，年均收入为 0—2 万元的有 23146 人，2 万—3. 6 万元的有 1793 人，3. 6 万—7. 2 万元的有 132 人，7. 2 万元以上的有 2 人；掌握三种语言的 1482 人中，年均收入为 0—2 万元的有 1088 人，2 万—3. 6 万元的有 334 人，3. 6 万—7. 2 万元的有 60 人，这部分人群中没有收入在 7. 2 万元以上的；掌握四种语言的 202 人中，年均收入为 0—2 万元的有 122 人，2 万—3. 6 万元的有 79 人，3. 6 万—7. 2 万元的有 1 人，这部分人群中没有 7. 2 万元以上的。详见表 2 – 71。

表 2 – 71　　宁明县边境居民多语能力与年均收入情况

	0—2 万元	2 万—3. 6 万元	3. 6 万—7. 2 万元	7. 2 万元以上
一种语言	1605	6	0	0
两种语言	23146	1793	132	2
三种语言	1088	334	60	0
四种语言	122	79	1	0

7. 语言发展对策

第一，加强多种民族语言共同发展。广西语言资源丰富，语种纷繁复杂，是中国语言最复杂的省区，再加上广西享有邻近东盟的地理优势，自从举办中国—东盟博览会以来，东南亚语言在广西日益流行。这些多样化的语言环境为广西制定面向东盟的语言教育，特别是双语教育、多语教育和民族语言教育政策也带来一定的挑战和机遇。

21 世纪以来，在我国边境民族地区，三语或多语教育成为我国民族教育改革与发展的关键性问题，维系和保护民族语言文化的生态属性既是体现民族教育本土与国际化特色的重要前提条件，也是民族教育与多元教育体系相融合的主体内涵。把三语或多语教育放在民族教育发展与改革的重要位置，才能给民族文化多样性的传承赋予真实的内涵意义。人类历史发展的事实证明：民族教育的发展有助于各个民族自身的语言文化传承，有助于加强世界民族间的相互了解、团结和交融，有利于促进区域性社会经济、文化教育、科学技术的发展和现代化建设。对于像广西这样一个具有不同少数民族的边境地区来说，多语教育的发展就更加具有重大的现实意义。

第二，全民参与，构建和谐的语言生态。城市的不断扩张，使小城镇变成了小城市，小城市变成了中城市，中城市变成了大城市，大城市变成了特大城市。城市化的飞速发展需要和谐的城市语言生活，这是城市化发展的必然需求。但是城市规模越来越大，语言和谐生态的构建又涉及社会的方方面面，仅靠一两个人或一两个部门是不可能达成这个宏伟目标的，需要上下联动、部门协同、全民参与，形成构建和谐语言环境的强大合力。其一，主管部门应该加强国家语言文字方针政策、法律法规和语言文字规范标准的宣传教育，要充分利用新媒体、网络等宣传阵地，大力宣传与推广传播，让每一个普通民众充分了解国家的语言文字政策，了解语言文字规范的内容和语言文字和谐的重要性，并积极投身到语言规范和语言生态环境建设的行动中来。其二，通过城市语言文字工作评估、语言文字规范化示范校评估和全国推广普通话宣传周、中华经典诵读大赛等窗口，发挥机关和学校的语言文字规范化的示范带动作用。让学校、机关、新闻出版、广播影视和公共服务行业带头成为语言文字规范化的实践者和引领者，各职能部门要协同合作，教育、宣传、市监、城管等部门明确职责、齐抓共管，共同创建城市语言文字的和谐生态。其三，提升语言文字的科学研究水平。要鼓励科研院所、高校语言研究者深入开展广西语言文字科研工作，对城市化进程中的各种语言现象进行分析，为城市化语言生态建设把脉把关，提出针对问题的解决方案。其四，要鼓励普通民众、新闻媒体和社会各方力量积极参与到城市语言生态文明建设工作中来，与城市语言不文明现象进行斗争，积极举报有关语言文字使用不规范不文明现象。

第三，增强话语传播能力。话语传播能力在大传播时代变得尤其重要。“一带一路”沿线国家关系密切、交流广泛，但是根据不同受众进行有效的传播不仅有赖于政府的努力，也需要借助各类主体合力激发话语传播的最大效力。话语传播只有符合受众的接收习惯，才能产生更大的影响力。技术的便利性，使得所有人和所有机构都成为国际传播的主体。因此，要提高包括个人在内的所有语言主体的话语传播能力。一方面，要通过增强凝聚力提高其正面传播的主动性；另一方面，在跨境民族地区各类教育中增加媒介素养和媒介能力教育。智媒时代，不仅要学会利用各类网络平台讲好中国故事，也要通过提高跨境地区的生活水平，提高跨境地区人民的幸福感以具身传播树立中国的形象，促进跨境民族地区的安全稳定。语言是人与人沟通的桥梁，是社会发展的奠基石。语言传承着一个民族的文化、历史、情感与精神，通过观察语言，可以窥探一个民族的发展变迁史。

第四，改变语言使用观念，构建平等的语言生态。广西地处我国西南边陲，是我国5个少数民族自治区之一，有壮、汉、苗、瑶等12个世居民族，使用13种语言，有北方话、粤语、平话等几十种汉语方言土语。伴随城市化进程而来的人员流动的加快、外来人口的增加，使得语言歧视现象还普遍存在。语言歧视一般有两种情况：普通话对方言的歧视；强势方言对弱势方言或普通话的歧视。每一种语言，都是一种身份的认同。当你操着某一种语言时，你会觉得自己属于讲着这个语言的群体，反之则不然。消除语言歧视问题，关键是树立符合新时代社会发展的语言观。一是要坚持语言的平等性。语言的平等不是作用的平等，而是尊严的平等、话语权的平等。前文说过，《宪法》《民族区域自治法》《中华人民共和国国家通用语言文字法》《广西壮族自治区实施〈中华人民共和国国家通用语言文字法〉办法》等法律法规都明确规定中华人民共和国各族人民一律平等，各民族都有使用和发展自己的语言文字的自由。在城市化进程中还需要不断对这一观念大力宣传，使语言平等观念“入大脑，进生活”。二是正确处理好普通话与民族语言、方言的关系。要处理好两者的关系，必须坚持社会语言生活主体化与多样化相结合的原则，一方面使广大民众普遍具备普通话应用能力，可以顺畅地与人交流，另一方面则要尊重民族语言、方言的使用价值和文化价值。在城市化进程中，普通话一定要大力推广，在正式场合要坚持使用通行的普通话，但在日常生活中可让民族语言、方言继续发挥增进乡情亲情的作用，在艺术领域中提倡用民族语言、方言继续发挥繁荣民俗文化的作用。

第五，加强学校多语教学活动。目前广西少数民族地区多语教育常见教学模式是使用普通话作为教学语言，以学生的母语作为学校的主要学习科目，而英语或者东盟语言作为第三语言学习。这与联合国教科文组织在东盟国家所提倡的“基于母语的多语教育模式”有所不同。基于母语的多语教育模式是指采用少数民族学生的母语为教学语言，以汉语作为主要学习科目，英语或者东盟语言作为第三语言学习。对于母语为少数民族语言的学生而言，在他们开始上学时，已经基本掌握了自己的母语，这正是他们学习其他语言的基础。在学校教育中，老师采用孩子的母语介绍新知识，帮助他们学习其他学科和语言。学校同时采用民族语言和国家通用语言，在教室内外积极创建条件支持多语环境。基于母语的多语教育模式更侧重于发展少数民族语言地区和非优势语言地区的儿童教育。此外，对广西东盟语言的教学课程也需要进行适当的调整，增加新的课程内容以使其更具针对性和全面性，使外语课程不仅包含社会与文化、民族风俗和文化、中国与有关国家的历史和关系，也进一步融入其他专业学科知识，如法律、金融和贸易、计算机、信息技术等课程，从而将传统语言技能培训转变为以“汉语 +”为特色的综合而全面的语言文化技能课程，培养能够应对国际事务的外向型人才。

四、本章小结

近年来，广西牢牢把握习近平总书记赋予的“三大定位”新使命、贯彻落实“四个新”，深层次融入“一带一路”建设，取得显著成效，社会经济及城镇化进程的加快发展，迫切需要与其相适应的语言生态环境。

一是随着城镇化进程，从农村涌入城市的新居民在工作和生活方面都需要通过顺畅的普通话进行沟通交流，以提高工作效率和提升生活安全感、获得感和幸福感。

二是伴随城镇化进程，对使用的语言的认同对社会的和谐和城市的和谐显得愈发重要。现代化的城市需要有和谐语言生活，没有和谐的语言生活不可能有现代化的城市。语言作为文化的载体和重要表现形式，承载着一个民族的身份标志和历史记忆，而共同语则承载着一个统一的多民族国家的身份标志和历史记忆。普通话是在尊重各民族语言、方言差异的基础上，吸收各民族语言、方言的成分，不断丰富和发展而成，是推动文化共同体形成的关键。

三是跨境语言能力的逐步提升。随着广西"一带一路"、北部湾经济区、中国—东盟自由贸易区的建设发展，国际方面的经济合作、贸易往来不断深化，区域间迫切需要有好的开放的国际语言环境。

四是，刘金林等（2017）对广西 14 个地级市普通话普及率与经济增长的实证研究表明，广西普通话普及率与经济增长之间呈二次曲线（"倒 U 型"）关系，当普通话普及率为 60%—63.8%，普通话推广对经济增长的效应达到峰值；当普通话普及率达到该地区的峰值（63.8%）之后，普通话普及程度对该地区经济发展的促进作用放缓。调查样本显示，中越边境居民调查的 337867 人中，能使用普通话的人数有 264582 人（包括略懂程度的使用者在内），占总人数的 78.31%，普通话普及率已达到 60%—63.8% 的最小规模，应该鼓励居民在普及普通话的同时，适当加强跨国、跨境等其他语言能力的掌握。国内外理论与实证研究表明，语言能力较低，在个人层面会导致进城务工人员在劳动力市场上被边缘化，无法获得高额的工资收入；在社会和经济层面上极大地制约了县域城镇化、创新创业。因此要做好普通话推广与少数民族语言保护之间的均衡。我国是一个多民族、多语言、多方言的国家，普通话的推广有助于克服语言隔阂，对于加强各民族、各地区之间的交流交往交融，增进各民族中华民族认同感和中华民族凝聚力，促进民族团结和社会安定团结，维护国家统一，具有至关重要的意义。

第三章

广西中越边境地区推普多重效应的理论基础与现实效应

语言文字是人类社会最重要的交际工具和信息载体，作为国家重要的文化资源、经济资源、安全资源、战略资源，具有政治、社会、文化、育人和对外交流功能，为中国式现代化建设贡献了语言文字之力。本章基于人力资本理论、劳动力迁移理论、语言功能理论、贫困文化理论、语言共同体理论、边境贸易理论等多学科理论，理论阐释推普对经济社会文化政治等方面多重效应的内在机理，进而结合广西中越边境地区八县（市、区）的居民普通话水平和多语多言能力的全样本调查数据，以及广西中越边境地区普通话推广普及与相对贫困治理、乡村文明建设、“五个认同”、基层治理抽样调查数据，构建量化模型实证分析推普的经济社会文化政治等多重效应。

一、广西中越边境地区推普多重效应的理论基础

（一）人力资本理论

在语言经济学发展的过程中，人力资本理论发挥了关键作用。从内涵看，

人力资本与物质资本相对，通过对劳动者投入教育、培训、健康等要素的费用，形成了存在于个体之内的可以带来未来收益的价值，是一种体现在劳动个体身上的资本形式，其核心目的在于提高人口质量进而给主体带来收益。作为一种投资，一般认为人力资本为经济增长带来的贡献大于物质资本，劳动者对人力资本的投入与其收入呈现出显著的正相关关系。

1. 人力资本思想的萌芽

关于人力资本的思想可以追溯到古希腊思想家柏拉图的著作——《理想国》，他认为教育和训练可以为个体带来经济价值，先天能力的不足可以通过教育来弥补，"身""心"教育的知行合一使得劳动者更加出众。"土地是财富之母，劳动是财富之父"，英国古典经济学家威廉·配第（William Petty）最先提出并论证了劳动决定价值，并认为个体素质的差异导致了其劳动能力的差异。在此基础之上，经济学家亚当·斯密（Adam Smith）提出劳动技巧的熟练程度和判断能力的强弱是制约个体劳动能力与水平的重要因素，而劳动技巧的熟练程度可以通过教育培训实现提高，但教育培训需要付出代价（成本）。1776年，亚当·斯密在其著作《国富论》中首次提出，"人的才能与其他任何种类的资本同样是重要的生产手段""学习一种才能，须受教育，须进学校学习的时候固然要花费一笔费用，但这种费用可以得到偿还，赚取利润"。

在亚当·斯密的基础上，众多经济学家如大卫·李嘉图（David Ricardo）、詹姆斯·穆勒（James Mill）、让·巴蒂斯特·萨伊（Jean-Baptiste Say）等先后将其继承与发展。其中马克思不仅继承了古典经济学家的部分理论，还创造性地提出很多新观点，他关于劳动的理论则是人力资本的重要思想基础。马克思认为劳动可以创造社会价值，能够提高个体智力与技巧的科学技术和教育则是生产力的重要源泉；人的劳动分为复杂劳动和简单劳动，前者是多倍的简单劳动，具有较高价值；从劳动力的价值构成角度，劳动又可以分为生产性劳动和非生产性劳动，非生产性劳动就是劳动者受教育、培训以及保持劳动能力的那部分劳动。19世纪末英国经济学家阿尔弗雷德·马歇尔（Alfred Marshall）在信息获取需要成本的假设下，引入了企业家才能即人力资本，提出四要素论。在"四位一体"分配理论中，马歇尔认为土地、资本、劳动与组织的价格共同形成了产品的价值，利润既包括资本使用的利息，还包括管理能力和企业的报酬，“组织”本质上就是“企业家才能”。

2. 人力资本理论的形成与发展

1906 年欧文·费雪（Irving Fisher）在《资本的性质与收入》一文中首次提出人力资本概念，并纳入了经济分析的理论框架。1960 年西奥多·威廉·舒尔茨（Theodore W. Schultz）第一次系统性地阐释了人力资本理论，他指出人的因素是影响经济发展的最关键因素，经济发展主要取决于人的质量的提高，在人力资本的形成过程中投资是最重要的；人力资本的积累促使社会经济增长、个人收入增加，其中教育可以提高个体的知识和技能，提高生产力，进而增加收入，使个人收入的社会分配趋于平等，并对教育投资的收益率以及教育对经济增长的贡献作了定量研究。同时期，其他经济学家也从不同角度对人力资本进行了论述。1962 年，阿罗提出“干中学”模型，将无形要素的投入通过有形要素表现出来，丰富了人力资本增长理论。他认为学习与经验是经济增长中无形的要素投入，把技术进步用累积总投资表示，即用物质资本表示学习与经验，随着物质资本投资的增加，“干中学”可以致使人力资本水平相应提高。1964 年，加里·贝克尔（Gary S. Becker）从微观角度系统研究了人力资本与个人收入分配的关系；他认为人力资本不仅意味着才干、知识、技能，还意味着时间、健康和寿命；人力资本的价值由人力资本各项开支构成，除了实际的费用支出外还包括机会成本；人力资本可以通过后天投资获得，会长久地影响劳动者的生产率和收益。

随后，以知识经济为背景的新经济增长理论研究兴起，采取数学模型的方法建立了以人力资本为核心的经济增长模型。1986 年保罗·罗默（Paul M. Romer）在《收益递增与经济增长》一文中将生产要素分为资本、非熟练劳动、人力资本和技术水平，罗默模型系统地分析了知识与经济对经济增长的作用，突出了研究与开发对经济增长的贡献具有实际价值。他认为知识可以提高投资收益，投资促进知识积累，知识又刺激投资，形成良性循环；他提出的内生增长模型，把知识作为独立因素纳入生产函数中，成为增长模型的内生变量，并将投入的人力资本分为原始劳动和具有专业化知识的人力资本，只有人力资本能够促进经济增长。1988 年小罗伯特·卢卡斯（Robert E. Lucas，Jr.）在《论经济发展的机制》一文中提出两个经济增长模型，两资本模型强调劳动者脱离生产进入学校学习积累人力资本，产生的是内部效应；两商品模型则强调劳动者不脱离生产边干边学形成人力资本积累，产生的是外部效应。卢卡斯强调了人力资本在经济增长中的关键作用，并界定了人力资本的外部效应。

3. 语言的人力资本理论

人力资本的主要部分在于教育投资，而语言学习属于知识积累与技能培养范畴，是教育投资的一部分，因此语言学习可以说是一种人力资本投入，必然具备了成本和收益等经济属性。1982 年格里尼尔（Grenier）在其论文中首次给出了语言人力资本概念，他将其定义为“一种用于交际的人力资本形式”。王海兰（2018）则认为语言人力资本概念具有系统性、层次性，包含了个体、组织和国家等层面。张卫国（2008a）在总结提炼语言与收入、语言与经济活动等已有研究的基础上认为，语言是人力资本的一种形式，符合人力资本定义的三个标准，即语言技能的养成要付出一定程度的代价（成本）、语言具有生产性及语言依附于个体本身。除此之外，语言人力资本还包含其自身的特征。王海兰（2012）指出语言人力资本是个体形成、积累其他人力资本的重要前提和基础；获取语言人力资本的代价与个体的生活工作环境密切相关；语言人力资本在某些情境下是身份地位的象征；语言人力资本既是投资品也是消费品。

语言技能与劳动者的经济地位及收入分配之间存在显著效应，密切影响着劳动者的收入，语言能力是决定劳动力市场就业及劳动者收入的重要因素之一，人们对语言学习的愿望与动机往往是经济激励的结果。“语言之所以能对劳动收入产生影响，关键在于语言技能这种人力资本是稀缺的”（张卫国，2008b）。语言技能影响劳动收入的过程主要体现为三个方面：其一，人们学习一种或多种语言就是对人力资本的投资，语言知识成为技能的必然结果是产生经济效益；其二，语言歧视会导致劳动力市场上的非主流语言使用者边缘化，导致低收入；其三，语言政策可能会影响语言人力资本的投资水平或语言歧视程度，从而影响收入水平（张卫国，2016）。

结合上述理论基础，从人力资本理论出发，语言人力资本影响收入的理论路径主要在于三个方面。其一，语言具有人力资本的收入效应，语言学习的实际费用支出与机会成本共同构成了该投入的成本，形成了依附在个体自身的价值，带来收益。其二，语言促进了资本积累提升劳动者收入，语言的正向收入效应带来个体物质资本的增加，实现语言学习的追加投入，能力的提升进一步促进个体收益的产生，达成良性循环，形成收益与人力资本的积累，实现劳动者的长久收益。其三，语言人力资本可以通过中介效应影响其他人力资本和社会资本，带来劳动者收入，高水平的语言技能意味着更高质量的受教育机会、更多的技能经验、更多的信息搜集、更小的就业阻力、更多的就业机会，更好地融入社会，影响着个体资本的形成与积累，带来劳动者收入的改变。

大量的实证研究也验证了语言技能对劳动者收入的支持作用，语言的流利程度、双语能力、方言（民族语言）能力、外语能力以及普通话的听说读写能力等对劳动者收入有着正向影响（Chiswick and Miller，2002；刘泉，2014；陈媛媛，2016；程名望等，2016；央吉卓玛、张俊豪，2016；卞成林等，2019；刘金林等，2021）。另外，包括劳动者收入在内的经济因素对个体语言能力也具有反向作用。鉴于早期研究中发现估算模型中可能存在的估计偏差，1994 年博尔哈斯（Borjas）首次提出语言技能与收入之间可能存在内生关系，解决这一问题的做法有：利用 VAR 向量自回归模型、PSM 倾向得分匹配、选取工具变量等。

（二）劳动力迁移理论

劳动力流动问题一直是人口学和社会学研究的重要话题。针对“劳动力迁移的决定性因素”“劳动力迁移方式”等问题，学者们分别从人口学、地理学、发展经济学、社会学等多学科给予了研究和理论阐释，提出了诸如宏观层面的刘易斯“二元经济”理论、托达罗的“预期收入”理论，以及微观层面的成本—收益理论、行为主义理论和人力资本理论等。

最早对人口迁移问题开展研究的是英国学者莱温斯坦（Ravenstein，1885），其通过对比英国 1871 年和 1881 年的人口普查资料，将移民中心分为吸引中心和离散中心，提出了著名的移民法则（Laws）或规律（Rules）或准则（Principles）（Grigg D. B.，1997），为后期移民理论的研究奠定了基础。以莱温斯坦思想为研究基础，博格提出著名的劳动力迁移“推—拉”理论，认为劳动力迁移是迁入地诸多有利因素产生的“拉力”大于迁出地的各种不利因素产生的“推力”的结果（Morris Philip，Duncan Otis，1959）。形成“推力”的不利因素包括迁出地高失业率、空气污染、工资水平低、技术落后、耕地不足等；而产生“拉力”的有利因素涉及迁入地高就业率、完善的公共服务水平、良好的教育、较高的工资等。最早对劳动力迁移进行研究的理论模型当属经济学家刘易斯（Lewis，1954）提出的“二元结构”模型。该模型将发展中国家经济分为传统农业部门和现代工业部门，以现代工业部门工资水平既定、传统农业部门剩余劳动力供给无限及生产率为零、现代工业部门充分就业、技术进步为中性等假定为前提，认为现代工业部门高于传统农业部门劳动生产率所形成的工资差异，导致农村劳动力自发从农业部门转向现代工业部门，直到两部门劳动生产率相等，工资差异消失，农村剩余劳动力吸收完毕。之后经济发展进入第二阶段，劳动力变成稀缺要素。考虑到农业对工业的影响，拉尼斯和费景汉（Lanis G. & Fei J. C. H.，1961）对刘易斯模型进行了拓展，认为农业生产率的提高为农村劳动力向城市工业流动的先决条件，农业剩余对工业部门的扩张和农业劳动的流动具有决定性意义，并将经济发展过程分为农业经济、二元结构经济、成熟经济三个阶段，从动态角度分析了农业技术进步、人口增长、工业资本存量等增长对农村劳动力转移的影响机制。刘易斯、拉尼斯和费景汉模型合称为刘易斯—费—拉尼斯模型。乔根森（Jorgenson Dale W.，1961）从人口增长与社会消费结构的角度对二元经济模型进行了补充，认为农业剩余劳动力产生的前提是农业部门劳动生产率大于人口增长率，且由于人们对农产品的消费存在生理限度，而工业品可以满足消费者多样化的需求，伴随着消费者消费倾向的变化，劳动力会在不同产业之间转移，流向更受消费者青睐的工业部门。

“二元结构”理论以农业部门存在无限的富余劳动力、工业部门可以无限制提供就业、城乡绝对收入差距为劳动力迁移的动因等为逻辑起点，分析了劳动力从农业部门转移到工业部门，进而推动农业和工业现代化的过程，强调了经济结构转换对于经济增长的重要作用。但并没有对农村劳动力迁移行为做出微观探讨。且城市部门不存在失业的假定也与发展中国家城市出现的严重失业、劳动力过度膨胀等现实存在较大差距。美国经济学家托达罗（Michael P. Todaro，1969）针对“二元结构”理论未能阐释的城市失业问题，提出了著名的劳动力迁移“预期收入差距”理论，认为劳动力城乡迁移的唯一动因在于由城市就业概率和城市实际收入决定的城乡预期收入差距而非实际收入差距，只要劳动力迁移的预期收入大于所遭受的损失，迁移就会发生，从而解释了城市高失业与农村劳动力迁移并存的现象。以托达罗研究为基础，伊斯特林提出了相对经济地位变化假说，将家庭（个人）效用看作是绝对收入和相对经济地位下降水平的函数，认为家庭或个人效用与绝对收入成正比，与相对经济地位下降的程度成反比（Macunovich Diane J.，1997）。因此，如果不考虑迁移成本，个体劳动者在迁出地收入水平低于迁入地，且相对经济地位下降的程度在迁出地更甚，那么迁移的动力将会非常强。即劳动力的迁移，不仅取决于预期收入差距，而且还取决于在迁出地感受到的相对经济地位变化，以及迁出后按照期望生活标准感受到的相对经济地位变化（Stark O. and Taylor J. E.，1990），从而从相对收入的角度阐释了劳动力迁移的动因和人的经济行为。

宏观层面的劳动力迁移理论与模型对劳动力在产业间、城乡间的转移动因做了深入分析，但并没有意识到劳动力流动中的个体差异，以及家庭决策在劳动力迁移中的重要作用。微观层面的成本—收益理论、新家庭迁移理论和人力资本理论则更多关注到了劳动力迁移中个体主观能动性和以家庭为迁移单位的劳动迁移主体的影响。斯加斯塔德（Sjaastad Larry A.，1962）将劳动力迁移看作一种投资，认为劳动力迁移是为了实现净收入的最大化，劳动力迁移效用为迁移行为产生的货币净收益和非货币净收益的函数，劳动力是否迁移取决于货币净收益和非货币净收益带来的净收入的最大化。随后，波特斯（Portes Alejandro，1995）、梅西（Massey，1990）、卡林顿（Carrington，1996）等学者从社会网络、信息资源等角度对劳动力迁移的货币化成本和非货币化成本进行了讨论。考虑到家庭决策在劳动力迁移中的影响，斯塔克（Stark O. and Levhari D.，1982）提出了以家庭作为决策主体，家庭福利最大化条件下劳动力迁移行为理论。该理论认为劳动力迁移，尤其是短期迁移或者周期性迁移往往是家庭成员共同做出的决策，主要目的在于实现家庭利益最大化和风险最小化。具体来说，该理论分为投资组合理论和契约安排理论。投资组合理论以分散家庭风险为分析的逻辑起点，将劳动力迁移看作家庭排除部分成员从事非农产业以消除或减缓农业收入的不稳定性，是家庭内部劳动力资源的优化配置行为。而契约安全理论则以“家庭收益最大化”为主要理念，视劳动力迁移为家庭成员先替迁移者提供投资（包括资金、教育、专业培训等），迁移者获得就业和预期收入后再向家庭提供部分工资收入，实现家庭利益最大化的过程。舒尔茨将直接用于教育以及其他实现迁移的成本看作人力资本投资，由迁移者拥有的人力资本报酬的概率分布和迁移的成本权衡而得的预期收入差距是其选择迁移目的地的主要参考变量。奇斯威克等（Chiswick et al，1999）在斯加斯塔德和贝克尔研究的基础上，构建了劳动力迁移的人力资本投资模型，论证认为在迁出地和迁入地的工资水平既定条件下，高技能劳动力迁移收益率高于低技能劳动力。

自20世纪80年代，我国农村剩余劳动力转移问题成为社会各界关注的焦点之一。研究内容包括四个方面：第一，对西方劳动力迁移模型的应用和修正。该方面研究主要是基于我国农村劳动力流动的现实，对国外的劳动力迁移理论进行补充、完善和修正。比如陈吉元和胡必亮（1994）的“三元经济”结构模型、徐庆（1997）的“四元经济”结构模型、周天勇（2001）基于成本—收益角度对托达罗模型的修正等。第二，农村劳动力迁移的特征描述。包括农村剩余劳动力的迁移规模的测算和预测（杨云彦，2001；王金营、原新，2007），迁移人口的年龄、性别结构、受教育水平等人口特征（赵耀辉，1997；史清华，2004；蔡昉，2007）。由于数据来源不同，研究结果差异也较大。第三，农村劳动力迁移决策的影响因素。国内学者从个人、家庭、社会经济和制度因素等方面对农村劳动力迁移的动因进行了探讨。比如，杨云彦、石智雷（2008、2012）关于家庭禀赋对农民工外出务工及回流决策的影响；李培林（2003）等关于户籍制度对劳动力迁移影响的分析；汪为、吴海涛（2017）从生命周期视角关于农村劳动力非农转移影响因素的研究。第四，劳动力迁移模式及效应。包括王桂新、潘泽翰、陆燕秋（2012）对于中国省际人口迁移区域模式变化与影响因素的分析，以及马肖曼（2017）关于乡—城新生代人口家庭迁移模式的分析；武国定（2006）对于农村劳动力迁移的配置效应、节本效应、聚集效应、提升效应的量化估算；赵耀辉（1997）对于不同类型的劳动力对家庭收入贡献的估计；李实（1999）对于外出劳动力和非外出劳动力收入函数的估计；蔡昉和王德文（2005）、朱云章（2009）、周芳丽（2019）等关于劳动力迁移对城乡收入差距影响的研究。

（三）语言功能理论

语言根源于现实世界，与人类的思想和意识具有密切关系，是交往的产物。语言文字既有工具性又有人文性。在语言的人文性层面，语言学者指出语言具有交际功能（与语气和情态系统对应）、概念功能（与及物性系统对应）、语篇功能（与信息结构对应）等。其中系统功能论代表者韩礼德指出，语言由于它所承载的功能使其能发展到现有的形式。通过对他儿子的早期语言发育作系统记录和分析，他发现儿童语言具有工具功能、控制功能、交流功能、个人功能、启发功能、想象功能、告知功能七种微观功能，而儿童语言向成人语言过渡时具备理性功能和实用功能两种宏观功能①。进入成人语言阶段后，人类理性功能和实用功能分别转变为概念功能和人际功能。概念功能、人际功能以及语篇功能则构成三大纯理功能，但概念功能、人际功能以及语篇功能在等级上没有主次之分②。英国的系统功能学派者福塞特（Fawcett）在韩礼德的基础上提出了语言的八大功能，即经验功能、逻辑功能、否定功能、交流功能、感情功能、情态功能、主位功能、信息功能。其中语言交际能力是最基本的语言能力，且语言交际是多层次交叉的，语言学习还要一定的量和质；语言素质也是有层次的；语言创新能力是更重要、更高层次的语言能力；语言有规范和创新两个方面，除了继承语言规范的一面，还要充分发挥我们头脑里与生俱来的自动升级的程序，帮助我们进行语言创新、推动语言发展。由此可以看出，语言服务于交际。交际是一种活动，因而语言也是活动的，那么语言的本质也

---

① 理性功能指儿童把语言用作观察事物和学习知识的一种手段、一种途径。到成人语言阶段又进一步发展为三大纯理功能（包括了概念功能、人际功能、组篇功能）之一的概念功能。韩礼德认为概念功能指语言对人们在现实世界（包括内心世界）中各种经历加以表达的功能；人际功能指讲话者运用语言参加社会活动的功能；语篇功能指语言使本身前后连贯，并且与语域发生联系的功能。实用功能指儿童把语言用作做事的手段。这个功能产生于工具功能、控制功能和交流功能等微观功能，后来又演变成人际功能这一语言纯理功能。详见 Halliday，M. A. K. Explorations in the Functions of Language. London：Edward Arnold，1973.

② 语言的三大纯理功能在成人语言中是同时存在的。这是因为讲话者总是在通过连贯的话语（语篇功能）和别人交际（人际功能）的同时，反映周围的客观世界和自己的内心世界（概念功能）。详见 Halliday，M. A. K. Language as Social Semiotic：the social interpretation of language and meaning，London：Edward Arnold，1978.

是动态变化的，而且语言的运动是有规律的。故而罗曼·雅各布森（Roman Jakobson，1981）结合交际活动对语言功能展开更进一步的分析，他认为言语交际行为由发话者、受话者、信息、语境、接触、代码六个因素构成，对应表情、意动、诗性、指称、交际和元语言功能六种功能，且同时存在于言语交际中，呈现出不同的等级序列。他也认为，在言语交际过程中，当交流倾向于发话者时，情感功能占据主导地位；倾向于受话者时，意动功能占据主导地位；倾向于信息时，诗性功能占据主导地位；倾向于语境时，指称功能占据主导地位；倾向于接触时，交际功能占据主导地位。施佩特（Shpet）补充指出，语言具有交际功能、表情功能、诗性功能，且同时存在于任一种言语交际活动中，但只有一种功能占主导地位。而在某一种言语交际活动中，我们面对的是传递事实的科技文本、激发读者情感共鸣的修辞文本，还是专注于语言形式的诗歌文本，由占据主导地位的言语功能决定（Alexander Haardt，2009）。李铁、王新朋（2021）认为"罗曼·雅各布森言语交际行为的六因素与六功能并非仅形成两两对立、互为消长的关系，而是呈现出既有情感性和意动性、诗性和指称性、交际性和元语言性的两两对立，既有信息和语境围绕文本意义而展开的意指活动，也有接触、发送者和接受者以关系为主导而建立的交流渠道"。从语言本身研究语言的功能，为进一步分析习得语言对于促进个体发展提供了理论基础和必要准备。此外，人学家马林诺夫斯基、符号学家皮尔斯、语言学家马泰修斯和布勒等对语言的价值与功能也做了深入研究①。

语言的人文性还体现在语言具有认同功能，其中大众传播和人际沟通是形成语言认同功能实现的重要过程。社会认同理论认为，认同是一种意识形态建构，强调社会认同与个人认同之间的关系，认同本身就是社会建构在每一个个体身上，对每一个社会位置的调节；认同是个体行动的指南，也是社会运行的基础。社会认同论聚焦的是个体与社会之间的变动关系以及人类学行为的社会

---

① 捷克著名语言学家、布拉格语言学小组组长马泰修斯（Vilem Mathesius）认为语言交际行为可以实现两大基本功能：交际功能和表情功能。符号学的重要奠基者皮尔斯也曾指出，符号的"解释项"可以说有三种：情绪解释项、能解释项和逻辑解释项。德国心理学和语言学家布勒（Karl Buhler）则提出三分法系统，即认知功能、呼吁功能和情感功能，这里的认知功能即指代功能，情感功能即表情功能。英国人类学家马林诺夫斯基（B. K. Malinowski）提出语言的寒暄功能，建立了自己的语言交际结构与功能模式。穆卡洛夫斯基（Jan Mukarovsky）提出了语言的美学功能。

维度，其中社会认同论的范畴化理论将个体及其认知抽象成整体性的集体心理，即满足了人们对认知简约的基本需求，包括确立秩序感、价值感和方位感。为了消除社会认同的刻板化功能将拥有某些共同特征的群体与其他社会群体区别开来而产生的“内群偏好”“外群偏见”，涂尔干提出集体表征理论以克服社会认同的局限，通过研究“独特的个体如何能组成一个有机的社会整体”，提出机械团结和有机团结两种社会整合类型，他认为“团结”的根源是集体表征，具有共享性、再生性、功能性及社会建构性。塞奇·莫斯科维奇（Serge Moscovici，2000）在涂尔干研究基础上提出社会表征的概念，即“拥有自身的文化含义并且独立于个体经验之外而持续存在的各种预想、形象和价值所组织的知识体系”。莫斯科维奇指出，“表征不能通过对某些外在的信念或知识的学习而被习得，也不能通过某些特定的思考而得以确立。相反，它们是通过相互影响，以及人们谈话时内在的协商形成的，在这种谈话过程中，人们都朝着特定的象征模型、形象和共享的价值观”。瓦格纳（Wagner，1999）认为社会表征形成经历了六个阶段（不熟悉的现象或事件—应对—定锚和客观化—大众媒介和人际沟通传播想象、隐喻或符号—共同知识—社会自我认同），其中定锚和客观化是社会表征形成的重要的两种心理机制①，在这个阶段人们通过人际沟通与对话形成共有理解事物的认知表征，又将自身已有的内在认知表征调整为符合社会准则所要求的行为反应，逐渐形成社会共识——大众的社会表征，这些共同的社会表征使得人际的互动和交流更顺畅，最终能激发并型塑社群的集体意识（即社会认同感）。社会认同理论及为其服务的社会表征理论一定程度支撑起构建跨越地域和民族认同的集体认同，但在社会实践过程中，社会认同不仅仅靠地域、民族等因素来建构与达成，语言作为族群核

① 定锚是对不熟悉的事物做命名或赋予特性，以熟悉的名词来解释和定义，使其可以被解释和沟通。在此过程中，相似或可用的定义最先被套用。这种定锚化的过程是一种世俗化、化约化的过程，是用既有的名词概念或事物规则让新的事物很快被熟悉，让人们用熟悉的事物为图式来了解新奇陌生的事物，以化解人们无法应对新奇概念所产生的不安和紧张对立状态，或是降低由于缺乏相关知识而导致的威胁感受。而客观化是使我们那些模糊和抽象的观念变得具体，它的产生需要两种途径，即化身和定性，前者是在一群人中交换思想，后者是通过假设和隐喻来提高和升华思想。从社会表征形成的两种心理机制可以看到，定锚是一种内在引导机制，客观化是一种外在引导机制。详见 Wagner W, Duveen G, Farr R, et al. Theory and methods of social representations, Asian Journal of Social Psychology, Vol. 2, No. 1, (April 1999), pp. 95 – 125.

心要素、文化边界及族群文化资源，语言的交流互动在构建社会认同过程中同样具有重要意义。故而社会认同理论者认为，语言不仅起到沟通的作用，也是身份的象征。语言相同的个体之间容易形成文化认同并建立起社会网络。如在创业过程中，共同的语言有利于促进创业资源在群体内部流动，也能满足“高密集度的信息交流”需要，以保证创业者可以及时更新市场信息。

语言的工具性主要体现在其经济价值。继雅各布·马尔沙克（Jacob Marschak，1965）最早提出语言经济学这一概念，并揭示语言的经济属性，即价值、效用、成本和效益之后，不少语言经济学学者从个体层面、社会层面研究语言的属性。持人力资本理论者将语言视为一种人力资本，认为学习一种或多种语言是对人力资本特定形式的投资（Gilles Grenier，et al，1982），语言知识作为人的一种技能，进行过语言专门训练的人更容易学习其他语言，且掌握优势语言有助于人们更好地获得其他知识和技能（Savoie，1997），会产生经济效益（Krishna Pendakur，et al，2002）。持信号理论者提出，有效的沟通指沟通的内容是说话者真实意愿的表达，有效的沟通可以增加创业者的信用，进而获得金融部门的融资（Clarke J.，et al，2011）。持语言期望理论者基于信号理论，认为说话者的语言风格才是其真实意愿的表达，语言内容并不能起到有效沟通的作用（Joshua Averbeck，2010）。持关键期假说者指出，在语言习得的过程中存在一段时间最为容易习得某种语言，若超过这段时间，其语言习得的能力就会受到限制，即年龄越小群体的第二种语言的最终水平会越高，但母语更易受损（Bylund E.，et al，2009）。持资源基础理论者提出，语言差异作为一种制度距离，通过设立制度门槛使说同一语言的个体抱团，产生“乡党抱团”现象，导致创业资源在群体内部的垄断（West，et al.，2008）。推普有利于化解同乡效应造成的资源垄断，增加群外成员获得私有资源的概率（Michael Frese，et al.，2014）。总的来说，语言文字的人文性和工具性价值在推动个体充分发展、信息传播和文化获得，特别是促进贫困地区群众接受良好教育、获得经济优势和促进社会融入方面具有重要作用。

（四）贫困文化理论

学界有关文化的定义多达上百种，大致归为几类：文化是特定的生活方式；文化是一个历史概念；文化是一种规范；文化是一种结构；文化是一种心理概念。从生活方式定义来看，美国人类学家爱德华·泰勒（Edward Teller，1987）认为文化包括了任何社会的全部生产生活方式，认为“文化或文明，就其广泛的民族学意义来讲，是一复合整体，包括知识、信仰、艺术、道德、法律、习俗以及作为一个社会成员的人所习得的其他一切能力和习惯”。而英国人类学家、功能学派创始人之一布罗尼斯拉夫·马林诺夫斯基（Bronislaw Malinowski，1944）从人的需要和文化的功能视角定义文化：文化是包括一套工具及一套风俗，既指传统的货品、器物、技术、思想、价值、习惯，还包括社会组织，它们适应人体心灵的特性，直接或间接地满足人类的需要。他认为文化要素都是活动着的，发生作用且是有效的。显然，与泰勒对文化的定义相比，马林诺夫斯基的定义是一种广义的文化，既包括了生产生活方式，也有社会组织形式和精神生活样式。从规范的角度来看，人类学家马文·哈里斯（Marvin Harris，1968）定义文化是“一些特定人群的行为模式，也就是习俗和人们的生活方式”。克利福德·格尔茨（Clifford Geertz，1974）在《深描》一文中指出“文化是观念性的、非物质性的，但并非一种超自然的存在”，认为“我们的价值、观念、行动、感情都是文化的产物，就像我们的神经系统本身”，他将文化看作悬挂人自身编织的意义之网，认为“对文化的分析不是探索规律的实验科学，而是一种探索意义的阐释性科学，即阐释表面上神秘莫测的社会表达方式”[①]。威廉·A. 哈维兰（William A. Haviland，2005）认为文化是共享的理想、价值和行为准则，是一代人传递给下一代人（濡化的过程），文化以符号（语言）为基础，通过语言表达观念、感情和欲望的交流而传递，文化的各个方面必定合理地整合在一起才能使其功能发挥良好。而社会学学者提出文化代表着特定的价值观与意义，共享某种共同文化的人组织在一起就是社会，注重共同的价值观、符号、信念以及行为特征等。从历史概念的

---

① 同时，格尔茨提出：“不受人的文化模式——有组织、有意义的符号象征体系——指引的人的行为最终会不可驾驭，成为一个纯粹的无意义的行动和突发性情感的混乱物，他的经验最终也会成为无形的。文化，这类模式的集大成者，不只是一个人存在的装饰品，而是——就其特性的主要基础而言——人存在的基本条件。”详见克利福德·格尔茨：《文化的解释》，纳日碧力戈、郭于华、李彬等译，上海：上海人民出版社，1999 年，第 1 -34，39 -58，62 页。

角度来看，克莱德·克鲁克洪等（Clyde Kluckholn，et al，1986）认为“文化是为历史所创造的生存方式的系统，包括显型和隐型方式，具有被整个群体共享的倾向，或者在一定时期中被群体的特定部分共享”。文化存在且表现于各种象征形式之中，一旦作为稳定的生存方式的文化生成，“对于置身于这一文化之中的个体的生存具有决定性的作用，它像血脉一样构成人的存在的灵魂”[①]，使人与人得以相互沟通、绵延传续，并发展为对人生的知识以及对生命的态度。从心理概念来看，文化心理学认为“文化不仅决定人的心理行为的背景，而且是人的知觉、理解和行动的结果”（麻彦坤，2004）。同时文化是动态演化的，研究个体在社会学习过程中对文字信息进行加工、改变、记忆与提取以探究文化动态性问题。

从人类学、社会学、心理学等学科对文化定义可知，文化基本上是确保一群人生活持久幸福的维持体系，同时这种体系是动态发展的，也就是说所有文化历时而变迁，或因应付的环境已经变化，或因外人的入侵，或因文化内部价值已经改变，文化必须变革以调适于新的环境，但在变革中也可能引起意想不到的而且经常是灾难性的后果（William A. Haviland，2005），尤其是在相对孤立、封闭的小社区中，文化的变动是缓慢的，也就是文化具有滞后性，反映到个体层面就是一种“文化固着”（王延中，2003）。关于文化调适和变迁，社会学家威廉·菲尔丁·奥格本（William Fielding Ogburn，1922）在《社会变迁——关于文化和先天的本质》一书中作了进一步解释：当物质条件变迁时，适应文化也要发生相应的变化，但适应文化与物质文化的变迁不是同步的，存在着滞后。当持有某种落后的、传统的思维、信念、态度的群体所做出的行为无法适应大环境，这类群体所持有的文化在当前社会背景下就并不可以称为成功。换句话说，在经济社会发展和社会结构变迁的过程中，人们要调整自身思维观念和生活方式以适应新的社会环境才能谋求更长远的发展，但事实上仍有

① 作者将文化形态划分为自在的文化和自觉的文化，前者是指那些以传统、习俗、经验、常识、天然情感等自在的因素构成的人们自在的生活方式或活动图式，如从远古以来历史积淀下来的原始意向、道德戒律、习俗礼仪等。从传统农业社会中产生的传统文化大多属于自在的文化。后者是以自觉的知识或自觉的思维方式为背景的人的自觉的存在方式或活动图式，如科学、艺术和哲学等。在现代社会中，通过教育、系统化的道德规范和有意识树立的社会典范等，有意识、有目的地引导人民行为的自觉的文化越来越占据着重要的位置。

部分人并不愿意放弃固有文化中既有的生活方式，难以改善自身的生活状况，长此以往形成了贫困文化，并于无形之中产生贫困。所以社会学家认为贫困作为与经济发展相伴而伴生的一种社会现象，对贫困现象形成原因的解释不能仅局限于社会结构方面，还应该从文化视角分析（李文钢，2018）。人类学家奥斯卡·刘易斯（Oscar Lewis，1959）采用民族志个案研究方法，以墨西哥的移民家庭为研究对象，分析了从农村迁入城市而陷入社会权力体系中的弱势地位的移民家庭，通过采取被动和消极的生活态度以应对无处不在的贫困状况，进而形成的一种贫困亚文化。在刘易斯看来，任何历史背景下都可能形成贫困文化，贫困文化是一种非常持久的状态，所以总是可以看见在某一既定的历史和社会脉络中穷人持有有别于主流文化的一种生活方式，也表明穷人在阶层化、高度个人化的社会里对自身边缘地位的适应或反应。刘易斯（1961）对贫困文化的定义作了进一步阐释和重申，他认为“现代国家的贫穷不仅是经济上一贫如洗、无组织状态，也包含某些积极的成分（某种结构和理据），使穷人得以生存下去的某些防卫机制，而且贫困文化是一种生活方式，具有相当稳固恒久、在家族内部世代传承，以及明显的社会和心理后果等特点”。贫困文化的持有者往往是在社会经济尺度上最底层的那些人，如最贫困的农民、最贫困的工人、种植园劳工等，其特征涉及经济、社会以及心理层面，诸如为温饱而操劳、无业或就业不充分、居住环境简陋、安全隐私无保障、顺天应命思想、酗酒成性、低志向、政治漠然、无助感、无组织性、地方主义和对所谓中产阶级价值观的轻蔑等，这些特征亦是贫困群体面对所处窘境的应对之道。诚然刘易斯贫困文化论为研究贫困问题提供了新的研究视角：从个体阐释贫困现象，但其对贫困文化的定义囿于特定的田野背景，这警醒我们：其一，“用民族志来讲穷人的故事，必须格外慎重小心，必须看到比‘文化’更强大的结构性力量，必须让自己的人类学想象力屈从于‘社会学的想象力’”。也就是解释贫困现象，除了从穷人自身缺乏技术知识和向上动力角度研究，分析贫困群体的价值观念、行为方式和态度等主观因素，还要考虑社会结构中个体无法抗拒的力量，如历史、文化和政治经济结构的制约（Bourgois，1996；潘天舒，2016），要结合其生存的具体环境做评价（吴理财，2001）。其二，贫困文化是展现贫困群体生活方式及思维习惯的一种亚文化，而非直接对立社会价值和规范的反文化，是贫困群体对贫困境遇无可奈何但又需要自我保护的“不得已为之”（在外界看来是“得过且过”），这种选择被称为“对贫困的顺应”，表现为追求一种保守和稳定，体现在生活方式上、做事风格上以及言谈举止间，成为其习惯势力。在一些学者在城市流动人口贫困文化的研究中指出贫困群体“在某些方面认可或接受者社会主义文化，但又在某些方面排斥着社会主流文化，坚持自己原有的行为习惯和价值观”，尽管贫困文化具有冥顽的活性功能，但并不意味着只能被动接受贫困文化，就像文化概念所阐述和揭示的，人们在不断地主动地改造着旧的文化，创造着新的文化，归根结底文化是由使用实践力量的人创造的，贫困文化亦是如此，摆脱贫困及贫困文化，最关键的是激发人的“文化自觉”意识和能力（吴理财，2001）。

诚然文化不是孤立的存在，无论是研究文化的内涵特征，还是特定的贫困文化，都无法脱离文化的载体和符号。其中语言作为文化的重要表现形式之一（Raymond Firth，1944），以及人们一项基本的文化实践行动，与人们的生产生活实践密切相连，传达、记录、留存着生活中的行为（Crystal，1997），构成了人们生活和文化的一部分，这反映了语言的初功能。同时，习得一种语言，也是习得其中包含的文化系统，同时也必然学习到该文化现象中最基本的文化特征——思维样式（鲍文，2010），我们通过语言认识客观世界，对客观世界的认识也受到语言的影响，这也体现了我们常说的语言的逻辑推论功能。可见，语言对文化的作用突出表现在对人的思维方式影响（夏雨，1994；朱春丽等，1999；高一虹，2000；蔡春驰、王丹，2009）。因此有一些语言人类学家提出语言决定论，他们认为思维是在语言材料的基础上产生和发展的，语言塑造人们的思维和行为方式（萨丕尔－沃尔夫假说 Sapir-Whorf Hypothesis），语言是思想的外壳，是表达思想必不可少的工具（Dauzat，1912；Vendryes，1925；Whorf，1942；Frege，1959），通过语言看到的世界是经过文化分类以及人的主观意识加工过的、非纯粹的客观世界（申小龙，1989），正如萨丕尔（Edward Sapir，1929）所言，“现实世界”很大程度是在不知不觉中根据人们的语言习惯建立起来的。也有学者持有语言反映论，即语言反映文化实在，同时也是控制某些感觉是否达到意识层面的过滤系统（沃尔夫森将语言比喻为一副特殊的眼镜），语言使得某些感觉更为突出，另一些感觉变得模糊（Woolfson，1972），在反映客观世界现实的同时，也反映了这一语言群体的兴趣所在（帕默尔，1983）。但仅仅把语言看作文化的“载体”或者只“反映”文化显然是不全面的，语言也影响和制约着文化（鲍文，2010），语言与文化之间也不是纯粹的单向关系（夏雨，1994）。关于语言和思维的关系究竟如何，这是一个十分复杂的哲学问题，有待进一步研究，但现有研究在一定程度上可以说明，语言与文化、思维方式之间存在着复杂关系（张振江，2007；刘燕，2012）。从贫困文化理论视角分析语言对相对贫困的作用机理，为囿于传统价值观念、行为准则和文化习俗的负面影响而无法适应现代化社会的群体提供了新的发展可能。

（五）语言共同体理论

“共同体”一词由来已久，最早的共同体形式是古希腊的城邦，古希腊著名哲学家亚里士多德在《政治学》一书中将“共同体”的定义解释为“所有城邦都是共同体”“共同体是为了获得某种善而建立的”“政治共同体是最高层的共同体”，其中“善”是某种共同体内所有成员的共同利益。在卡尔·马克思（Karl Marx，1845）看来，共同体有多种发展阶段和类型，从“自然形成的共同体”（原始共同体及其各种演化形式），到“虚幻共同体”（经过阶级、国家、货币等阶段和类型），最后实现“真正的共同体”——人的全面而自由发展，共产主义社会中自由人的联合体。他在《关于费尔巴哈的提纲》中阐述了人的本质是“关系共同体”“实践共同体”，指出“人的本质不是单个人所有固有的抽象物，在其现实性上，它是一切社会关系的总和”“全部社会生活在本质上是实践的”，未来要实现的真正的共同体是“人的全面而自由发展，共产主义社会中自由人的联合体”，即“为了共同的利益、按照共同的计划、在社会全体成员的参加下来经营”，并“由社会全体成员组成的共同联合体来共同地和有计划地利用生产力”，最终实现了“个人全面发展和他们共同的、社会的生产能力成为从属于他们的社会财富这一基础上的自由个性”（Marx，1867）。随后安东尼·吉登斯（Anthony Giddens，1991）在《现代性的后果》一书提出“脱域的共同体”的概念①，他认为现代性的一个特点是远距离发生的事件和行为不断影响我们的生活，且这种影响日益加剧，传统血缘

① 吉登斯的“脱域”指的是社会关系从彼此互动的地域性关联中，通过对不确定的时间的无限穿越而被重构的关联中“脱离出来”，包括象征标志的产生和专家系统的建立。所有脱域机制都依赖于信任，即对一个人或者一个系统的可依赖性所持有的信心，表达出对抽象原则正确性的信念。

共同体、地缘共同体逐渐式微，传统意义上的共同体从生活形式内“抽出”，通过时空重组并重构其原来的情境，形成当代共同体。齐格蒙特·鲍曼（Zygmunt Bauman，2001）从共同体的范畴进行分析，认为共同体既可以指小型的社区组织，如社区共同体，又可以是更高层级的国家共同体或民族共同体，认可吉登斯“脱域共同体”的观点。从这些经典论述中看出，共同体包括了“相互的情感”“彼此的依存”“共同的行动”这三个核心要素，以及共同性、统一性、利益性三个特性（俞可平，1998；李义天，2011；王亚婷、孔繁斌，2019；王佃利、孙妍，2020）。

除了上述三个核心要素与特性，共同体的形成还有最基本的前提——文化，而共同的文化中共同的语言是必不可少的（Marx Weber，1968）。查尔斯·泰勒（Charles Taylor，1995）认为，“语言是由言谈塑造的，因而也只能在语言共同体中兴起。我说的语言，我从来不能控制和监管的语言网络，永远不可能仅仅只是我的语言；它始终是我们的语言”。而作为语言存在物，人所具有的语言对于人来说具有极为重要的价值，其不仅仅是作为类存在物的人与其他类存在物区别开来的主要依据，而且承载着其他重要功能，而这些功能对于人而言更具有实质性意义：即“进行表达，并因此达成明晰的意识；置各种事物于公共空间之中，由此而构成公共空间；以及辨别什么相对于人类关切之事而言是基本的，并因此使我们关注这些事情”，也正是“语言使交往理性成为可能，把诸多互动连成一体并为生活形式赋予结构”。同时“语言确定了生存的界限，并将言说者与听话者连接起来形成语言共同体，人只能生存于这样的特定语言共同体之中”。不仅如此，埃里克·霍布斯鲍姆（Eric Hobsbawm，2006）指出对于现代民族国家而言，选择某一种优势语言作为共同语是迟早的事情。休·希顿－沃森（Hugh Seton-Watson，2009）在探讨世界上各种民族和国家的形成过程时，指出“民族语言对于民族共同体形成起决定性作用，即一种正式的通用语的形成和使用是对民族共同体产生起决定性作用的因素”。斯大林也将语言作为民族组成的一部分，定义民族是“人们在历史上形成的一个有共同语言、共同地域、共同经济生活以及表现于共同文化上的共同心理素质的稳定的共同体”。同时，他认为民族共同语（即胜利的语言）的形成不是多种语言相互融合的结果，而是以一种语言为主体，从其他语言中取得一些词而使自己的词汇丰富起来。我国的国家通用语言文字便是“以北京语音为标准音、以北方话为基础方言、以典范的现代白话文著作为语法规范的普通话”。

基于上述语言共同体理论，陈波（2014）从语言和意义社会建构角度进一步探究语言共同体，指出语言共同体确立了语言和世界之间的指称或表述关系，并用“语言和意义的社会建构论”（SCLM）阐释语言的意义，提出“语言的首要功能是交流而不是表征，语言在本质上是一种社会现象；语言的意义来源于人体与外部世界的因果性互动，以及人与人的社会性互动；语言的意义在于语言与世界的关联，由语言共同体的集体意向所确立；语言的意义基于语言共同体在长期交往过程中形成的约定之上；语义知识就是经过提炼和浓缩的经验知识，或者是被语言共同体所接受的语言用法；语言和意义随着语言共同体的交往实践或快或慢地变化六个命题”，“语言和意义可以脱离单个使用者，但不能脱离语言共同体：没有语言共同体，就没有相应的语言和意义”。他将作为类存在物的人（语言共同体）视为语言与世界的连接，构建“语言、人（语言共同体）和世界”的三元关系以代替“语言和世界”的二元关系。周庆生（2021）基于语言共同体论，将国家通用语言共同体定义为：“中华人民共和国成立以来，中国公民在国家倡导、推行、普及普通话的过程中，形成的一个社会综合体”，并将国家通用语言共同体概括为城市共同体、农村和民族地区共同体。此外，傅才武和严星柔（2016）、宁骚和冯育林（2018）等也将语言作为中华民族共同体、中华民族文化共同体或中国国家共同体构成不可或缺的元素。在语言共同体理论持有者看来，国家通用语言文字作为中华民族全体成员交往交流、信息传播的重要媒介和共同语基础，有助于促使各族群众更好地沟通交流，推动当代国人就业能力、文化素养的提升及精神世界的丰盈。

（六）边境贸易理论

边境贸易是毗邻两国在边境线两侧一定范围内，在指定的开放地点或集市上进行的商品交换活动和经贸合作活动的总和。边境贸易也有广义和狭义之分。广义的边境贸易指的是在边境地区进行的全部的对外贸易活动。狭义的边境贸易主要指的是毗邻两国边境地区的边民进行的商品交换活动，主要包括边民互市贸易、边境小额贸易和边境经济技术合作。其不但具有国际贸易中的国际性特征，还存在区域性、民族性以及依赖性和滞后性特征。

边境贸易的一般理论来源于国际贸易理论，其特殊性在于边境贸易研究的是两个相邻国家间的贸易产生，也是国家贸易早期最主要的发生形式。现代边境贸易理论建立在传统国际贸易理论基础之上，如英国古典经济学家大卫·李嘉图提出的比较优势理论，是按照生产成本的相对差别实现国际分工的一种自由贸易理论，其认为在两国之间，劳动生产率的差距并不是在任何产品上都是相等的，每个国家都应集中生产并出口具有比较优势的产品，进口具有比较劣势的产品，如此双方均可节省劳动力，获得专业化分工提高劳动生产率的好处。瑞典经济学家俄林（Herschel Orin）提出要素禀赋论，其认为各国间要素禀赋的相对差异以及生产各种商品时利用这些要素的强度的差异是国际贸易的基础，强调生产商品需要不同的生产要素，如资本、土地等，而不仅仅是劳动力，不同的商品生产需要不同的生产要素配置，一国应该出口由本国相对充裕的生产要素所生产的产品，进口由本国相对稀缺的生产要素所生产的产品，而且，随着国际贸易的发展，各国生产要素的价格将趋于均等。克鲁格曼（Paul R. Krugman）的规模经济贸易理论认为规模收益递增为国际贸易直接提供了基础，当某一产品的生产发生规模收益递增时，随着生产规模的扩大，单位产品成本递减而取得成本优势，由此导致专业化生产并出口这一产品。

边境贸易的理论基础近年来不断演变，边境贸易的形成和发展是历史的必然现象，是经济发展的最终产物。有关边境贸易的产生，马克思曾指出："商品交换过程最初不是在原始公社内部出现的，而是在它的尽头，在它的边界上，在它和其他公社接触的少数地方出现。"这就明确指出了一个事实，即在有了剩余产品可供交换和出现了国家或政治实体这两个最基本条件之后，边境贸易才开始出现。而沿边开放势差论更加说明了边境贸易产生与发展的原因，该理论根据物理学势能理论，提出沿边开放是由于经济结构差、商品结构差、科技水平差、地理景观差等因素造成。由于相邻的边境地区的经济结构是非连续的，致使边境贸易的发展具有巨大的潜力，而毗邻两国的边境地区的商品结构也存在巨大的势差，边境地区可以依赖商品结构的不同开展边境贸易。此外，由于相邻的两个国家的自然资源、社会人文等因素存在差异，利于发展跨境旅游。沿边开放势差的理论为边境贸易的发展提供一定的理论依据，推动着边境地区社会经济的发展。之后边境贸易理论得到不断深化与发展，形成了包括地缘经济学说①、区域相互依赖理论②、边界效应论③等观点。边境贸易理论为广西边境地区对外贸易提供了重要的理论支撑，边境贸易的发展对中越两国政府、企业、居民都发挥着不可替代的作用。

二、广西中越边境地区推普的经济效应的理论机理与实证分析

（一）广西中越边境地区推普的劳动力转移就业效应的理论机理与实证分析

1. 推普的劳动力转移就业效应的理论机理

推动农村劳动力转移就业是实现农民脱贫致富的关键。进一步提高农村劳动力就业能力，增强其就业的稳定性，确保农村贫困劳动力获得工资性收入，是实现农民稳定脱贫、减少和防止贫困人口返贫、筑牢防止返贫堤坝的根本。

---

① 地缘经济学说最早是由美国战略专家勒特韦克提出，他认为，地缘经济是区域经济发展过程中的一种特殊表现形式，相邻国家边境地区间的经济往来，也可以说是区域经济在国际范围内的延伸，是一种跨国的区域合作。这种合作以各国的地缘优势和经济社会联系为基础，进行商品往来，对资本、技术、资源进行合理的流动配置，以共同的经济利益为目标，按比较优势开展较为密切的产业和劳动地域分工，各国都可以获取最大的经济利益。详见卢光盛：《国际关系理论中的地缘经济学》，《世界经济研究》2004 年第 3 期。

② 相互依赖理论是指各个国家和区域之间，在经济发展过程中都不是也不可能是彼此孤立的，而这一理论是由我国著名区域经济学家刘再兴先生归纳提出的。西方一些经济学家也就二次大战后以欧洲共同体为代表的区域一体化的相互依赖关系从理论上进行了分析和探讨，如“南北”“南南”之间的相互依赖关系，阐述了世界经济相互依赖的理论。详见储东涛：《区域经济学通论》，北京：人民出版社，2003 年。

③ 经济地理学领域的“边界效应”研究主要是探讨边界对跨界经济行为产生的影响。贝内特 · T. 麦克勒姆在研究加拿大、美国边境地区的贸易时发现，国家边界仍然影响着两国的贸易模式，边界效应在一定程度上阻碍了跨国贸易的发展。详见王成龙、刘慧、张梦天：《边界效应研究进展及展望》，《地理科学进展》2016 年第 9 期。

习近平总书记指出，一人就业、全家脱贫，增加就业是最有效最直接的脱贫方式，长期坚持还可以有效解决贫困代际传递问题。2021 年 3 月 11 日，李克强总理在会见中外记者时也指出，今年依然坚持就业优先政策，继续推动“六稳”，实现“六保”，把就业放在首位。

现有国内外理论与实证研究均表明，作为人力资本的一部分，语言能力的提升有助于降低劳动者在就业市场受歧视的程度，有利于劳动者拓展有效的社会关系网络，更好地融入社会群体，从而获得工作稳定、薪资待遇较高的岗位。为进一步消除脱贫攻坚中的语言制约因素，教育部等部门联合印发了《推普脱贫攻坚行动计划（2018—2020）》，提出了我国贫困地区推普脱贫攻坚工作主要目标、重点任务和具体举措，为贫困地区做好推普工作提供了制度保障和政策支撑。从理论上阐述推普助力农村劳动力转移就业的机制，并基于我国推普脱贫的工作实践，构建量化模型，实证分析和评估推普助力农村劳动力转移就业的实际效应，对新时期我国推普助力相对贫困治理政策的制定和完善具有积极意义。

无论是“二元结构”“预期收入差距”等宏观劳动力流动模型，还是微观的成本—收益、人力资本、新家庭迁移理论均认为，劳动力进城务工后工资收入水平的提升，所引起的绝对收入与预期收入差距的扩大，货币化收益的增加，进而加大城镇对农村劳动力迁移的拉力，是推动农村劳动力跨域流动的主要因素。现有研究成果表明，共同语言作为一种人力资本，除了直接提高工资收入水平之外，还有利于加快进城务工农民工的社会网络融入，减少农民工摩擦性失业的持续时间，降低农民工寻找合适工作的成本，可以在既定工资收入水平的情况下，提高农民工迁移的货币收益，为农民工向城镇迁移注入间接动力。

首先，“推普”有利于扩大城乡绝对收入和预期收入差距，增加城镇的拉力，提高个体收入效应。语言技能与个体劳动收入呈显著正比例关系，因此，普通话水平的提升可以提高农民工的工资收入，进而拉大城乡绝对收入差距。同时，从预期收入差距来看，预期收入差距等于农民工对城镇工作的预期收入与农村实际收入的差额，而预期收入为城镇就业率与城镇工作收入的乘积。在当今时代，信息是一种重要的生产要素，可以使个体的智慧和思考突破狭隘性，专注于一些创造性及综合评价性活动，从而较大程度提高人们的整体素质和能力。普通话作为通用语言和一种人力资本，其水平的提升有助于提高人们获取信息的能力，扩大信息的获取渠道，拓展个体发展空间，促进劳动力基本素质和职业技能的提升，增强就业能力，同时增加农民工进城成功就业率和工资水平，进而增强农民工进城务工的预期收入。在农村工资水平既定的情况下，自然会使得农民工迁移的预期收入差距加大，激发农村劳动力向城镇迁移的动力。

其次，掌握普通话有利于进城农民工更快地融入城镇社会网络，有利于社会资本的积累和提升，获得稳定、工资收入较高的职业，提高社会资本效应。格拉诺维特最早将社会网络引入个人求职领域进行研究。随后，弗纳兹、波特、梅西、桑德斯对社会资本在雇主雇佣劳动力、移民中扮演的重要角色和意义进行了研究。他们认为，人们在求职和就业过程中，会更多地依靠自己的社会网络，尤其是弱连接社会关系，以克服劳动力市场上的信息障碍；移民迁入地和迁出地之间所建立的社会资本在移民迁移中扮演重要角色，对移民迁入目的地后的新生活和经济地位均具有至关重要的影响。中国科技促进发展中心与挪威 FAFO 应用社会科学研究所联合开展的“中国劳动力流动”调研结果显示，70% 的中国农民工在寻找工作过程中使用过自己的社会关系网络，且利用朋友、同学等弱关系较多。在刚进城时利用社会资本找工作的农民工占比为 30%，与进城工作后再次找工作时使用社会资本的比例相当（约为 37%）。深圳市劳动局调研结果显示，87.2% 的农民工进城所依赖的信息渠道是基于亲戚、朋友或同乡等传统网络关系所形成的社会资本。其中，42.7% 为同乡或朋友关系，31.3% 为城里的亲属或朋友，13.2% 为同村的亲属或朋友。进城农民工的社会资本分为基于亲缘和地缘建立的社会资本（原始社会资本）和因业缘而构建的社会资本（新型社会资本）。农民工进城后，由于社会歧视、居住条件、文化素质、语言障碍等因素，社会生活往往局限于传统圈子，无法建立起以业缘为纽带的生活圈子，积累起新型社会资本，难以融入城镇主流社会，经济地位和收入处于社会的下层，甚至成为处于边缘地位的社会群体。因此，在农民工进城初期，以亲缘和地缘建立的原始社会资本对农民工进入城镇有很大帮助，但对农民工融入城镇社会发挥的作用并不明显，从而无法为进城农民工再次就业时获得收入更高的岗位提供帮助。而在这个方面，掌握熟练普通话的农民工则不同，他们可以突破语言障碍，与城市居民更好地交流，缩短与城市居民的心理距离，增强其对城市身份的认同度，建立和发展以业缘为基础的社会网络，迅速积累和增加社会资本，为其获得稳定、更高收入职业，实现向上的社会流动，融入城镇主流社会提供基础和保障。从这个意义上来讲，普通话推广在农民工进城中发挥着节约交易成本和信息成本，增加新型社会资本的作用，无疑有助于推动农民工社会融入，降低再就业风险，提升预期收入和相对经济地位，扩大农民工进城规模，进而促进新型城镇化建设进程，提高新型城镇化率。鉴于原始社会资本和新型社会资本在农民工初始进城和再次就业方面的积极作用，社会资本的角色与意义在一定程度上已超过了人力资本。

2. 推普的劳动力转移就业效应的实证分析

（1）变量选择。

主要变量为县域普通话水平、劳动力转移就业率，其中县域普通话水平为解释变量，以该县居民普通话水平的平均值进行衡量；农村劳动力转移就业率，以该县农村外出务工人员数与被调研人员数的比值来衡量。为控制县域经济发展状况及地域特征对劳动力转移就业的影响，引入各县财政预算支出、固定资产增加值、县域产业结构、公路里程数等指标作为控制变量。控制变量数据来源于2017—2019年《广西统计年鉴》（如表3－1所示）。

表3－1　变量选择及数据来源

变量	数据描述	数据来源
农村劳动力转移就业率	农村外出务工人员数/被调研人员数	调查问卷
普通话水平	农村居民普通话水平	调查问卷
居民人均可支配收入	农村人均可支配收入滞后项（滞后一年）	《广西统计年鉴》
财政预算支出	农村财政预算支出增长率	《广西统计年鉴》
公路里程数	县域公路里程数	《广西统计年鉴》
固定资产增加值	农村新增固定资产值	《广西统计年鉴》
县域产业结构	二三产业产值占GDP比率	《广西统计年鉴》

（2）模型设定。

①模型设定。

为研究普通话推广对农村劳动力转移就业的影响，构建量化模型如下：

$$RE_{i,t} = \lambda_0 + \lambda_1 Putonghua_{i,t} + \sum controlvars_{i,t} + \varepsilon_{i,t} \quad (公式3-1)$$

其中，i 表示县（市、区），t 表示时间，$RE_{i,t}$ 代表 i 县（市、区）t 年的农村劳动力转移就业率。$Putonghua_{i,t}$ 反映了 i 县（市、区）居民 t 年的普通话平均水平，数据来源于广西边境地区八县（市、区）的调查问卷，将普通话水平分为“不会”“略懂”“一般”“熟练”等4类，分别用数值1—4来表示。$controlvars_{i,t}$ 为控制变量，包括农村居民人均可支配收入滞后项、产业结构、农村固定资产增加值、政府财政支出增长率、县域公路里程数等变量，$\varepsilon_{i,t}$ 为随机误差项，λ_i（$i=1, 2, 3, \cdots$）为待估计系数。为克服模型的异方差性，在回归过程中，对变量进行对数处理。

②变量的描述性统计。

变量的描述性统计如表3-2所示。从微观层面来看，样本中男性劳动者的占比稍多于女性，劳动者平均年龄在41岁左右，受教育水平为初中水平，受教育程度较低。从宏观层面来看，县域劳动力转移率约为65%左右，表明县域一半以上的劳动者都外出务工，这与我们的现实情况相符合；普通话水平为略懂，表明普通话水平还存在较大的进步空间；居民人均年度可支配收入滞后项为4.434万元，远高于2020年国家贫困线标准4000元/年；农村财政预算支出增长率为3%；固定资产增加值为970794万元；县域公路里程数为1014公里；产业结构中二三产业产值占比的均值为81.24%。

表3-2 主要变量的描述性统计

变量	样本量	均值	标准差	最小值	最大值
劳动力转移就业率	32	0.655	0.747	0.535	0.759
普通话水平	32	2.553	0.297	2.012	3.202
性别	201830	0.562	0.487	0	1
年龄	201830	41.59	13.95	18	65
受教育水平	201830	1.956	0.667	0	4
居民人均年度可支配收入	32	4.434	0.552	1.316	8.246
财政预算支出	32	0.03	0.080	-0.159	0.153
公路里程数	32	1014	0.504	278	2111
固定资产增加值	32	970794	0.618	952	2458303
产业结构	32	0.8124	0.0690	0.717	0.951

注：表中数据为各指标的原值，为减少数值差异，防止异方差问题的产生，在回归过程中将劳动力转移就业率、居民年度人均可支配收入、公路里程数、固定资产增加值等指标都做了对数化处理。

（3）回归结果及分析。

①基准回归。

表3－3第1列反映了普通话技能对农村劳动力转移就业的影响，回归结果表明，普通话推广对农村劳动力转移就业率有显著的积极的影响，普通话水平每提高一单位，农村劳动力就业转移率增加0.152%，并在1%的水平上显著，表明普通话水平的提升有助于农村劳动力转移就业。语言是人类最重要的思维工具、认知工具和交际工具，我国的国家通用语言——普通话水平的提高有利于提升农民工就业竞争优势，增加农民工进城就业机会，获得高收入的工作岗位，增加城镇对农村劳动力转移的“拉力”，促进农村劳动者转移就业。同时，普通话能力的提升也有利于进城农民工消除与城市居民由于语言不通带来的隔阂，更快地融入城镇“社会网络”，推动“社会资本”的积累和提升，获得工作稳定、工资收入较高的岗位。另外，回归结果表明，滞后一年期的农村人均年度可支配收入和农村劳动力转移就业率呈显著的负相关关系，说明在城镇工资水平既定的情况下，农村人均可支配收入的提高，意味着农村人均可支配收入和城镇工资水平差距的降低，进而会进一步减少城镇对农民的“拉力”，不利于农民工进城就业。同理，农村财政投入及固定资产投资的增加，有利于提升农村的公共服务水平，有助于增加农村地区的吸引力，降低农民工进城务工的动力。因此，农村财政投入及固定资产投资的增加均与农村劳动力转移就业率呈显著的负相关关系。

表3－3　推普的农村劳动力转移效应回归结果

变量	FE 农村劳动力转移就业率	2SLS 农村劳动力转移就业率
普通话水平	0.152***	0.191***
	(0.0503)	(0.0543)
农村居民人均可支配收入滞后项	－0.102***	－0.162***
	(0.0265)	(0.0435)
产业结构	2.671***	2.556***
	(0.709)	(0.691)
政府财政支出增长率	－0.632**	－0.595***
	(0.202)	(0.195)

续表

变量	FE 农村劳动力转移就业率	2SLS 农村劳动力转移就业率
公路里程数	0.122***	0.123***
	(0.0373)	(0.0267)
固定资产增加值	-0.163***	-0.111*
	(0.0416)	(0.0616)
常数项	5.508***	5.192***
	(0.864)	(1.646)
样本量	32	32
R^2	0.663	0.999

注：*、**、***分别表示在10%、5%和1%显著性水平，括号内数据为参数估计量的标准误。

②内生性问题。

在研究语言能力对劳动力收入、就业等影响的多数文献中，大都考虑了语言的内生性问题。根据以往语言能力对收入、就业的研究，内生性问题主要来源于以下两个方面：第一，遗漏变量问题，如观测不到的个人、家庭以及地区等层面的异质性，会同时影响到劳动者的语言能力和就业情况，从而导致回归结果有偏。第二，反向因果问题，如由于进城务工的劳动者接触到普通话技能熟练的居民机会较多，从而“耳濡目染”使得自身具备较高的普通话水平。工具变量法可以有效解决上述两个方面的问题。而工具变量选择的原则是工具变量与语言能力直接相关，但与劳动力转移就业却不直接相关。参考赵颖（2016）的做法，选择除本县外的其他县域个体的普通话平均水平作为工具变量。表3-3第2列为工具变量的回归结果，结果表明普通话水平对农村劳动力转移就业的正向影响依然存在且显著。这在一定程度上解决了模型存在的内生性问题，也进一步证明了基准回归结果的准确性。

③稳定性检验。

可通过更换解释变量的测度方法和回归方法的方式检验模型回归结果的稳健性。首先，考虑到模型中的内生性偏误及动态面板中估计量的非一致性问题，将回归方法由固定效应更换为广义矩估计（SGMM）进行回归分析，回归结果如表3-4第1列所示；其次，更改解释变量——普通话水平衡量指标，将普通话水平为“一般”“熟练”的进行平均作为县域普通话水平的衡量指标进行回归分析，结果如表 3-4 第 2 列所示。回归结果均表明，普通话水平的提高对农村劳动力转移就业有显著的积极的影响，且在 1% 的水平上显著，与基准回归结果一致，表明模型的基准回归结果具有较强的稳健性。

表 3-4　稳健性检验

变量	SGMM 农村劳动力转移就业率	FE 农村劳动力转移就业率
普通话水平	0.149 ***	0.274 **
	(0.0464)	(0.0658)
农村居民人均可支配收入滞后	-0.648 ***	-0.503 ***
	(0.0679)	(0.0660)
产业结构	2.886 **	2.874 **
	(0.848)	(0.849)
政府财政支出增长率	-0.856 ***	-0.884 ***
	(0.283)	(0.283)
公路里程数	0.1945 ***	0.1892 ***
	(0.0512)	(0.0505)
固定资产增加值	-0.180 ***	-0.144 **
	(0.0573)	(0.0648)
常数项	4.553 ***	4.881 ***
	(1.198)	(1.273)
样本量	32	32
R^2	0.645	0.6798

注：*、**、*** 分别表示在 10%、5% 和 1% 显著性水平，括号内数据为参数估计量的标准误。

④异质性分析。

为进一步研究普通话与劳动者转移就业率之间可能存在的异质性，将样本按照性别、年龄等进行分样本讨论，其中性别划分为男、女两类；年龄参考劳动力年龄划分标准，将样本划分为 18—28 岁、29—50 岁、51—65 岁等三个子样本。普通话能力与劳动力就业转移率的异质性回归结果表明，普通话能力的提升对农村劳动力转移就业有着显著的积极的影响，但存在性别、年龄的异质性（如表 3-5 所示）。从性别来看，普通话能力的提升对男性劳动力转移就业的影响大于女性，普通话水平变动一个单位，男性劳动者转移就业率同向变动0.161%，女性劳动者转移就业率同向变动0.137%，并且在1%的水平上显著。从年龄方面来看，在18—28岁的样本中，男女劳动者普通话水平与劳动力转移就业率呈正向相关关系，但并不显著，该结论从劳动力就业角度论证了广西中越边境地区八县（市、区）农村居民普通话水平对收入影响不显著的实证研究结果（马静、刘金林，2020）；而对于年龄处于29—50岁、51—65岁的劳动者，普通话能力的提升有利于促进劳动力转移就业，且男性普通话技能对劳动力转移就业的影响大于女性，其原因可能在于在农村女性承担了较多的家务活动及照顾家庭成员的责任，从而挤占了女性外出工作的机会（吴博、尤庆莉，2014），导致普通话能力的提升对女性劳动者转移就业的影响小于男性劳动者。同时，从29—50岁样本与51—65岁样本对比来看，普通话水平对29—50岁男女性劳动者就业转移的影响大于年龄处于51—65岁男女性劳动者，其原因在于在劳动力就业市场中，劳动者年龄与劳动生产率呈现倒“U”型曲线，即随着劳动者年龄的增长，劳动生产率呈现先上升后下降趋势（汪伟、刘玉飞、徐炎，2019）。这也说明，相比较而言，就业市场中老年劳动力与中青年劳动力相比，其综合竞争优势会降低很多，因而普通话的提升对51—65岁劳动者转移就业的边际影响小于29—50岁劳动者的影响。

表3－5　　年龄与性别的异质性回归结果

被解释变量：农村劳动力转移就业率		
第一部分		
变量	男	女
普通话水平	0.161***	0.137***
	(0.0355)	(0.0422)
农村居民人均可支配收入滞后项	－0.219***	－0.161***
	(0.0739)	(0.0482)
产业结构	2.705***	2.628***
	(0.751)	(0.870)
政府财政支出增长率	－0.625***	－0.794***
	(0.205)	(0.232)
公路里程数	0.116***	0.131***
	(0.0353)	(0.0375)

续表

变量	男			女		
固定资产增加值	-0.166***			-0.156***		
	(0.0402)			(0.0495)		
第二部分						
变量	A. 18—28 岁		B. 29—50 岁		C. 51—65 岁	
	男	女	男	女	男	女
普通话水平	0.0117	0.00918	0.202***	0.179***	0.143***	0.137***
	(0.0174)	(0.0164)	(0.0612)	(0.0498)	(0.0453)	(0.0413)
农村居民人均可支配收入滞后项	-0.304***	-0.161***	-0.153***	-0.124***	-0.106***	-0.120***
	(0.010)	(0.020)	(0.0347)	(0.0219)	(0.0254)	(0.0380)
产业结构	2.773***	1.244***	2.974***	3.152***	2.220**	2.382***
	(0.813)	(0.811)	(1.061)	(1.095)	(0.894)	(0.885)
政府财政支出增长率	-0.0638	-0.0611	-0.536***	-0.500**	-0.586***	-0.668***
	(0.303)	(0.303)	(0.198)	(0.242)	(0.192)	(0.185)
公路里程数	0.0611	0.0589	0.102**	0.120**	0.162***	0.172***
	(0.0515)	(0.0516)	(0.0483)	(0.0515)	(0.0623)	(0.0601)
固定资产增加值	-0.0850**	-0.0809**	-0.177**	-0.150**	-0.161***	-0.150***
	(0.0095)	(0.0088)	(0.0722)	(0.0678)	(0.0460)	(0.0457)

注：*、**、** 分别表示在 10%、5% 和 1% 显著性水平，括号内数据为参数估计量的标准误。

3. 小结

本部分从实践层面来看，基于 2017—2019 年中越边境地区八县（市、区）0—3 公里农村居民的全样本调研结果及《广西统计年鉴》数据，构建量化模型实证分析普通话水平与农村富余劳动力转移之间相关关系。结果表明，普通话推广与农村劳动力转移就业之间呈显著正相关关系，即普通话水平的提升有利于促进农村劳动者转移就业，且两者之间呈现性别、年龄的异质性。从性别上来看，普通话能力的提升对男性劳动者转移就业的影响大于农村女性劳动者。从年龄上来看，普通话推广对处于 18—28 岁年龄段男女性劳动者转移就业的影响不显著；且普通话能力对处于 29—50 岁男女性劳动者转移就业的影响均大于 51—65 岁男女性劳动者。

基于理论与实证分析结果，要最大化普通话这一人力资本要素的农村劳动力转移效应，新时期应坚定不移地加大广西中越边境地区推普工作力度，着力解决普通话的推广普及中存在的不平衡不充分的问题，提升普通话推广的质量，增强农村劳动力进城就业竞争力，推动农村劳动力转移就业。

（二）广西中越边境地区推普的劳动者收入效应的理论机理与实证分析

1. 推普的劳动者收入效应的理论机理

基于人力资本视角，语言是一种人力资本，普通话作为我国的国家通用语言文字，普通话技能应该也是一种人力资本，是推动个人劳动收入提高和经济增长的重要因素。语言与收入有关，源于语言与教育、信息、互联网，以及与人的能力和机会之间存在的密切关系（李宇明，2018）。

其一，作为国家通用语言文字，普通话技能的提升有利于增强务农技能和城镇就业能力，提高务农和工资收入。在当今时代，信息是一种重要的生产力，可以使个体的智慧和思考突破狭隘性和生命的有限性，专注于一些创造性及综合评价性活动，从而较大程度提高人们的整体素质和能力。普通话作为国家通用语言文字，其技能的提升有助于提高人们获取信息的能力，扩大信息的获取渠道，拓展个体发展空间，促进农民种植技术和专业技能的提升，增强工作效率和就业竞争优势，进而推动农民务农收入的提高，增加进城农民工就业竞争力和成功就业的概率。

其二，掌握普通话有利于增进进城农民工的城市融入，建立和发展以业缘为基础的社会网络，增强其再就业能力。如果将进城农民工的社会资本分为基于亲缘和地缘建立的社会资本，即“原始社会资本”以及因业缘而构建的社会资本，即“新型社会资本”，农民工进城后，由于社会歧视、居住条件、文化素质、语言障碍等因素，社会生活往往局限于传统圈子，无法建立起以业缘为纽带的生活圈子，积累起新型社会资本，难以融入城镇主流社会或者中产阶级的圈子，经济地位和收入处于社会的下层，被迫融入下层社会，甚至成为城镇生活中处于边缘地位的社会群体。因此，在农民工进城初期，以亲缘和地缘建立的原始社会资本对农民工进入城镇有很大帮助，但对农民工融入城镇社会发挥的作用并不明显（李培林等，2012）①，从而无法为进城农民工再次就业

---

① 李培林、田丰基于2011年中国社科院社会学研究所中国社会状况综合调查数据，分析发现流动农民工的社会资本和社会网络根植于农村，其社会互动也集中在流动农民工内部，社会资本虽然可能对农民工进城社会有很大帮助，但对农民工融入城市社会发挥的作用并不明显。

时获得收入更高的岗位提供帮助。而在这个方面，掌握熟练普通话技能的农民工则不同，他们可以突破语言障碍，与城市居民更好地交流，减少与城市居民的社会心理距离，增强其对城市身份的认同度，建立和发展以业缘为基础的社会网络，迅速积累和增加进城农民工的社会资本，为其获得稳定、更高收入职业，实现向上的社会流动，融入城镇主流社会或者中产阶级圈子提供基础和保障。

其三，基于人力资本的"代际传递"效应，推普有助于阻断农村的贫困代际传递。如果说当代农民工收入关系到当代人的脱贫致富和国家精准脱贫战略的实施成效，那么新生代农民工的职业和工资收入水平直接决定了农村贫困代际传递的阻断。但由于受生活方式不协调、就业不稳定、社会排斥、权力缺失、社会保障水平低下等多重因素的影响和制约，难以融入城市社会，处于"半城市化"状态，回流家乡已成为众多新生代农民工未来发展的迫不得已而又理想的选择，尤其是因社会网络、语言文化等障碍导致的融入困境强化了农民工回乡意愿。而无论是从语言学还是人力资本角度来看，父母的语言能力对于后代的语言能力具有重要影响，父母的人力资本也可以通过代际传递对子女的人力资本积累产生作用。普通话技能作为国家通用语言文字和一种人力资本，父母的普通话技能也必然会通过代际传递影响后代的普通话水平，在后代人力资本的提升和社会资本的构建中显现，为提升新生代农民工的就业和城市社会融入能力，从而拔掉"穷根子"，有效阻断农村贫困的代际传递增添内生动力。

另外，作为一种公共产品，普通话的学习还具有外部性，会产生示范效应，加快区域人力资本的积累。如果劳动者意识到身边的其他劳动者因为普通话水平的提升而带来收入的提高和职位的晋升，必然会纷纷效仿，加强普通话学习和技能培训投入。因此，个体劳动者普通话技能的提升，会通过产生示范效应，带动一个群体或区域普通话水平整体提高，从而加快一个群体或区域人力资本水平的积累，激发新的全要素生产率，创造"溢出效应"，降低生产要素稀缺性的约束，为经济增长提供新的动力源泉。

2. 推普的劳动者收入效应的实证分析

（1）劳动者收入分析。

经过调研小组长久以来对广西中越边境地区八县（市、区）语言与收入情况的追踪，共得出252990个收入不为零，且年龄段位于16周岁及以上、65周岁及以下的样本。为更进一步对样本进行普通话能力与劳动者收入的相关性分析，首先对该部分样本的居民年收入进行简单的描述性分析与异质性分析。

①收入层级分析。

调研组将边境地区八县（市、区）居民的年收入情况分成四个水平①，即0—2万元、2万—3.6万元、3.6万—7.2万元、7.2万元及以上，具体如表3－6所示。可以看出，低收入层级居民占比最高，高收入层级居民占比最低，且随着收入层级增加居民占比逐渐减少，整体呈现为“正三角”型。

表3－6 广西边境地区八县（市、区）居民收入情况

0—2万元		2万—3.6万元		3.6万—7.2万元		7.2万元及以上	
人数	占比	人数	占比	人数	占比	人数	占比
123333	48.75%	70491	27.86%	48669	19.24%	10497	4.15%

②不同地区居民收入情况分析。

按地区划分分别对居民收入情况进行计算分析，具体数值如表3－7所示。其中东兴市样本是总体样本的近1/4，占比24.03%，且东兴市居民收入主要分布在2万—3.6万元与3.6万—7.2万元这两个层级，均超过总数的1/3，具体占比分别为35.65%与35.15%；同时，相较于其他七个地区，东兴市居民年收入大于等于7.2万元的占比是最高的，具体达到了11.07%；总体来看，边境八县（市、区）中东兴市居民年收入处于较高水准。居民收入状况较次于东兴市的是凭祥市，该地居民年收入水平位于0—2万元、2万—3.6万元、3.6万—7.2万元、7.2万元及以上的人数占比分别为28.72%、35.89%、28.00%、7.39%，居民收入分布较为均衡。其他六个县（市、区）居民收入水平主要位于0—2万元这一层级，其中那坡县人数占比最高，达到了86.27%。

① 收入水平分类参照：刘金林、马静：《边疆民族地区居民语言能力的劳动者收入效应研究——语言与国家治理系列研究之五》，《云南民族大学学报》（哲学社会科学版）2021年第6期。

表 3-7　　广西边境地区八县（市、区）不同地区居民收入情况

地区	收入区间				总计
	0—2 万元	2 万—3.6 万元	3.6 万—7.2 万元	7.2 万元及以上	
防城港	21588	3834	398	15	25835
东兴市	11022	21676	21367	6731	60796
大新县	9645	5366	2295	176	17482
凭祥市	9180	11472	8951	2361	31964
宁明县	10335	9697	6715	467	27214
那坡县	14890	2178	189	2	17259
靖西市	19144	8244	4028	20	31436
龙州县	27529	8024	4726	725	41004
总计	123333	70491	48669	10497	252990

③不同职业居民收入分析。

对样本按照职业划分进行收入分析，具体数值如表 3-8 所示。其中边境地区八县（市、区）居民的职业以务农为主，人数占比达到了 42.99%；务工其次，人数占比达到 31.13%，可以认为边境地区八县（市、区）居民收入来源主要为务农、务工。对不同职业人群收入分析发现，务农、务工居民的年收入主要位于 0—2 万元层级，群体内占比分别为 67.75%、34.76%；经商居民收入主要位于 2 万—3.6 万元层级，占该职业群体的 35.28%；公职人员与教师的收入较高，位于 3.6 万—7.2 万元层级，占群体的 57.75%。此处需特别说明的是：无业/学生群体的收入主要来源于各类补贴以及适龄学生的兼职工资、奖学金等，主要分布在 0—2 万元这一层级。

表 3-8　　不同职业居民收入情况

职业	收入区间				总计
	0—2 万元	2 万—3.6 万元	3.6 万—7.2 万元	7.2 万元及以上	
无业/学生	8413	2882	891	112	12298
务农	73686	25623	8107	1340	108756
务工	27372	25767	21326	4282	78747
商人	3226	4713	4621	797	13357
公职人员/教师	1216	3774	8237	1037	14264
其他	9420	7732	5487	2929	25568
总计	123333	70491	48669	10497	252990

④不同受教育程度居民收入分析。

教育主要通过强化个体的人力资本进而间接促进增收，调研组将受教育程度按照受教育时间长短主要划分成“文盲/半文盲”“小学”“初中”“高中/中专”“大专”“本科”“硕士”等，具体收入情况如表3－9所示。其中受调研样本中总计有近半的居民表示完整接受了9年义务教育，为总样本的46.20%。初中学历群体中有51.34%的居民收入位于0—2万元层级，而小学学历居民位于同一收入层级的人数占比达到了61.24%；高中/中专学历的居民年收入相较于初中学历居民，0—2万元收入层级人数占比有所降低，具体为33.13%；2万—3.6万元与3.6万—7.2万元收入层级人数占比有所提高，分别达到了30.11%与30.46%。大专学历居民年收入处在2万—3.6万元的人数占比达到45.89%，本科学历居民年收入处于3.6万—7.2万元的人数占比则是提高至45.15%。表明随着居民受教育程度的不断提升，有着“敲门砖”功效的学历对提高居民年收入水平存在明显的促进作用，居民的年收入层级表现出逐渐向好的趋势。

表3－9　不同受教育程度居民收入情况

受教育程度	收入区间				总计
	0—2万元	2万—3.6万元	3.6万—7.2万元	7.2万元及以上	
文盲/半文盲	1290	541	424	62	2317
小学	41449	16356	8648	1229	67682
初中	60006	34391	18343	4146	116886
高中/中专	16275	14792	14964	3095	49126
大专	400	626	326	12	1364
本科	1748	3467	5888	1938	13041
硕士	2	36	13	0	51
其他	2163	282	63	15	2523
总计	123333	70491	48669	10497	252990

⑤不同普通话水平居民收入分析。

调研组根据居民使用普通话的熟练程度将其普通话水平划分出三个等级，如表3－10所示。其中共有53.37%的居民普通话水平达到了熟练使用等级，35.11%的居民则是达到了一般掌握程度。普通话水平为“不会/略懂”的居民年收入层级分布情况分别为：0—2万元人数占比为67.16%，2万—3.6万元人数占比为19.75%，3.6万—7.2万元人数占比为10.34%，7.2万元及以上人数占比为2.75%；“一般”水平居民同收入层级人数占比分别为55.57%、26.83%、14.37%、3.24%；“熟练”水平居民同收入层级人数占比分别为40.29%、30.30%、24.36%、5.05%。观察发现，随着普通话水平的提升，低水平收入人数的占比逐渐减少，高水平收入人数占比逐渐提高，普通话质量对于居民年收入具有一定程度的促进作用。但普通话水平的收入提升作用有限，从低收入水平逃出的效用远远高于高收入水平进入效用，同时对于中等收入水平居民而言，更进一步提升收入水平不能仅仅依赖于普通话质量。

表3－10　　不同普通话水平居民收入情况

普通话水平	收入区间				总计
	0—2万元	2万—3.6万元	3.6万—7.2万元	7.2万元及以上	
不会/略懂	19573	5756	3013	800	29142
一般	49366	23833	12763	2875	88837
熟练	54394	40902	32893	6822	135011
总计	123333	70491	48669	10497	252990

⑥不同多语能力居民收入分析。

多语能力考察的是居民能够用于基本交流的语言数量，包含有普通话、壮语、苗语、彝语、客家话、白话、越南语等，具体收入情况如表3－11所示。其中有69.34%的居民可使用双语交流。掌握一种语言的居民收入较多处在0—2万元层级，占比56.55%；处于2万—3.6万元层级的占比24.99%，3.6万—7.2万元层级的占比为14.40%。对于双语使用者而言，48.78%的居民处于0—2万元区间，27.59%的居民处于2万—3.6万元区间，19.32%的居民位于3.6万—7.2万元区间。三语使用者相较于单一语言使用者与双语使用者，居民0—2万元收入层级人数占比降低，2万—3.6万元与3.6万—7.2万元区间分别上升至30.32%、21.39%。而四种语言使用者的收入出现明显上升，位于年收入0—2万元区间的居民较于前三者分别降低了38.82个百分点、31.05个百分点、27.32个百分点，位于2万—3.6万元区间的居民较于前三者则分别增长了13.00个百分点、10.40个百分点、7.67个百分点，位于3.6万—7.2万元区间的居民较于前三者则分别增长了19.80个百分点、14.88个百分点、12.81 个百分点。由此可见，居民能用于基本交流的语言数量越多，其收入增长的可能性越大。

表 3－11　　不同语言能力居民收入情况

多语能力	收入区间				总计
	0—2 万元	2 万—3.6 万元	3.6 万—7.2 万元	7.2 万元及以上	
一种	17260	7628	4395	1238	30521
两种	85567	48398	33885	7561	175411
三种	20056	13498	9523	1443	44520
四种	449	962	866	255	2532
五种	1	5	0	0	6
总计	123333	70491	48669	10497	252990

（2）变量选择。

①因变量。

根据研究需要选择广西中越边境地区八县（市、区）居民个人年度可支配收入作为因变量，反映居民的收入情况用 sr_i 进行表示，同时对其进行对数处理以消除异方差问题，用 $lnsr_i$ 表示。

②核心变量。

根据已有文献研究以及本节研究重点，将核心解释变量定为居民普通话水平、多语能力以及居民受教育水平，分别用 $putonghua_i$、$duoyunengli_i$ 与 edu_i 进行表示。普通话水平即居民普通话掌握程度，分为“不会/略懂”“一般”“熟练”3 类，依次用数字 1、2、3 表示，数字越大表示该居民普通话技能水平越高。多语能力即居民掌握的语言数量，调查地区涉及的语言除普通话以外还包括了壮语、彝语、苗语、瑶语、白话、客家话、其他汉语方言以及越南语等外语，居民使用语言数量用数字 1—5 表示，数字越大代表该居民多语能力越强。居民受教育水平根据其最终学历进行分级，分为“文盲/半文盲”“小学”“初中”“高中/中专”“大专”“本科”“研究生”7 类，依次用数字 1、2、3、4、5、6、7 代表，数字越大表示受教育水平越高，并采取均值插补对样本中的缺失值进行处理，用“其他”表示。

③控制变量。

控制变量主要分为居民个人特征控制变量，包括居民的性别、年龄、职业等；地域控制变量以及民族控制变量等。性别分为“男”“女”2类，分别用数字0、1表示；年龄依据2021年通过的《中华人民共和国国民经济和社会发展第十四个五年规划和2035年远景目标纲要》中延迟法定退休年龄相关概念，选取了65岁的延迟退休年龄为年龄上限，又依据劳动法与未成年人保护法相关条例，选取16岁为年龄下限；职业分为无业/学生、务农、务工、经商、公职人员/教师、其他等6类，分别用数字0—5表示；同时为降低地域差异以及民族习性差异带来的误差，设置了地区虚拟变量与民族虚拟变量。

④变量的描述性统计。

具体描述性统计结果如表3-12所示。收入水平均值为2.576，广西中越边境八县（市、区）居民的年均收入处于低收入水平，且标准差为3.052，最大最小值之间差距较大，说明八个地区居民收入差距较大；普通话水平均值为2.418，处在“一般”与“熟练”之间，说明该地区居民普通话水平较高，基本可以满足使用需要，广西中越边境八县（市、区）的推普工作取得一定成效；多语能力均值为2.075，说明边境八县（市、区）居民大部分可以使用2—3种语言进行交流；居民受教育水平均值为3.075，略高于初中学历，且标准差较小，说明随着国家九年义务教育的普及大部分居民最终学历为初中；居民职业均值为1.942，位于“务农”与“务工”之间，说明该地区居民大部分通过农业或外出打工创收；地域控制变量编码以地区首字母进行，不存在任何等级意义；同样的，民族控制变量编码以英文字母进行，不存在任何等级意义，不对其进行描述性分析。

表3-12　主要变量选取与描述性统计

变量	类别/解释	编码	样本量	均值	标准差	最小值	最大值
收入水平	居民个人年度可支配收入	/	252990	2.576	3.052	0.003	65
普通话水平	不会/略懂	1	252990	2.418	0.688	1	3
	一般	2					
	熟悉	3					
多语能力	只能说一种语言	1	252990	2.075	0.575	1	5
	能说两种语言	2					
	能说三种语言	3					
	能说四种语言	4					
	能说五种语言	5					

续表

变量	类别/解释	编码	样本量	均值	标准差	最小值	最大值
pd	普通话水平与多语能力的交叉项	/	252990	5.160	2.184	1	15
受教育水平	文盲/半文盲	1	252990	3.075	0.991	1	7
	小学	2					
	初中	3					
	高中/中专	4					
	大专	5					
	本科	6					
	研究生	7					
	其他	/					
年龄	/	16—65	252990	40.972	11.567	16	65
性别	男性	0	252990	0.446	0.497	0	1
	女性	1					
职业	无业/学生	0	252990	1.942	1.345	0	5
	务农	1					
	务工	2					
	经商	3					
	公职人员/教师	4					
	其他	5					
地域	东兴市	1	252990	/	/	/	/
	凭祥市	2					
	大新县	3					
	宁明县	4					
	那坡县	5					
	防城区	6					
	靖西市	7					
	龙州县	8					

续表

变量	类别/解释	编码	样本量	均值	标准差	最小值	最大值
民族	侗族	1	252938	/	/	/	/
	汉族	2					
	京族	3					
	苗族	4					
	其他	5					
	瑶族	6					
	越南族	7					
	壮族	8					
	仫佬族	9					
	彝族	10					

⑤变量的共线性检验。

由于本书采用的是截面数据，在进行实证检验之前首先对其进行多重共线性检验，用以检验解释变量之间是否存在相关性，使用方差膨胀因子（VIF值）来解释，考虑到普通话水平与多语能力的交叉项必然会与变量普通话水平以及多语能力存在相关性，因此另外将交叉项与其他变量进行 VIF 检验，结果如表 3－13 所示。所有变量 VIF 值远远小于 10，不存在明显的多重共线性。

表 3－13　　多重共线性检验结果

变量	VIF	1/VIF	变量	VIF	1/VIF
putonghua	1.32	0.758836	*pd*	1.08	0.925469
duoyunengli	1.16	0.862749	*edu*	1.25	0.797850
edu	1.27	0.788810	*age*	1.25	0.801941
age	1.26	0.790710	*career*	1.05	0.951749
career	1.08	0.922086	*sex*	1.01	0.990588
gender	1.01	0.990299			
Mean VIF	1.18		Mean VIF	1.13	

（3）模型设定。

①模型选择。

明瑟收入方程是美国经济学家明瑟依据人力资本理论提出的一种非常简洁、易操作且可控性强的数理经济模型，它衡量的是劳动者收入情况与受教育程度、工作经验等因素之间的关系，在劳动经济学收入研究中最为常见，具体形式如下：

$$\ln 收入 = \alpha_0 + \alpha_1 教育 + \alpha_2 工作经验 + \alpha_3 工作经验^2 + \sum \alpha_i 控制变量 + \varepsilon_i$$

（公式 3－1）

在此次研究中更为侧重普通话水平以及多语能力这种基础人力资本对劳动者收入的影响，因此本部分引用明瑟收入方程并加以变形，变形后的基本形式如下：

$$\ln sr = \alpha_0 + \alpha_1 核心变量 + \alpha_2 edu_i + \sum \alpha_i 控制变量 + \varepsilon_i$$

（公式 3－2）

核心变量即为本部分研究侧重点，即除受教育水平外的居民的普通话水平和多语能力，控制变量主要包含个人特征、地区与民族等控制变量。

②因素分析。

实证过程中考虑到可能存在个体自我评估偏差问题，可以将普通话水平以及多语能力进行 0—1 分类通过稳健性检验来解决。同时考虑到语言能力与收入之间可能存在反向因果的内生性问题，可通过寻找与语言能力直接相关与收入不直接相关的工具变量进行解决，但受制于本次问卷调查可选取变量的有限，无法选出合适的工具变量。通过文献研究发现，反向因果造成的内生性对研究结果不会产生显著性影响，因此下文不对此进行检验说明。另外，为验证普通话水平与多语能力在一定程度上是否会相互影响对方对居民收入的溢出效应，在实证分析时加入普通话水平与多语能力的交叉项并记为 pd，通过逐步回归的方式进行说明。

（4）回归结果及分析。

①基础回归。

回归结果如表 3－14 所示，总体而言从模型（1）至模型（8），居民普通话水平与多语能力的提高对收入都有显著的促进效应。按照已有研究显示，这可能是因为语言能力作为一种基础的人力资本、经济工具、信息载体等，可以通过提升劳动力自身的素养和能力，促使居民取得良好的经济效益。同样的，受教育水平的提高对居民收入水平也存在显著的提升作用。而加入的普通话水平与多语能力的交叉项系数基本为负，说明这两种语言能力在一定条件下可能存在相互削弱的关系。

模型（1）至模型（3）仅对核心变量以及交叉项进行了回归，结果显示普通话水平、多语能力、二者交叉项以及受教育水平均存在显著的收入溢出效应，但均未考虑控制变量的影响，结果尚需进一步精确。

模型（4）将前三个模型涉及的变量放在一起进行回归，交叉项的系数发生变化，由正向转为负向，不同类型的语言能力之间存在相互影响的可能。为进一步精确回归结果，模型（5）至模型（8）逐步加入控制变量进行讨论。

模型（5）加入个体特征控制变量，具体包含居民性别、年龄、年龄的平方以及职业，回归结果显示控制变量各项系数均显著，解释变量系数相对降低。交叉项系数为负，多语能力在一定程度上削弱了普通话水平的收入溢出效应，但削弱作用并不显著。性别对居民的收入则有着显著的消极影响，本部分将性别变量中的男性样本定义为0，因此可以看出男性居民的收入比女性更容易提升。考虑到生命周期理论，个体特征控制变量中加入了年龄的二次方进行回归，结果显示年龄对收入有显著正向作用、年龄的二次方则对收入有显著的负向作用，表明随着居民年龄的增长其工资收入呈现出先增后减的趋势，符合生命周期理论。居民职业则对其收入有显著的积极影响，职业水准的提升有助于其收入的提升。

模型（6）在模型（5）的基础上增加了地区控制变量，模型的可决系数相比模型（1）至模型（4）增加至0.345，回归结果的解释力度增加。其他变量的系数正负与显著情况没有出现较大变化，交叉项系数变大且在1%的水平上显著。

考虑到民族特性的不同以及民族语言与普通话之间的语言距离不同，模型（7）在模型（5）的基础上加入了民族控制变量，回归结果与模型（5）相比没有出现显著不同，说明民族特性不会对语言能力、受教育水平等人力资本的收入溢出效应产生太大影响。

模型（8）则是模型（1）至模型（7）的综合，可决系数较之前有所增加，模型（8）的回归可信度增加。普通话水平的收入溢出效应为0.268，大于多语能力（0.142）以及受教育水平（0.0216）带来的收入溢出效应。考虑到研究对象是广西中越边境八县（市、区），属于我国西部民族地区，这一结果是合理的①。交叉项系数再次出现显著为负的情形，将模型（5）至模型（8）比较后发现，当加入区域控制变量后这一情况出现②。可以猜测多语能力在一定程度上会削弱普通话水平的收入溢出效应，且这一情况在区域特征的影响下变得更为显著。

表 3－14　　　　基础回归结果

	模型（1）	模型（2）	模型（3）	模型（4）	模型（5）	模型（6）	模型（7）	模型（8）
putonghua	0.203 *** (0.00277)			0.265 *** (0.00831)	0.101 *** (0.00790)	0.265 *** (0.00746)	0.104 *** (0.00766)	0.268 *** (0.00749)
duoyunengli		0.0969 *** (0.00326)		0.108 *** (0.0105)	0.0794 *** (0.00985)	0.137 *** (0.00906)	0.0744 *** (0.00952)	0.142 *** (0.00908)
pd			0.0498 *** (0.000866)	−0.0374 *** (0.00426)	−0.00239 (0.00400)	−0.0684 *** (0.00376)	−0.00145 (0.00388)	−0.0701 *** (0.00376)
edu	0.0721 *** (0.000725)	0.0845 *** (0.000697)	0.0783 *** (0.000706)	0.0716 *** (0.000728)	0.0535 *** (0.000756)	0.0220 *** (0.000762)	0.0405 *** (0.000758)	0.0216 *** (0.000772)
gender					−0.0901 *** (0.00346)	−0.0900 *** (0.00315)	−0.0958 *** (0.00342)	−0.0908 *** (0.00316)
age					0.0639 *** (0.00110)	0.0694 *** (0.00101)	0.0628 *** (0.00107)	0.0696 *** (0.00101)
age2					−0.000794 *** (0.0000127)	−0.000866 *** (0.0000117)	−0.000785 *** (0.0000124)	−0.000870 *** (0.0000117)
career					0.226 *** (0.00143)	0.198 *** (0.00155)	0.233 *** (0.00143)	0.198 *** (0.00155)
area	N	N	N	N	N	Y	N	Y
ethnic	N	N	N	N	N	N	Y	Y
_ cons	−0.632 *** (0.00791)	−0.454 *** (0.00918)	−0.454 *** (0.00724)	−0.807 *** (0.0192)	−1.948 *** (0.0292)	−1.355 *** (0.0272)	−1.201 *** (0.0286)	−1.057 *** (0.0270)
N	252990	252990	252990	252990	252990	252990	252938	252938
r2	0.0810	0.0649	0.0738	0.0814	0.198	0.345	0.230	0.346

注：*、**、*** 分别表示在 10%、5% 和 1% 显著性水平，括号内数据为参数估计量的标准误。

① 与提高受教育水平相比，提高普通话水平在提高西部地区劳动力经济收入方面的作用更明显。蔡文伯：《语言经济学视角下西部地区劳动力普通话能力对收入影响的研究》，《西南民族大学学报》（人文社会科学版）2021 年第 2 期。

② 模型（4）的交叉项系数也显著为负，但未加入任何控制变量，可决系数小，回归可信度弱不参与比较。

②稳健性检验。

鉴于调查问卷存在的主观性，可能存在访问对象自我评估较高导致的误差问题，因此将解释变量重新分类进行稳健性检验。具体分类情况如下：普通话水平：0："不熟练"（不会/一般、略懂），1："熟练使用"（熟悉）；多语能力：0："多语能力低"（会1—2种语言），1："多语能力较强"（会2种以上语言）；交叉项：0："语言能力较低"（交叉项值为1—6），1："语言能力较高"（交叉项值大于6）。

检验结果仅选取模型可决系数更高的模型（6）和模型（8）进行展示，如表3－15所示，与基础回归结果一致，即回归结果是稳健可信的。

表3－15 稳健性检验

	模型（6）	模型（8）
putonghua	0.224 *** （0.00696）	0.221 *** （0.00700）
duoyunengli	0.0712 *** （0.00525）	0.0701 *** （0.00525）
pd	−0.0841 *** （0.00749）	−0.0806 *** （0.00752）
edu	0.0667 *** （0.00209）	0.0655 *** （0.00212）
gender	−0.0939 *** （0.00316）	−0.0944 *** （0.00317）
age	0.0721 *** （0.00101）	0.0723 *** （0.00101）
age2	−0.000906 *** （0.0000116）	−0.000909 *** （0.0000117）
career	0.198 *** （0.00158）	0.198 *** （0.00158）
area	Y	Y
ethnic	N	Y
_cons	−0.914 *** （0.0234）	−0.650 *** （0.0237）
N	252990	252938
r2	0.342	0.343

注：*、**、*** 分别表示在10%、5%和1%显著性水平，括号内数据为参数估计量的标准误。

③倾向得分匹配（PSM）。

在实证分析中，还需要考虑样本的异质性问题，来保证回归结论的稳健性。PSM 是一种常见的使用非实验数据或观测数据进行干预效应分析的统计方法，其目的是减少数据偏差或混杂变量对结果的影响。尽管上文回归结果已经显示居民普通话水平及多语能力对收入具有正向效应，由于居民的普通话水平与多语能力并不是随机的，可能存在样本选择性偏差，例如收入水平较高的居民可能会比普通居民更容易提升自己的普通话水平，所以回归模型可能存在内生性。为了避免可能存在的“自选择”问题而导致样本的选择偏差，可以根据居民个体特征对样本进行分组匹配来剔除居民个体差异性，使得匹配后的实验组与控制组的个体特征保持一致，获得变量间影响的平均处理效应（ATT），即普通话水平或多语能力水平对居民收入水平影响的“净效应”。本部分将普通话水平较高（熟悉、熟练使用）和多语能力较强（会 2 种以上语言）的样本设置为实验组，将普通话水平较差（不熟悉）和多语能力较强（会 1、2 种语言）的样本设置为控制组，由此构建 PSM 的处理变量。

倾向得分匹配法一般包括最近邻匹配、半径匹配、分层匹配、核匹配、局部线性回归匹配等方法。由于样本量过大，本部分使用计算量较小且较为常用的最近邻匹配来分别计算普通话能力和多语能力对居民收入的平均处理效应。结果表明，经过匹配后，普通话能力及多语能力对居民收入具有显著的正效应，ATT 分别为 0.159 和 0.09，普通话能力与多语能力的交叉项对居民收入具有显著的负效应，ATT 为 -0.07，与前文回归结果一致，详见表 3-16。

表 3-16　普通话能力与多语能力对居民收入影响的 ATT 效应

变量	ATT	S. E.	T-test	实验组观测值	控制组观测值
普通话能力	0.159	0.009	17.13***	134468	117979
多语能力	0.09	0.009	9.96***	47058	205822
普通话能力×多语能力	-0.07	0.045	-1.64*	138359	85447

与此同时，为检验倾向值匹配的效果，需要对倾向值匹配的结果进行了平衡性检验，检验结果显示最近邻匹配方式使平衡性指标明显好转，具体如

表3－17、表3－18、表3－19所示①。在经过匹配后，所有变量的偏误都有所降低，T检验值减小，方差比更趋近于1，说明各变量匹配后在试验组和对照组之间是均衡的。综合来看，通过倾向得分匹配证明了前文回归模型的稳健性，即普通话能力和多语能力确实会对居民收入产生积极影响，而多语能力在一定程度上会削弱普通话水平的收入溢出效应。

表3－17　　普通话能力最近邻匹配平衡性检验结果

变量	bias		T-test		V (T) / V (C)	
	匹配前	匹配后	匹配前	匹配后	匹配前	匹配后
edu	45.3	－0.5	113.05	－1.18	1.39	1.04
age	－51.9	0.5	－130.31	1.24	0.95	0.99
age2	－51.6	0.3	－129.99	0.81	0.81	1.00
career	40.8	1.0	101.73	2.46	1.50	0.98
career2	37.4	0.1	93.27	0.25	1.52	0.93

表3－18　　多语能力最近邻匹配平衡性检验结果

变量	bias		T-test		V (T) / V (C)	
	匹配前	匹配后	匹配前	匹配后	匹配前	匹配后
edu	7.0	－1.0	13.39	－1.52	0.84	0.93
age	－18.7	1.0	－36.67	1.60	1.00	0.99
age2	－18.2	0.9	－35.27	1.40	0.93	0.99
career	－10.5	－2.0	－19.77	－3.33	0.77	0.97
career2	－13.4	－1.9	－24.75	－3.26	0.66	0.97

表3－19　　普通话能力×多语能力最近邻匹配平衡性检验结果

变量	bias		T-test		V (T) / V (C)	
	匹配前	匹配后	匹配前	匹配后	匹配前	匹配后
putonghua	238.1	0.0	612.52	0.00	0.28	1.00
edu	38.2	1.3	95.18	3.31	1.18	0.92
age	－43.4	－4.7	－108.76	－12.45	0.95	1.01
age2	－43.3	－4.2	－109.01	－11.40	0.83	0.97
career	26.2	－0.8	65.43	－2.11	1.16	1.02

① 为更好进行匹配，参考其他学者方法在协变量中引入了各变量的二次项，其中 *career2* 为前文未出现的新变量，值为 *career*^2。

④分位数回归。

为进一步说明不同收入层次下普通话水平以及多语能力回报率，本部分采取了分位数回归的方法加以说明，回归结果如表 3－20 所示。分位数回归常用的分位点有 0.1、0.25、0.5、0.75、0.9，结合本研究样本数据实际，选取了 0.5、0.75、0.95 三个位点，分别对应的居民收入为 2 万元、3.5 万元、7 万元。

总体而言，普通话水平的收入回报率明显高于多语能力和受教育水平，而随着收入水平的提升，普通话水平的回报率逐渐降低，多语能力的回报率逐渐攀升，多语能力对于普通话水平回报率的削弱程度也愈加强烈。低收入阶段，劳动者从事较简单的工作，不会对人力资本进行太多投资，一旦进行投资就会收获较为高效的回报。随着收入水平越来越高，劳动者具备的人力资本愈加完善，普通话逐渐成为必备技能，根据边际效用递减规律，此时普通话水平提高能带来的回报率开始下降。相较于基础交流技能的普通话，多语能力则属于较高梯度的人力资本，已有研究表明随着经济发展水平的上升、居民收入的增加，高等人力资本对经济的影响会逐渐增加，低层次人力资本的收入回报率降低（台航、崔小勇，2017）。多语能力的提升，可以帮助劳动者应对更多元的环境，累积更多元的人力资本以适应劳动难度升级的工作需求。

表 3－20　收入分位数回归结果

	50%	75%	95%
putonghua	0.302*** (0.00595)	0.248*** (0.00799)	0.233*** (0.0122)
duoyunengli	0.0348*** (0.00759)	0.103*** (0.0102)	0.185*** (0.0155)
pd	－0.0463*** (0.00305)	－0.0489*** (0.00410)	－0.0693*** (0.00624)
edu	0.0499*** (0.00159)	0.0630*** (0.00213)	0.0207*** (0.00324)
gender	－0.0623*** (0.00260)	－0.0921*** (0.00349)	－0.0633*** (0.00532)
age	0.0297*** (0.000742)	0.0360*** (0.000997)	0.0389*** (0.00152)

续表

	50%	75%	95%
age2	-0.000405 *** (0.00000885)	-0.000514 *** (0.0000119)	-0.000514 *** (0.0000181)
career	0.173 *** (0.00108)	0.167 *** (0.00145)	0.166 *** (0.00221)
area	Y	Y	Y
ethnic	Y	Y	Y
_ cons	-1.369 *** (0.0433)	-0.987 *** (0.0313)	0.351 *** (0.0448)
N	252990	252990	252990

注：*、**、*** 分别表示在10%、5% 和1% 显著性水平，括号内数据为参数估计量的标准误。

⑤异质性分析。

根据已有研究结论（姜杉、汪雯，2017；刘金林、马静，2021），语言能力对劳动者收入在性别上存在异质性，本部分对样本按照性别分类进行了异质性分析，结果如表3-21所示。总体来看男性普通话水平、多语能力以及受教育水平的收入溢出效应均高于女性劳动者，与多数研究一致，这可能是因为女性在就业待遇上普遍比男性更容易受到歧视。

表3-21　　　　性别异质性分析

	(1) 男	(2) 女
putonghua	0.306 *** (0.00952)	0.221 *** (0.0109)
duoyunengli	0.184 *** (0.0121)	0.0949 *** (0.0140)
pd	-0.0887 *** (0.00487)	-0.0484 *** (0.00562)
edu	0.0624 *** (0.00259)	0.0504 *** (0.00286)
age	0.0650 *** (0.00122)	0.0756 *** (0.00132)
age2	-0.000808 *** (0.0000144)	-0.000961 *** (0.0000160)

续表

	(1) 男	(2) 女
career	0.188 *** (0.00171)	0.211 *** (0.00202)
area	Y	Y
ethnic	Y	Y
_ cons	−1.052 *** (0.0820)	−1.393 *** (0.102)
N	140169	112769
r2	0.353	0.339

注：*、**、*** 分别表示在 10%、5% 和 1% 显著性水平，括号内数据为参数估计量的标准误。

语言对居民收入的影响除了性别异质性，还存在行业差异。陈媛媛（2016）通过对三套不同微观数据库的研究发现，服务业的普通话收入溢出效应比非服务业人员更为显著；苏荟、张新亚（2022）通过农业与非农业劳动者的普通话收入效应的比较发现，从事非农工作的劳动者的普通话熟练程度对收入的影响显著高于农业劳动者，同时非农行业中企事业单位、自雇或自办企业普通话的收入溢出效应要显著高于党政机关以及其他行业。

本节对样本按照农业劳动者与非农劳动者进行了异质性分析，结果如表 3－22 所示。总体来看，非农劳动者的普通话水平、多语能力以及受教育水平的收入溢出效应都显著大于农业劳动者。农业劳动者语言能力的提高有助于其获取更专业的农业知识，进而提高其劳动经济效益；非农劳动者语言能力的提高有助于加强其与各界人士的交流沟通，拓宽了他们的增收渠道，提升了他们人力资本的质量，语言能力对非农劳动者的收入溢出作用更加强烈。同时相较于男性，女性从事农业劳动比从事非农业劳动给收入带来的阻滞效用更强烈。考虑到男女天生的体能差异，这一结果较为合理。

表 3－22　职业异质性分析

	(1) 非农	(2) 农业
putonghua	0.401 *** (0.00832)	0.212 *** (0.0134)

续表

	(1) 非农	(2) 农业
duoyunengli	0.237 *** (0.0109)	0.152 *** (0.0164)
pd	−0.139 *** (0.00438)	−0.0880 *** (0.00660)
edu	0.125 *** (0.00226)	0.0318 *** (0.00316)
gender	−0.0695 *** (0.00387)	−0.100 *** (0.00484)
age	0.0880 *** (0.00107)	−0.00285 * (0.00164)
age2	−0.00103 *** (0.0000126)	0.00000651 (0.0000205)
area	Y	Y
ethnic	Y	Y
_cons	−1.348 *** (0.0796)	1.425 ** (0.672)
N	174191	78747
r2	0.358	0.299

注：*、**、*** 分别表示在 10%、5% 和 1% 显著性水平，括号内数据为参数估计量的标准误。

有研究显示①普通话水平的提升对少数民族而言，带来的收入效应更加明显。壮语属于壮傣语族壮侗语支，苗语、瑶语则属于苗瑶语系且分支复杂，与汉语发音等方面也存在较大差异，非汉族群众在汉语习得方面与汉族群众相比，存在一定程度上的劣势。但本书调研区域语言环境复杂，民族聚居环境以及边境地区这两大因素造就了该地区劳动者掌握多种语言的可能。为进一步探究多语能力对汉族与其他民族的收入溢价程度差异，采取民族异质性分析，具体结果如表 3－23 所示。总体看来，普通话水平与多语能力对各民族群众的收

① 作者通过比较民族地区与非民族地区群众普通话听、说能力的收入溢价程度后发现，普通话的听、说能力对少数民族群众的收入有更显著的促进作用。详见高爽：《少数民族地区推普的收入提升效应分析——基于 CGSS2017 调查数据的经验分析》，《现代营销》（学苑版）2021 年第 12 期。

入水平都有显著的促进效应，但比较看来，普通话水平对少数民族的收入溢出效应略高于汉族，多语能力对汉族的收入溢出效应则大于少数民族。

表 3－23　　民族异质性分析

	(1) 汉族	(2) 其他民族
putonghua	0.242 *** (0.0144)	0.255 *** (0.00817)
duoyunengli	0.223 *** (0.0171)	0.0902 *** (0.0107)
pd	－0.0711 *** (0.00727)	－0.0611 *** (0.00423)
edu	0.0454 *** (0.00344)	0.0693 *** (0.00228)
gender	－0.0925 *** (0.00593)	－0.0879 *** (0.00363)
age	0.0602 *** (0.00171)	0.0763 *** (0.00104)
age2	－0.000755 *** (0.0000206)	－0.000949 *** (0.0000124)
career	0.149 *** (0.00284)	0.204 *** (0.00145)
area	－0.813 *** (0.0488)	－0.501 *** (0.00682)
_ cons	－1.171 *** (0.0473)	－1.379 *** (0.0298)
N	64989	188001
r2	0.366	0.347

注：*、**、*** 分别表示在 10%、5% 和 1% 显著性水平，括号内数据为参数估计量的标准误。

3. 小结

现有大量文献资料表明语言能力作为重要的人力资本形式，对于劳动者的收入水平有着显著的促进作用，本部分通过人力资本基础模型明瑟方程的变形使用，得出如下结论。

第一，普通话水平与多语能力对广西中越边境八县居民的收入存在显著的促进作用，且大于受教育水平提升带来的收入溢出效应。另一角度说明，广西中越边境八县（市、区）除了要加大本身教育资源的投入，还要持续对居民语言能力进行培训投资，不断提升居民的人力资本质量，提高劳动者从低收入水平迈向更高收入水平的可能性。

第二，基础回归阶段引入普通话水平与多语能力的交叉项后发现居民在多语能力提升后会削弱普通话能力提升带来的回报，造成这种现象的原因可能是有较高多语能力的居民很难再通过提升普通话水平来大幅增加收入。这一相互削弱的可能性在考虑区域差异后变得更为显著，不同地区语言环境构成的不同很可能是造成这一情况的原因，在边境口岸生活的居民在自身拥有多语能力的基础上想要提升收入水平可能更依赖于越南语等外语能力的提升。

第三，通过收入分位数回归分析发现，普通话水平提升的回报率会随着居民收入水平的提升而逐渐降低，多语能力提升的回报率则会随着居民收入水平的提升而逐渐攀升。这可能得益于边境口岸语言环境的多样性，以及多语能力的人力资本质量要高于普通话，普通话能力在帮助居民摆脱低收入水平方面具有强有力的效用，但步入更高收入水平则需要更高质量的人力资本。所以居民在掌握较高普通话能力的情况下，选择学习其他语言提升自身多语能力可能是一种更好的选择。

第四，通过异质性分析发现普通话水平以及多语能力的收入溢出效应存在性别、行业上的差异，也发现汉族与少数民族群众语言的收入效应有一定差异。总体来看男性普通话水平、多语能力以及受教育水平的收入溢出效应均高于女性劳动者；非农劳动者的普通话水平、多语能力以及受教育水平的收入溢出效应都显著大于农业劳动者；普通话水平提升对少数民族的收入溢出程度更大，而多语能力水平的提升对汉族群众的收入溢出程度更大。

基于以上结论，继续加大国家通用语言文字推广力度，针对边境地区居民不同需求提供普通话、民族语言以及跨境语言培训，针对传统职业、新型职业和紧缺岗位开展居民国家通用语言文字能力和职业技能同步提升培训，鼓励边境地区劳动者从农业部门向非农业部门转移，推进农村一二三产业融合发展，将是推动新时期普通话高质量普及和推普助力乡村振兴的重要内容。

（三）广西中越边境地区推普的相对贫困治理效应的理论机理与实证分析

1. 推普的相对贫困治理效应的理论机理

"中国执政者的首要使命就是集中力量提高人民生活水平，逐步实现共同富裕。"而"拓展居民收入增长的渠道"是提高人民生活品质的必然要求。而且"素质是立身之基，技能是立业之本"。对各族群众而言，学习科学文化、学习就业技能、学习各方面知识，不断提高综合素质，实现收入持续提高、精神生活不断丰富才有保障。国家通用语的推广普及为边民更好地接受现代科学文化知识提供了语言保障，通过学习以国家通用语言文字为载体的理论知识（包括职业教育和通识教育两大部分），更好地促进边民就业和融入现代社会，获取信息，提高社会融入自信心，进而降低收入贫困、教育贫困、信息贫困以及精神贫困。

首先，国家通用语言文字推广普及有利于提高就业创业能力，增加就业机会、提高边民收入，降低收入贫困和教育贫困。国家通用语言文字的推广普及，不仅能让各族群众在日常生产生活中更容易相互交流、相互认同和相互接受，甚至是亲密沟通的重要工具，而且使用同一种语言被认为是对共同地域文化、观念和价值的共享（王浩宇，2019），在很大程度上能提高各族群众获取信息、思维表达的能力，提升劳动群体的可行能力，有利于构建社会网络，促进其开展创业活动（符平，2003；张文宏等，2009；雷开春，2011）。如对民族地区劳动群体开展"普通话+综合素质"教育、"普通话+职业技能"培训，发挥语言的逻辑功能、交流功能、信息功能、感情功能，不仅有利于掌握国家通用语、有关职业技能以及综合素质的劳动群体创造性地利用所学知识，挖掘、设计、规划民族地区和边境地区的文化资源和旅游资源，更好实现本地就业创业、增加其收入（马静等，2019、2020、2021），也为劳动力流动、社会融入、在更广阔的市场就业创业积累了人力资本（李光明等，2015；何剑等，2016；康慧琳，2020；马静等，2021；裴圣愚，2021）。

其次，习得并使用国家通用语言文字可以促进社会交往，增进社会认同和社会融入，提高脱贫致富自信心，进而降低精神贫困。心理学研究者将国家通用语言文字视为一种心理学机制的一个部分，发挥着凝聚人心、增进认同的载体和桥梁作用。比如通过弘扬中华优秀传统文化理念、培育与践行社会主义核心价值观等，内化为各族群众的道德伦理关怀，教育引导各族群众以言语和行动对他人进行肯定和关心，进而达到维系各族群众共同体情感的目的。掌握国家通用语是实现与其他民族成员的相互理解、达成共识必不可少的媒介，是一切交往行为有效性的基础，所谓“理解就是在语言上取得相互一致，理解的过程是一种语言过程”（Hans-Georg Gadamer，2010）。认同的一种意义则是建立在沟通能力、理性和容忍之上的（王莹，2007），这必然离不开人与人之间言语交际，在言语交际的过程中，表情、意动、诗性、指称、交际和元语言功能这六种语言功能的等级序列在交替变化（Roman Jakobson，1981），当言语交际达到了最佳条件，即在平等的地位、共同的目标、群际合作、权威法律的支持、跨群体友谊等情况下，各族人民进行接触（如群际互动、社会行动）能增加彼此认识、获得更多的经验，减少群际互动中不确定性，增加群际信任①（Hewstone et al.，2008；Tam et al.，2009；李森森等，2010）。发挥国家通用语言文字功能及其溢出效应，可以打破各族群众之间语言障碍，减少距离感和生疏感，增加各族群众相互认识学习各民族文化的机会，打破民族文化壁垒，让各族群众在日常生活中更容易对话、互动，体会各民族文化内涵和价值取向，提升各族群众现代公共关怀与规则意识，能在既有知识体系中较为公允地把握自我与他人间的共性与差异，克服社会融入过程中的产生的过分偏见和过分抱怨，进而找到满意的集体归属、获得可靠的生活体验与心灵依托，增强社会融入感、社会认同感，促进更好就业②。此外，推普可以提高边民在社会融入过程中使用普通话的语言倾向和语言认同，并且不断熟练通达其日常生活中的思维、认识、语言，有利于拉近党和政府同各族群众的心理距离，有助于

① 转引自辛素飞、明朗、辛自强：《群际信任的增进：社会认同与群际接触的方法》，《心理科学进展》2013 年第 2 期。

② 习近平指出，国无德不兴，人无德不立。必须加强全社会的思想道德建设，激发人们形成善良的道德意愿、道德情感，培育正确的道德判断和道德责任，提高道德实践能力尤其是自觉践行能力，引导人们向往和追求讲道德、尊道德、守道德的生活，形成向上的力量、向善的力量。只要中华民族一代接着一代追求美好崇高的道德境界，我们的民族就永远充满希望。详见习近平：《汇聚起全面深化改革的强大正能量》，《人民日报》2013 年 11 月 29 日，第 1 版。

党在治国理政的过程中实现与人民的双向互动，增进各族群众对伟大祖国的认同，并推动由认知认同转化为践履笃行推动中华民族共同体不断发展壮大的实践。

与此同时，推普有利于提高信息技术能力，打通制度和技术传播通道，提高各族群众国家通用语言文字能力可以直接提高其信息吸收和运用的能力，降低边民信息贫困。打赢脱贫攻坚战，实现“两不愁三保障”，我国进入全面小康社会，正蓄力向“到2035年基本实现社会主义现代化”的远景目标迈进。而“没有信息化就没有现代化”，受不平衡不充分发展的影响，信息维度的相对贫困依然存在，如一部分地区拥有最好的信息技术和最便捷的信息渠道，并且处于该地区的群众也具备了掌握运用最好信息技术的能力，但仍有一部分地区受多种因素制约，并不能搭上信息化快车，这部分地区的群众也并不具备掌握和运用信息的能力。特别是随着现代化进程的不断推进，地区与地区之间、各族群体之间的“知识沟”“数字鸿沟”等现象加剧，使得信息技术能力相对落后的地区及其群众被边缘化，处于信息贫困状态。自兴边富民行动、脱贫攻坚以及乡村振兴战略实施以来，民族地区及各族群众获取和利用信息的基础设施日益完善。但信息汲取和利用能力低的信息贫困者在日常工作生活中难以吸收并利用现代化技术、政策制度和大众传媒信息等，其信息富裕程度并不高。在以国家通用语言为主流信息载体的环境下，语言文字直接影响了民族地区及各族群众对党的方针政策、科学文化知识、现代化信息技术的吸收和运用，然而不具备国家通用语言文字能力也将无法充分享受互联网时代的红利，语言不通甚至成为了民族地区及各族群众走向现代化的隐形壁垒（徐现祥等，2015；林建浩，2017）。同时，个体知识水平及主观能动性也是影响信息获取能力、获取效率的重要原因（于良芝等，2013；王素芳，2015；张小倩等，2018）。而信息贫困往往与经济贫困相联系，信息机会不足和保障能力不够、能力不足等两种途径对区域经济、产业及个体产生影响，从而导致地区的经济贫困（高彦彦，2018；钟惟东，2020）。所以从边境地区及各族群众信息化发展角度来看，推广普及国家通用语言文字为民族地区同其他发达地区搭建社会网络，进行社会经济活动，实现信息交流和制度性平等提供了交流工具和传播工具（雷开春，2012），有利于推动边境地区融入全国统一大市场。而掌握国家通用语言文字的边民可以发挥语言文字的信息功能、交际功能、认知功能、文化功能等，提升其在信息需求、定位、评价以及有效使用等方面的能力，对方针政策、法律法规、行业行规、新闻科技、教育文化、专业技能、价值观念等信息知识能实质性加以应用并获得认知发展，进而可以开展网络研修、自主学习、远程培训、直播卖货等经济社会文化活动，搭上互联网+、平台经济等新兴经济的时代航船，不断提升人力资本和就业创业技能，在现代化大市场实现充分就业。同时，掌握信息能力的各族群众也能更好参与边境地区基层治理，在政治生活领域更好履行人民当家作主的权利和义务，在迈向现代化的过程中取得实质性的收获。

2. 推普的相对贫困治理效应的实证分析

（1）变量选择。

相对贫困是相对于绝对贫困而言的，主要是反映贫困的多样化和多面性。自维克托·福克斯（Victor Fuchs，1967）首次提出相对贫困的概念以来，国内外学术界逐步重视对于相对贫困的研究和探讨。彼得·汤森德（Peter Townsend，1979）否定了缺少生活必需品的绝对贫困，认为贫困形成的原因在于社会个体缺乏饮食、住房、娱乐及参与社会活动等资源而导致难以达到社会平均生活水平，因而贫困的相对性是绝对的，永远都会存在的。阿马蒂亚·森（Amartya Sen，2004）提出了“可行能力”的概念，认为贫困的原因在于个体可行能力之不足和被剥夺①，权利贫困是导致贫困的根本原因②。国内学者刘愿理、廖和平（2020）从多维角度梳理和界定了相对贫困的概念和内涵，认为相对贫困是指家庭或个人拥有收入、资源、能力、发展机会和社会保障等明显低于社会平均水平的一种生活状态，表征为贫困人口不能充分融入社会，自身发展能力、发展机会、享受同等权利等方面受到阻碍，本质上属于发展性贫困的范畴。张全红（2021），陈怡、陶晓莹（2022）从收入、健康、教育和生

---

① 关于可行能力与可行能力被剥夺，阿马蒂亚·森认为，可行能力包括免于饥饿的能力、享有一定的教育水平的能力等，可行能力被剥夺主要表现为过早死亡、严重的营养不良、长期流行疾病、大量的文盲以及其他一些能力的失败。政治自由、经济条件、社会机会、透明性保证、防护性保障是实现可行能力的重要条件。

② 转引自杨立雄、谢丹丹：《“绝对的相对”，抑或“相对的绝对”——汤森和森的贫困理论比较》，《财经科学》2007 年第 1 期。

活水平等维度构建了相对贫困评价指标体系①。基于阿马蒂亚·森的贫困剥夺理论与国际多维贫困指数，考虑到边疆民族地区“老、少、边、穷、山”的特征，着重从收入、精神、教育、信息四个方面作为相对贫困的评价维度。

①收入维度。

“中国执政者的首要使命就是集中力量提高人民生活水平，逐步实现共同富裕”。脱贫攻坚战时期，农户收入是识别贫困人口的基本依据，“一收入”②是脱贫主要衡量标准；而拓展居民收入增长渠道，提高城乡居民收入则是实现共同富裕所强调的“美好生活”和较高水准的“生活品质”切实保障和必然要求。无论是摆脱绝对贫困，还是解决相对贫困，居民收入始终是衡量贫困的重要指标之一，现有文献多将人均收入中位数或中位数的特定比例设置为相对贫困线，如张青（2012）、陈宗胜等（2013）分别提出以人均收入中位数的1/3至40%、居民平均收入水平的40%—50%为相对贫困线，其他学者或是以人均收入中位数的40%（程蹊等，2019），居民收入中位数的50%（李实等，2018；陈纯槿，2020）等作为相对贫困线。基于此，本部分以居民年人均可支配收入作为收入贫困指标，同时考虑到均值受过高极值影响而导致多数人“被增长”的效应，最终选择以居民年人均可支配收入中位数的50%作为收入维度相对贫困的分界线。

②教育维度。

教育是国之大计、党之大计。教育是脱贫致富的根本之策。脱贫攻坚时期，将“保障义务教育”列为“三保障”③的首位。姚毅（2010）、张立冬（2013）分别在研究城市相对贫困发生机制、贫困代际传递时将户主初中学历作为教育维度相对贫困的分界线；方迎风等（2021）选择家庭人均受教育年

① 张全红（2021），陈怡、陶晓莹（2022）提出的生活水平评价指标包括照明、住房和资产等。但考虑到2020年全国已实现全面小康，实现“八通一平”，以及本书的研究对象——广西边境地区属于偏远贫困山区，居民信息比较闭塞，因而并没有将生活水平而是信息条件及素养作为评价的维度。

② “一收入”指年人均纯收入稳定超过现行国家扶贫标准。2010年国家贫困线以不变价格计算为人均每年2300元，从2012年到2020年，我国实际执行的最低贫困标准从每人每年收入2525元提升至4000元。

③ “三保障”指保障义务教育、基本医疗和住房安全，是农村贫困人口脱贫的基本要求和核心指标。

限低于6年为教育相对贫困临界值；仲超等（2020）将成人受教育年限和适龄儿童入学状况作为家庭教育维度贫困指标，其中将16岁及以上家庭成员人均受教育年限低于6年或至少有1名适龄儿童（7至15岁）处于未上学状态作为家庭教育维度相对贫困的分界线；赵红霞、许倩文（2021）研究了教育年限对相对贫困代际传递的作用，将成人受教育年限低于9.5年或儿童晚于适龄年龄2年及以上接受义务教育作为相对贫困线；周力等（2021）将16岁及以上低于初中学历或是7—16岁辍学界定为教育相对贫困。除了学校教育，接受职业教育培训是提高劳动者技能和素质，促进就业、提高收入，解决相对贫困的重要途径之一。罗明忠等（2020）选取是否参与农业和非农职业技能培训作为衡量指标，研究参与培训对相对贫困的缓解效应；刘愿理等（2020）选择是否参与劳动技能培训及培训时间作为发展机会维度的指标①。因此，综合来看，本部分选择低于2020年全区平均受教育年限9.54年、是否接受职业培训作为教育维度相对贫困的分界线。

③信息维度。

"数字鸿沟""数字贫困"等现象推动了与以报纸期刊为主体的传统型信息贫困相对的、以互联网为核心的数字化信息贫困的产生。理论与实践证明，信息贫困与经济贫困相伴而生，信息贫困不仅意味着资源贫困，更是一种获取、交流、应用和创造信息能力的贫困。因此，在相对贫困治理时期，不仅要缩小收入差距和教育差距，还要拓宽信息贫困群体的信息源，提升市场主体信息获取和利用能力，打通信息壁垒，缩小信息差距，推动各类生产要素自由流动。基于信息贫困的内涵②，国内学者也对个体与区域信息贫困的测度开展了初步研究。李钢、乔海程（2017）在构建农村贫困地区信息贫困测评指标体系的基础上，采用灰色关联分析法量化分析表明移动终端（手机）普及率、

① 刘愿理、廖和平等（2020）基于相对贫困的内涵和概念及多维贫困理论，构建了由物质资源、经济条件、可行能力、发展机会和社会保障五个子系统组成的农户相对贫困测度指标体系。其中，发展机会子系统表征相对贫困人口获得就业、创业等发展机会，是相对贫困的外因，测度指标包括政策性贷款支持、劳动技能培训、参加合作社生产经营和劳动力专业就业。

② 李静（2022）根据信息贫困表象和成因的不同，认为国内外关于信息贫困的内涵研究可以总结为四个方面：可用信息不足论、机会/能力缺失论、信息行为不当论和信息意愿缺失论。

4M 及以上宽带入户率为权重最高的二级评价指标①。李静（2022）采用 AHP 分析法量化构建了由农民经济文化水平、农民信息素养、农村信息化环境、农村信息化服务效果四个一级指标②，以及农民文化程度、信息意识、上网手机比重等 17 个二级指标组成的陕西农村信息贫困程度评价指标体系。齐红倩、杨燕（2022）从物质条件要素（收入、消费和资产）和非物质条件要素（信息、健康和心理）两个维度界定贫困识别的标准和构建城乡老年人口多维贫困测度指标体系，并实证研究表明，信息贫困对老年人口多维贫困的影响超过了收入、资产、健康、消费和心理维度③。基于已有研究，选择农户获取信息的渠道、关注政策的主动性与能力作为相对贫困的衡量指标。其中信息获取渠道包括跟人交谈、电台广播、报纸杂志、电视、其他途径等传统型信息渠道，以及以手机为主的数字化信息渠道；关注政策主动性与能力主要体现为农户对国家政策的熟悉程度。

④精神维度。

精神脱贫才能实现真正脱贫、防止返贫。余德华（2002）在界定精神贫困内涵的基础上，将精神贫困分为绝对形态和相对形态两种，并对精神贫困的特征和表现形式开展了分析④。孙咏梅（2016）从物质、权利、精神、能力和福利五个维度构建了多维贫困的衡量标准，其中精神维度贫困主要包括社会关

---

① 李钢、乔海程（2017）指标体系包括信息化环境、信息化服务、信息化应用三个一级指标，4M 及以上宽带入户率、移动终端普及率、县级公共服务平台（政务）平台比例等 18 个二级指标。

② 关于农户信息贫困，作者认为除了受农村信息化基础层和服务层（农村信息化环境和服务效果）影响外，更多的是受农民自身信息素养高低及经济文化水平，即农村信息化应用层（农户经济文化水平和信息素养）的限制。

③ 关于信息贫困的测度指标选取，齐红倩、杨燕（2022）选择互联网及电脑的使用情况、是否上过学两个指标进行衡量。并通过实证研究证明，信息维度对城乡老年人口的多维贫困指数贡献率最高，为 30.69%。

④ 关于精神贫困，余德华（2002）认为是指因种种发展障碍和制约因素造成的某一社会群体或个人在思想道德素质、文化知识水平、价值观念、价值取向和风俗习惯、思维方式和行为方式上落后于社会主要物质生产方式，以致影响物质生活资料获取和精神生活需求满足的生存状态，是一个主要反映人的追求、信念的价值理性范畴。精神贫困的表现也是多方面的，如受教育程度低、科学文化知识缺乏、文化娱乐手段缺乏、价值观的品位或层次低下、精神生活空虚、生活方式陈旧落后、情绪低落、自卑感强、生存与发展能力低下等等。

系和参与、精神状态和态度两个子维度①。杭承政、胡鞍钢（2017）认为精神贫困实质是个体失灵，具体来说是志向失灵和行为失灵的结果，其主要分为两类现象：志向缺乏和信念消极（"无志"），认知和决策偏差（"无为"）②。也有部分学者将"严重的依赖性""脱贫志气不足"以及村民思想观念相对落后、自我认同感和社会认同感较低等作为农民精神贫困的衡量指标（刘亦民等，2010；高圆圆等，2017；张志胜，2018；柳礼泉，2019；李沿颖，2020）。因而，本部分主要从意志和行为两个层面来衡量精神贫困，具体测度指标为脱贫意志和文体娱乐活动参与程度。

综上所述，构建相对贫困评估指标体系如表3－24所示。与此同时，参考仲超等（2020）、赵红霞等（2021）、方迎风等（2011、2021）研究成果，采用等权重赋值法对收入维度、教育维度、信息维度、精神维度四个维度的权重赋值，均为1/4，且相对贫困各维度二级指标的权重也相同。

表3－24　相对贫困各维度指标

维度	指标	相对贫困临界值	权重
收入维度（1/4）	人均可支配收入	居民可支配收入低于2020年全区可支配收入（35859元）的50%（17929.5元），视为相对贫困	1/4
教育维度（1/4）	受教育年限	居民受教育年限低于2020年全区平均受教育年限9.54年（选项初中及以下学历），视为相对贫困	1/8
	职业培训情况	居民未接受职业培训，视为相对贫困	1/8
信息维度（1/4）	信息获取渠道	居民惯用传统信息渠道（选项"跟人交谈""电台广播""报纸杂志"等传统信息渠道），视为相对贫困	1/8
	国家政策熟悉程度	居民不熟悉国家政策（选项"比较不熟悉""非常不熟悉"），视为相对贫困	1/8
精神维度（1/4）	脱贫意志	居民认为政府资助更重要，视为相对贫困	1/8
	文体娱乐活动参与程度	居民不参加文体娱乐活动（选项"比较少""非常少"），视为相对贫困	1/8

① 孙咏梅（2016）提出的社会关系和参与子维度的测度指标包括与班组长、劳务公司经济关系正常，工地上工人之间的关系正常、参加过当地举办的文化体育活动、与城里人（例如同事、邻居）有来往；精神状态和态度子维度的测度指标涉及有业余活动、对打工生活条件的满意程度、对老家生活的满意程度、对当前工作的满意程度四个方面。

② 杭承政、胡鞍钢（2017）指出，"无志"体现为志向缺乏；信念消极。"无为"表现为安于现状，追求稳定；相对短视，忽略长远；缺乏自控，易受诱惑；低质量的经济决策。

（2）模型设定。

①数据来源。

本部分数据来源于调研组 2021 年对广西边境地区普通话推广普及情况跟踪调查数据，该调查涵盖广西中越边境地区的大新县、龙州县、凭祥市、宁明县、防城区、东兴市、那坡县、靖西市等八个县（市、区），被调研对象覆盖各年龄阶段，调查内容包括广西边境地区居民性别、年龄、学历、职业等基本信息、普通话水平以及相对贫困状况，每个县（市、区）发放调查问卷 2000 份，共计 16000 份，共回收调查问卷 13717 份，其中有效问卷 12021 份，有效率达 87.64%。根据实证研究需要，剔除缺乏相关变量的样本，最终以 18—60 周岁居民为研究对象①，有效样本量为 11049 份，占总样本的 91.91%。

②实证模型设定。

为研究普通话与相对贫困的相关关系，参考已有实证研究（刘金林等，2019、2020、2021；樊士德等，2016、2019），构建如下实证模型：

$$Poverty_i = \beta_0 + \beta_1 Putonghua_i + \beta_2 X_i + \varepsilon_i \qquad \text{（公式 3-3）}$$

其中，$Poverty_i$ 表示是被调查对象的相对贫困变量取值，取值 0—1，取值越接近 1 表明被调查者越有可能处于相对贫困状态，$Putonghua_{it}$ 是被调查对象的普通话水平，普通话水平分为“达不到交流的目的”“基本能达到交流的目的”“能使用普通话与人交流，但带有明显的方言和民族语口音”“能说比较标准的普通话”“能说流利、标准的普通话”五个等级②，取值 1—5 来表示，数值越大意味着普通话水平越高；X_i 涵盖劳动者性别、婚姻状况、职业、多语能力、县域等特征变量，ε_i 代表随机误差项。

③变量描述性统计。

各变量描述性统计如表 3-25 所示。被解释变量为收入、教育、信息、精神贫困四个维度，包括人均可支配收入、受教育年限、职业培训情况、信息获

① 考虑到收入和普通话之间的关系是本书研究的主要内容之一，因而研究对象选择 18—60 周岁居民。

② 关于普通话水平等级的划分，详见刘金林、马静：《铸牢中华民族共同体意识视域下广西中越边境地区普通话高质量推广普及研究——语言与国家治理系列研究之七》，《广西民族大学学报》（哲学社会科学版），2021 年第 6 期。

取渠道、国家政策熟悉程度、脱贫意志、文体娱乐活动参与程度七项指标。从收入维度来看，尚有35.31%的被调查者人均可支配收入处于17929.5元的分界线以下。在教育维度，被调查对象受教育年限大部分低于9.54年，表明被调查样本大部分处于初中及以下学历，教育水平较低。同时，数据表明，绝大部分被调查对象未接受职业技能培训。在信息维度，信息获取渠道均值为0.83，说明大部分被调查对象更习惯于通过传统型信息渠道关注信息；对国家政策熟悉的程度为0.21，表明大部分被调查对象对国家政策熟悉程度较高。在精神维度，被调查对象的脱贫致富自信心的均值和文体娱乐活动参与程度的均值分别为0.18、0.53，说明大部分边民具备较强的脱贫自信心，但有多半的居民日常不参与文体娱乐活动。普通话水平均值为3.71，表明调研对象的普通话水平处于“能使用普通话与人交流，但带有明显的方言和民族语口音”等级，一定程度反映出边境地区居民普通话质量还有较大的提升空间。

考虑到其他变量对相对贫困的影响，参考张卫国（2020），陈怡、陶晓莹（2022）等学者做法，选择被调查对象的个体背景特征作为控制变量，包括性别、婚姻状况、多语能力①、职业等。从各控制变量的均值来看，调研对象中男性对于女性，且职业以务农为主，普遍具有多语能力，已婚的被访对象占比达87%。

表3－25　　变量的描述性统计

分类	变量名称	变量定义	样本值	均值	标准差
解释变量	普通话水平	能说流利、标准的普通话为5；能说比较标准的普通话为4；能使用普通话与人交流，但带有明显的方言和民族语口音为3；基本能达到交流的目的为2；达不到交流的目的为1	11049	3.71	1.925
被解释变量	人均可支配收入	低于17929.5元为1，否则为0	11049	0.6469	0.478
	受教育年限	初中及以下学历为1，否则为0	11049	0.65	0.477
	职业培训情况	未接受职业培训为1，否则为0	11049	0.59	0.491
	信息获取渠道	惯用传统信息渠道为1，惯用数字信息渠道为0	11049	0.83	0.378

① 为了防止多语能力和普通话水平变量之间产生多重共线性，本研究中“多语能力”并未含有居民的普通话能力。

续表

分类	变量名称	变量定义	样本值	均值	标准差
被解释变量	国家政策熟悉程度	不熟悉国家政策为1，否则为0	11049	0.21	0.460
	脱贫致富自信心	政府资助更重要为1，个人努力更重要为0	11049	0.18	0.430
	文体娱乐活动参与程度	不参加文体娱乐活动为1，否则为0	11049	0.53	0.499
控制变量	性别	男性为1；女性为0	11049	0.55	0.497
	婚姻状况	已婚为1；未婚为0	11049	0.87	0.341
	职业	非农为2；务农为1；无业为0	11049	1.37	0.726
	多语能力	一种语言为1；两种语言及以上为0	11049	0.13	0.340

注：数据来源于2021年广西中越边境地区居民普通话情况和相对贫困情况调查，数据分析软件为SPSS26.0。

（3）回归结果及分析。

①基础回归。

表3－26的分析显示，似然比检验（LR）结果表明模型设定较为科学，豪斯曼（Hausman）检验结果表明固定效应模型（FE）优于随机效应模型（RE）。修正后的模型拟合优度最小值为0.41，说明模型的解释变量对被解释变量具有较强的解释力。

以相对贫困作为被解释变量的模型回归结果如表3－26所示。变量普通话水平的回归系数为负，且显著性水平为1%，充分说明，广西边境地区居民普通话水平的提升有助于降低相对贫困。与此同时，通过回归结果可以得知，被调研对象的多语能力的培育有助于显著的降低其相对贫困，且效应大于普通话水平的缓解效应。在1%的显著性水平，边民的普通话水平提高一个单位，相对贫困降低0.008个单位，然而当边民的多语能力提升一个单位，其相对贫困降低0.024个单位。

另外，在1%的显著性水平，性别、婚姻状况、职业等控制变量均与相对贫困呈显著的相关关系。说明被调研对象中男性、未婚居民、非务农群众的相对贫困水平低于女性、已婚居民和务农群众。

表 3-26　　实证模型估计结果表

变量	模型 1：相对贫困
普通话水平	-0.008*** (0.000)
性别	-0.007*** (0.001)
婚姻状况	0.005*** (0.001)
职业	-0.014*** (0.001)
多语能力	0.024*** (0.001)
常数项	0.159*** (0.002)
Adjusted R^2	0.69
Likelihood ratio (LR) test p-value	0.000
Hausman test p-value	0.005
观测值	11049

注：*、**、*** 分别表示在 10%、5%、1% 的显著性水平，括号内为相应的标准误。

为进一步分析普通话水平与收入、教育、信息、精神维度等多维相对贫困之间的相关关系，分别构建模型分析普通话水平对相对贫困各维度的缓解效应（如表 3-27 的模型 2 至模型 5 所示）。回归结果表明，在 1% 的显著性水平，被调研对象的普通话水平与收入贫困、教育贫困、信息贫困、精神贫困均呈负相关关系。即被调研对象普通话水平的提升均能够降低其收入贫困、教育贫困、信息贫困和精神贫困。但相对来说，对收入贫困的缓解效应大于其他三个维度。尽管多语能力的提升有助于降低多维相对贫困，然而相对于教育维度、信息维度而言，对于降低收入贫困和精神贫困的效应更为显著。究其原因，多语能力尤其是跨境语言的使用为边民开展线上线下边境贸易活动搭建起“语言桥梁”，有利于边民开展边境贸易，提高贫困边民的收入，增强贫困群众脱贫致富的信心和能力；而作为群体认同的显著标准，频繁的方言使用会进一步增强群众参与集体活动的归属感及认同感（刘雨婷，2021），激发参与集体活动的积极性，降低精神贫困。从其他控制变量来看，男性居民的收入维度、信息维度贫困水平低于女性，但在教育维度、精神维度两个方面，两个群体并无差异；相对于未婚居民而言，已婚群众更容易陷入教育维度、信息维度、精神维度的贫困，而收入贫困的程度则相对较低；从职业来看，非农群体的各维度贫困程度均低于务农群体，尤其相较信息维度和教育维度而言，务农群体的收入维度和教育维度贫困更深。进一步分析发现，非农群体主要是经商、企事业单位负责人、党群组织负责人、教师、专技人员等，学历高、专业技能强、普通话熟练、职业稳定且收入丰厚是这部分群体的典型特征。

表 3-27　各维度实证模型估计结果表

变量	模型2：收入维度	模型3：教育维度	模型4：信息维度	模型5：精神维度
普通话水平	-0.163*** (0.007)	-0.083*** (0.003)	-0.013*** (0.003)	-0.033*** (0.002)
性别	-0.083*** (0.010)	-0.001 (0.010)	-0.031*** (0.006)	-0.013 (0.011)
婚姻状况	-0.163*** (0.015)	0.342*** (0.012)	0.035*** (0.009)	0.056*** (0.007)
职业	-0.163*** (0.007)	-0.069*** (0.005)	-0.019*** (0.004)	-0.017*** (0.003)
多语能力	0.309*** (0.017)	0.074*** (0.013)	0.093*** (0.010)	0.280*** (0.008)
常数项	1.480*** (0.025)	0.740*** (0.020)	0.691*** (0.016)	0.443*** (0.012)
Adjusted R^2	0.64	0.62	0.63	0.68
Likelihood ratio (LR) test p-value	0.005	0.004	0.002	0.000
Hausman test p-value	0.002	0.002	0.001	0.001
观测值	11049	11049	11049	11049

注：*、**、*** 分别表示在10%、5%、1%的显著性水平，括号内为相应的标准误。

②稳健性检验。

为确保回归结果的稳健性，将被访者普通话水平重新分类和分组，将普通话水平达到“能说流利、标准的普通话”“能说比较标准的普通话”定义为1，将“能使用普通话与人交流，但带有明显的方言和民族语口音”“基本能达到交流的目的”“达不到交流的目的”定义为0，再次对普通话水平与相对贫困及各维度相对贫困进行回归分析，回归结果如表3－28所示。回归结果表明，在1%的显著性水平，普通话水平与相对贫困及各维度相对贫困呈负相关关系，说明农户普通话水平的提升能够显著降低其相对贫困，与模型1的回归结果一致，模型回归结果较为稳健。

表3－28　　稳健性检验

变量	相对贫困	收入维度	教育维度	信息维度	精神维度
普通话水平	-0.018*** (0.001)	-0.185*** (0.010)	-0.171*** (0.008)	-0.029*** (0.007)	-0.074*** (0.005)
性别	-0.008*** (0.001)	-0.087*** (0.010)	-0.012 (0.010)	-0.032*** (0.006)	-0.008 (0.011)
婚姻状况	0.006*** (0.001)	-0.160*** (0.015)	0.352*** (0.012)	0.036*** (0.009)	0.059*** (0.007)
职业	-0.014*** (0.001)	-0.163*** (0.007)	-0.072*** (0.006)	-0.019*** (0.004)	-0.017*** (0.003)
多语能力	0.027*** (0.001)	0.320*** (0.016)	0.099*** (0.012)	0.102*** (0.010)	0.228*** (0.008)
常数项	0.141*** (0.002)	1.369*** (0.020)	0.525*** (0.013)	0.660*** (0.013)	0.368*** (0.010)
Adjusted R^2	0.60	0.58	0.53	0.55	0.56
Likelihood ratio (LR) test p-value	0.000	0.002	0.007	0.000	0.000
Hausman test p-value	0.001	0.001	0.000	0.000	0.000
观测值	11049	11049	11049	11049	11049

注：*、**、*** 分别表示在10%、5%、1%的显著性水平，括号内为相应的标准误。

③异质性分析。

将调查样本按照职业进行分类，分为非农、务农、无业三组，进一步对不同职业农户的普通话水平对相对贫困缓解效应展开分析，回归结果如表3－29所示。回归结果表明，普通话水平的提升与不同职业居民的相对贫困呈反向关系，且在1%水平上显著。也就是说，普通话水平的提高对降低非农、务农、无业群体相对贫困及各维度相对贫困均有显著的积极影响。同时，从各维度的对比来看，普通话水平对非农群体相对贫困的积极影响主要体现在教育维度，而对务农、无业群体的居民主要表现在收入维度。即普通话水平的提高更有利于推动非农群体教育程度和务农、无业群体居民收入水平的提升，与蔡文伯（2021）

表 3－29 职业的异质性分析结果表

变量	非农					务农					无业				
	相对贫困	收入维度	教育维度	信息维度	精神维度	相对贫困	收入维度	教育维度	信息维度	精神维度	相对贫困	收入维度	教育维度	信息维度	精神维度
普通话水平	-0.010 *** (0.001)	-0.067 *** (0.007)	-0.097 *** (0.005)	-0.012 *** (0.004)	-0.034 *** (0.003)	-0.006 *** (0.001)	-0.061 *** (0.008)	-0.006 *** (0.001)	-0.021 *** (0.002)	-0.027 *** (0.003)	-0.003 *** (0.001)	-0.035 *** (0.005)	-0.028 *** (0.007)	-0.012 *** (0.003)	-0.003 *** (0.001)
性别	-0.007 *** (0.001)	-0.097 *** (0.015)	-0.015 (0.014)	-0.029 *** (0.001)	-0.006 (0.016)	-0.009 *** (0.001)	-0.079 *** (0.018)	-0.009 *** (0.001)	-0.038 *** (0.010)	-0.005 (0.019)	-0.013 (0.025)	0.011 (0.028)	-0.013 (0.025)	-0.027 (0.027)	-0.013 (0.027)
婚姻状况	0.016 (0.014)	0.169 *** (0.024)	0.237 *** (0.014)	0.026 (0.015)	0.038 *** (0.011)	-0.006 (0.019)	-0.091 *** (0.027)	0.015 (0.026)	-0.059 ** (0.021)	-0.013 (0.019)	0.022 *** (0.001)	-0.035 *** (0.012)	0.440 *** (0.020)	0.167 *** (0.017)	0.022 *** (0.001)
多语能力	0.026 *** (0.002)	0.344 *** (0.026)	0.077 *** (0.019)	0.111 *** (0.015)	0.001 (0.018)	0.026 *** (0.002)	0.331 *** (0.028)	0.091 *** (0.020)	0.047 *** (0.016)	0.045 *** (0.012)	0.004 (0.028)	0.055 (0.032)	0.010 (0.023)	0.144 *** (0.030)	0.033 (0.029)
常数项	0.145 *** (0.003)	1.287 *** (0.042)	0.712 *** (0.028)	0.687 *** (0.021)	0.448 *** (0.018)	0.145 *** (0.003)	1.204 *** (0.047)	0.762 *** (0.033)	0.701 *** (0.025)	0.476 *** (0.014)	0.115 *** (0.004)	1.025 *** (0.029)	0.564 *** (0.004)	0.587 *** (0.025)	0.115 *** (0.004)
Adjusted R^2	0.52	0.46	0.62	0.58	0.60	0.53	0.71	0.72	0.70	0.51	0.76	0.71	0.63	0.52	0.41
Likelihood ratio (LR) test p-value	0.000	0.000	0.001	0.006	0.000	0.000	0.002	0.003	0.008	0.006	0.005	0.004	0.003	0.007	0.005
Hausman test p-value	0.001	0.002	0.003	0.005	0.000	0.000	0.006	0.008	0.010	0.005	0.000	0.007	0.001	0.003	0.000
观测值	5933	5933	5933	5933	5933	3529	3529	3529	3529	2647	1587	1587	1587	1587	1587

注：被解释变量为相对贫困以及各维度相对贫困，*、**、*** 分别表示在 10%、5%、1% 的显著性水平，括号内为相应的标准误。

研究结论一致①。语言与收入有关，源于语言与教育、信息、互联网，以及与人的能力和机会之间存在的密切关系（李宇明，2018）。“扶贫首要扶智，扶智应先通语。”作为一种人力资本，普通话水平的提升有助于推进农村富余劳动力就业转移，促进进城农民工的城市融入，建立和发展以业缘为基础的社会网络，增强其就业和再就业能力，获得收入稳定且比较可观的职业（王海兰，2019）。同时，作为沟通交流的工具及文化载体，普通话水平的提高不仅能够提升学员与外界的沟通和交际能力，而且还能够促进学员对所学知识的深入理解，更好地掌握科学文化知识和培养创新精神和实践能力，大大提升教学的成效。从这一层面来讲，普通话水平与受教育程度必然相关，普通话能力的培育对于降低教育维度贫困具有基础性的作用。

3. 小结

基于国内外理论与实证研究成果，本节着重从收入维度、教育维度、信息维度、精神维度四个维度构建多维贫困的评价指标体系，并以广西边境地区八县（市、区）居民为样本，构建回归模型对推普的相对贫困治理效应进行了分析。研究结论主要包括三个方面。

第一，在1%的显著性水平，普通话水平与相对贫困呈负相关关系。即广西边境地区居民普通话水平的提升有助于降低相对贫困。但从各维度来看，尽管普通话水平的提升均能够有效缓解收入贫困、教育贫困、信息贫困和精神贫困，但对收入贫困的缓解效应大于其他三个维度。

第二，在1%的显著性水平，多语能力与相对贫困呈正相关关系，即被调研对象的多语能力的培育有利于降低其相对贫困，且效应大于普通话水平的缓解效应。然而相对于教育维度、信息维度而言，对于降低收入贫困和精神贫困的效应更为显著。究其原因，多语能力尤其是跨境语言的使用为边民开展线上线下边境贸易活动搭建起“语言桥梁”，有利于边民开展边境贸易，提高贫困边民的收入，增强贫困群众脱贫致富的信心和能力；而作为群体认同的显著标准，频繁的方言使用会进一步增强群众参与集体活动的归属感及认同感，激发

① 蔡文伯（2021）基于中国综合社会调查（CGSS）2013 年的微观数据和明瑟方程模型的实证分析结论认为，普通话能力在提升西部地区劳动力职业收入的作用较为突出，且普通话能力回报率随着人群阶层收入分布状况而变化，呈现出随着人们收入水平的增加而递减的趋势。

参与集体活动的积极性，降低精神贫困。

第三，从各维度贫困对比来看，普通话的相对贫困治理效应具有职业异质性。虽然普通话水平的提高对降低非农、务农、无业群体相对贫困及各维度贫困均有显著的积极影响，但从各维度贫困对比来看，普通话水平对非农群体相对贫困的积极影响主要体现在教育维度，而对务农、无业群体的居民主要表现在收入维度。

（四）广西中越边境地区推普的国际贸易效应的理论机理与实证分析

1. 推普的国际贸易效应的理论机理

通过对国际贸易中的语言因素梳理可知，语言对贸易正向影响主要在于两方面，一方面是使用同一或相似的语言能够降低贸易成本，促进贸易流量增加；另一方面是同一语言背后同样的人文环境促使贸易双方能够相互理解、融洽相处，从而减少贸易摩擦，推动贸易活动进行。相反，语言的多样化会带来更多的交易成本，不利于双边贸易的进行。随着中国国际影响力的提升，实施全面高质量普及普通话这一重要语言文化战略，从经济角度能够帮助国家获取更多语言红利，这是因为与英语学习相比母语学习的难度更小、学习成本更低；此外，在对外贸易中以普通话作为通用语言交流，是不断提升普通话国际通用程度的重要途径。就广西推普而言，既是推动民族间交往交流交融的桥梁，也是方便与东南亚等国家贸易往来的桥梁，更是不断提升汉语在国际传播与普及的桥梁。

其一，推普改善了边境地区多样化的语言环境，降低了贸易互动中的交易成本，正向推动中越边境的贸易往来。普通话作为一种资源，在与东南亚国家交往中语言距离更短、相对难度更低、语言服务的便利程度相对更高，更加有理由吸引他人学习，提高通用度，从而降低交易成本，增加双边的贸易流量。苏剑（2015）认为语言距离与国际贸易流量负相关，语言距离越大，贸易之间的信息获取成本、翻译成本等交易成本就会越大，可能会降低双边贸易流量[①]。徐珺、自正权（2016）研究语言对中国对外贸易影响时，使用 WLAS 方

① 详见苏剑：《语言距离影响国际贸易的理论机理与政策推演》，《学术月刊》2015 年第 12 期。

法计算了普通话与17个贸易对象国官方语言的语言距离，比较而言，普通话与越南语的距离最短。同样的，杨博文、余建刚（2020）计算了汉语与贸易国语言的相对难度，认为相对语言难度越难，对贸易的阻碍越大，而计算发现在“一带一路”沿线国家中，汉语与东南亚国家的相对难度较低①。此外，从交易成本角度看，语言服务便利度也会影响贸易双方的沟通成本、信息获取成本和语言文化风险成本。崔璨（2021）通过距离编辑法、德尔菲法和熵权法计算了我国与56个“一带一路”沿线国家的语言服务便利指数，比较发现我国与包含越南在内的东南亚地区的语言服务便利指数最高②。综上所述，在与越南等东南亚国家进行贸易活动时，选用普通话作为通用语言在降低贸易交易成本方面是有效率的。

其二，普通话通用程度越高，传播范围越广，越能够通过文化交融来影响国家间的贸易。语言作为人们沟通的主要载体，对一国文化塑造产生着举足轻重的作用，从而进一步对一类群体的思维方式、价值观产生影响，还会导致人们思维方式的差异。林德尔（Staffan B. Linder）在《论贸易和转换》一书中提出了需求重叠理论，他认为国际贸易是国内贸易的延伸，产品的出口结构、流向及贸易量的大小决定于本国的需求偏好，而一国的需求偏好又取决于很多因素，包括国内人均收入、消费习惯、文化等。如果两个国家间文化相近，极有可能促进两国消费习惯、消费产品结构的相似性，进一步促进两国之间贸易的开展。如果两国语言造词、造句的相似性塑造了相近的国家文化，可以进一步推动国家消费品结构的一致性，进而从增加贸易往来的可能性，推动贸易的开展。萨丕尔－沃尔夫假说认为语言会在一定程度上影响人的思维，而人作为社会的主体，又会进而影响一国的文化。两国价值观念差异导致两国居民对某些事物理解不同，造成在贸易活动及语言交际中不能相互沟通，进一步造成额外

---

① 其中东南亚国家相对语言难度较低（印尼语、泰语、越南语0.37），中亚（哈萨克语0.77，土库曼语0.76），南亚（孟加拉语0.70，乌尔都语0.73）、东南欧（摩尔多瓦语0.82，波斯尼亚语0.79）的相对语言难度较高。详见杨博文、余建刚：《相对语言难度影响了中国的对外贸易吗？——基于“一带一路”相关国家的数据分析》，《制度经济学研究》2020年第4期。

② 其中东南亚地区语言服务便利度指数最高，为21.71；中亚地区语言服务便利度指数最低，仅为2.91；南亚、西亚北非和东欧便利度指数分别为8.83、6.5和4.0。详见崔璨：《“一带一路”语言服务便利度指数构建及经贸影响评估》，北京：对外经济贸易大学，2021年。

的贸易成本。相反，普通话的有效传播和推广在一定程度上能够促进两国之间的文化认同，缩短两国之间的语言距离，进而在国际贸易中获利。

其三，普通话的全面普及帮助转化我国丰富的文化产品，以及实现高质量的语言服务，促进文化产业以及外贸经济发展，影响贸易流量，带来收益。语言作为沟通与思维载体的工具，决定了语言能力与知识能够被转化成生产力以及文化产品，创造出经济效益和价值。一方面国家通用语言文字将神话传说、传统技艺等濒临消失的文化遗产通过文字或口口相传的形式进行了保存，多元的文化得以继续发展，通过合理的开发利用形成独具民族特色文化产品，进而带来经济效益。另一方面，语言产品或语言服务本身就是服务贸易的重要组成部分，如教育、培训、语言软件、影视作品等，从这一角度，高质量的语言服务或产品自然能够吸引国际贸易流量，带来收益。苏剑（2015）认为语言距离对服务贸易的影响大于货物贸易，而这是由服务贸易特性以及语言的交际性功能决定的。服务贸易必然涉及劳务输出，输出过程中往往伴随着人力资本要素的流动，普通话作为更优质的语言人力资本，可以帮助劳务者获取更多的受教育机会，从而提供更优质的服务或产品。同时语言距离下的文化差异也在影响贸易流量，语言距离相近易于让消费者感受到语言文化的认同感与归属感，因此语言距离往往也会影响语言产品的输入和输出。此外语言通用程度也是影响语言产品吸引力的重要因素，如得益于英语的世界通用程度，好莱坞电影享誉全球。汉语作为世界使用人口最多、通用程度仅次于英语的语言，在邻近的亚洲国家，应当同样具有一定程度的吸引力。

2. 推普的国际贸易的效应实证分析

（1）广西中越边境地区贸易情况分析。

自 1991 年中越关系恢复正常化以来，中越双边贸易呈现飞速发展的态势，在 2004 年中国成为越南最大的贸易伙伴，2010 年之后，中国—东盟自由贸易区的成立更是使中越双边贸易总量得到快速发展。中国主要向越南出口机械设备、纺织原料、建材、家电等物品，而越南向中国主要出口农产品以及资源性产品。根据越南海关总局统计，2021 年越南与中国贸易额达 1658 亿美元，同比增长 24.6%。另据中国海关统计，2021 年中越双边贸易额首次突破 2000 亿美元，达2302亿美元，按美元计同比增长19.7%，按人民币计同比增长12%①。目前，中国是越南第一大贸易伙伴和第二大出口国，而越南也是中国在东盟国家中的最大贸易伙伴。

广西西南边境地区与越南相邻，边界线长达1020公里，有陆地边境一类口岸9个，包含东兴口岸（东兴市）、峒中口岸（防城区）、爱店口岸（宁明县）、凭祥口岸（凭祥市）、友谊关口岸（凭祥市）、水口口岸（龙州县）、硕龙口岸（大新县）、龙邦口岸（靖西市）、平孟口岸（那坡县）九大陆地边境口岸，其中东兴口岸是我国唯一与越南海路相连的国家一类口岸，凭祥口岸则是广西唯一的边境铁路口岸。有边民互市贸易点27个，包括浦寨、弄瑶、爱店、水口、那花等。边境口岸与边民互市贸易区的建立为广西中越边境地区对外贸易的蓬勃发展提供了先天条件。2021年，广西边境贸易规模达到1491.3亿元，同比增长5.9%②，进出口总额排全国第一位，占全国份额比重超过40%。

广西与越南间的边境贸易主要有两种形式，一是边民互市贸易，是指两国双方边境居民在规定的开放点或指定的集市上，以不超过规定的金额，买卖准许交换的商品；二是边境小额贸易，指边境地区的外贸公司，与邻国边境地区的贸易机构或企业之间进行的小额贸易。此外，边境旅游贸易、边境经济技术合作等贸易方式也在近年来接连出现并得到快速发展，如东兴—芒街跨境经济合作区、凭祥—同登跨境经济合作区、河口—老街跨境经济合作区等。具体分析来看，边境小额贸易的产生是因为中越两国经济结构差，因受自然、经济等各种因素的影响造成的商品价格差（越南热带水果与农产品价格较国内低廉，国内纺织品、家电等物品价格较越南低廉）产生了边境互市贸易；资金与科技工艺的互补性很强产生了边境技术贸易（国内企业对从越南进口的水果、坚果、中草药等进行深加工，推动特色农产品向高附加值精深加工延伸）；因自然、历史、社会等因素的地域差异而形成独具特色的旅游资源（国内边境

① 数据来源：中华人民共和国驻越南社会主义共和国大使馆经济商务处，2022年1月27日，http：//vn. mofcom. gov. cn/article/jmxw/202201/20220103240106. shtml。

② 数据来源：广西北部湾经济区规划建设管理办公室，2022年3月24日，http：//bbwb. gxzf. gov. cn/ywdt/t10410407. shtml。

线附近有德天瀑布、友谊关、大清国界碑等知名景点，越南有下龙湾、芽庄和岘港等旅游景点)，边境旅游也因此产生。边境贸易的产生也是诸多因素综合作用的结果，其社会基础在于中越两国相似或相同的语言（越南语与京语）、生活习惯、传统以及血缘关系（越南京族与东兴京族）等；两国经济社会的差异性和多样性，使得边境地区的相互依赖和相互补充，这就为边境贸易提供了一种内在的经济动力；边境地区口岸与互市点的建立方便了商品、资金、人员等生产要素的流动，增加了彼此间的贸易往来。

2019 年，广西边境贸易进出口 1486.1 亿元，其中边境小额贸易进出口 1090.8 亿元、边民互市贸易进出口 395.3 亿元，均居全国沿边省区之首。受 2020 年全球新冠疫情影响，边境口岸不定期封关等因素导致中越边境贸易额出现下滑，尤其在 2021 年末东兴边境地区出现大规模疫情，边境小微企业几乎停摆，边民也无法正常参与互市贸易，全年东兴市边境贸易进出口总额只有前一年的 15% 左右。图 3 - 1、图 3 - 2、图 3 - 3 分别列出了 2017—2021 年广西边境市（县）的边境小额贸易进口总额、出口总额以及进出口总额数据，数据来源为南宁海关政府公开数据[①]。

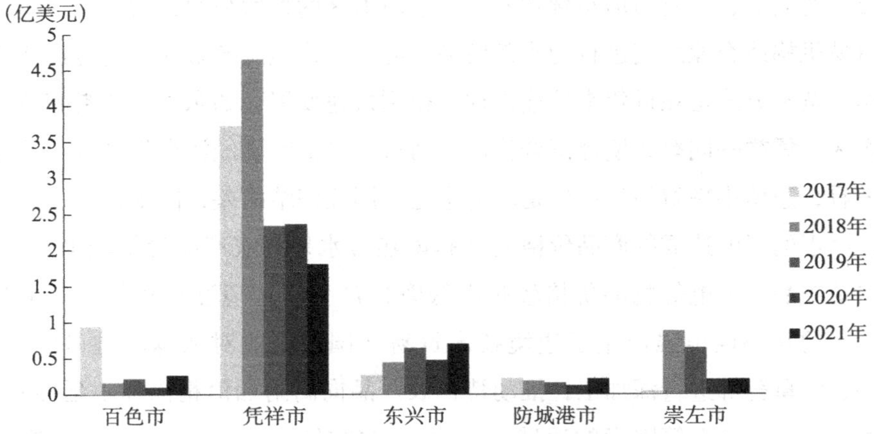

图 3 - 1　边境市（县）近 5 年边境小额贸易进口总额

① 东兴市与凭祥市数据单独列出，即防城港市数据不包含东兴，崇左市数据不包含凭祥。

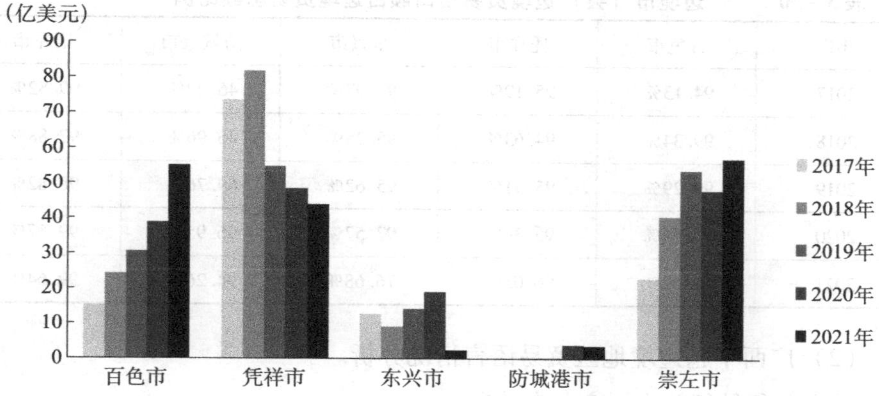

图3－2　边境市（县）近5年边境小额贸易出口总额

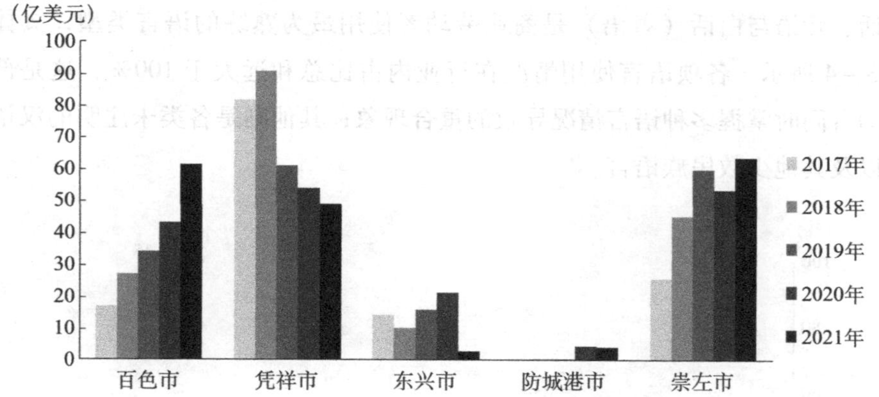

图3－3　边境市（县）近5年边境小额贸易进出口总额

从图中可以看出各市（县）边境贸易额呈现逐年递增态势，百色市近年来积极引导辖区企业结合自身产品和业务特点，扶持边民互市商品从落地加工向精细化、高附加值方向发展，边境贸易额出现大幅提升；爱店、硕龙口岸陆续升格为一类口岸之后，崇左市边境贸易出现稳步上升态势；而传统边贸城市凭祥与东兴则受制于疫情因素等影响，贸易额出现明显下滑。从整体来看，中越边境贸易呈现出较大的顺差现象，以中国向越南出口为主，近几年几乎只有凭祥有较大规模的进口贸易。边境市（县）边境贸易出口额占边境贸易总额比例详见表3－30。

表 3－30　　边境市（县）边境贸易出口额占边境贸易总额比例

年份	百色市	凭祥市	东兴市	防城港市	崇左市
2017	94.13%	95.19%	97.97%	46.20%	99.82%
2018	99.34%	94.63%	95.25%	46.96%	97.88%
2019	99.29%	95.91%	95.62%	69.76%	98.82%
2020	99.75%	95.36%	97.57%	96.95%	99.57%
2021	99.52%	96.05%	76.68%	94.26%	99.64%

（2）广西中越边境地区贸易语言情况分析。

①商业贸易行业内语言分布情况。

通过对边境八县从事商业贸易劳动者的语言使用情况进行整合后发现，普通话、壮语与白话（粤语）是商业劳动者使用最为熟练的语言类型，具体如图 3－4 所示。各项语言使用情况在行业内占比总和远大于 100%，这是部分劳动者同时掌握多种语言情况导致的重合现象；其他则是各类未注明的汉语方言以及其他少数民族语言。

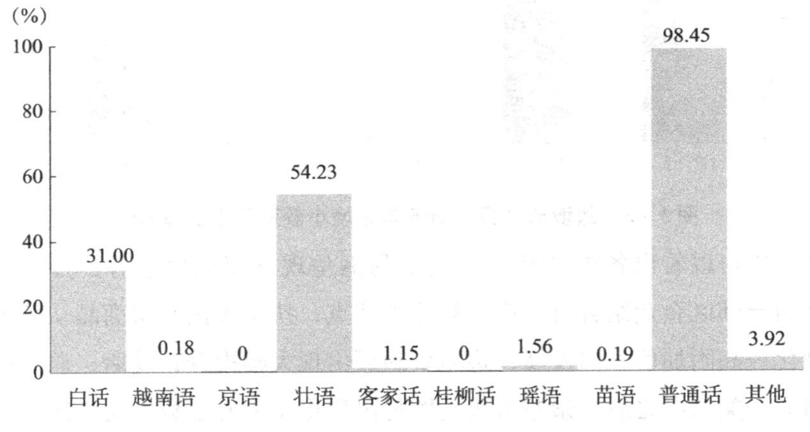

图 3－4　商业贸易劳动者使用语言情况

边境居民在贸易时使用最为熟练的是普通话，占比达到 98% 的高水平，而这得益于国家通用语言文字推广力度的加大；贸易口岸语言背景复杂，使用国家通用语言文字可以更好地降低交流成本。其次较多使用的语言是壮语，超过半数的居民可以熟练使用壮语进行交流。作为国内壮族人口占比最多的地区，居民在日常生活、交往交流交易中使用本地方言（民族语言）的倾向性较高，外地人为了更好地在当地立足，学习本地方言（民族语言）的倾向性也会增加。最后有近三分之一的商业贸易劳动者可以熟练使用白话①（粤语）进行交往交流，这可能是因为白话（粤语）与越南语的相似性，以及懂白话（粤语）的劳动者更容易学会越南语②。

②不同地区商业贸易劳动者使用语言分布情况。

进一步对不同地区商业贸易劳动者的语言情况进行分析，总体看来，边境县居民从事贸易活动时使用的语言主要分布在普通话、壮语以及白话上，普通话是所有边境居民在从事贸易活动时的优先选择，而其他语言的选择在不同地区之间存在细微的差别，具体情况如图 3－5 所示。

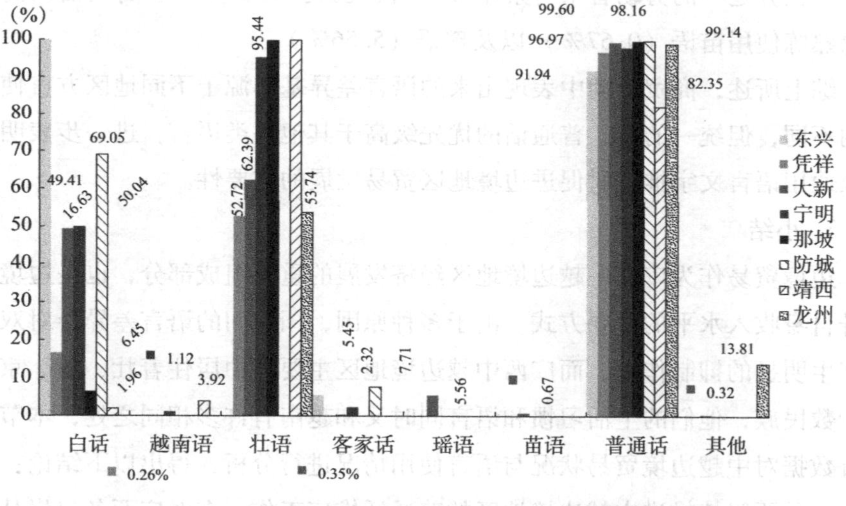

图 3－5　不同地区商业贸易劳动者使用语言情况

东兴口岸贸易街的居民在商贸活动中，语言使用的优先级是：普通话 > 白

① 白话是粤语的俗称，使用粤语的两广地区居民将粤语以及粤语子方言称为白话。

② 越南语中存在有至少 70% 的“汉越”词汇，特别是近现代词汇中存在有来自汉语广东方言的词汇，而且越南语中的“汉越”词大多保留了古汉语或汉语广东方言的发音，因此，中国讲粤语方言、客家方言的人在接触越南语的时候，会体验出其中的“亲切感”，很多词汇甚至可以直接猜测其大致的意思。所以，说“懂壮语的人学越南语很容易”也并不能成立，反而是懂粤语、客家话的人学习越南语会有一定的优势。详见黄恒拾、蓝婷：《民间存在越南语“像”壮语的误解分析》，《侨园》2020 年第 9 期。

话 > 其他与越南语[①]。与其他地区相比，东兴市从事贸易活动的劳动者熟练使用白话的比例较高。其次是防城区、崇左市（宁明县、大新县）、百色市（那坡县、靖西市）。可以看出东兴市以及防城区的商贸劳动者对白话、客家话的认同度高于壮语，而这正与百色地区、崇左地区相反，即东兴市以及防城区商贸活动中白话带来的经济效益存在高于壮语以及其他语言的可能性。

凭祥市整体看来，除了普通话外商贸活动中劳动者更倾向于使用壮语，其次是白话、越南语。越南语占比最小，这可能是本地居民习得越南语的人数较少，同时长期往来的外国居民也随着时间的推移加重了他们对于汉语以及当地方言的依赖，进而导致越南语在凭祥市商贸活动中占比小于当地方言（民族语言），即壮语、白话等。但在比较所有使用越南语的劳动者所属地区后发现，有三分之一的劳动者来自崇左市[②]。仅大新县有少量从事商贸活动的居民可以熟练使用苗语（0.67%）以及瑶语（5.56%）。

综上所述，商贸活动中表现出来的语言差异基本源于不同地区方言使用情况的不同，但统一的是，普通话的优先级高于其他各类语言，进一步表明加强国家通用语言文字推广对促进边境地区贸易发展的重要性。

3. 小结

边境贸易作为广西中越边境地区经济发展的重要组成部分，也是边境居民提升自身收入水平的重要方式。由于多种原因，国家间的语言差异会对双边贸易产生明显的抑制作用，而广西中越边境地区主要集中居住着壮、瑶、京等世居少数民族，他们的生活习惯和语言同时又和越南有许多相同之处，本节结合调查数据对中越边境贸易状况与语言使用情况进行分析，得出以下结论：

一是要坚持推进中越边境地区的普通话推广工作。在对广西各口岸从事边境贸易的人群进行调查发现，普通话依旧是各人群所使用的主流语言，虽然白话和壮语的使用人群也较多，但大多为边民日常生活交流所使用，并非参与边

---

① 在商贸活动中选择“普通话”的人数，占比达94%；选择“粤语”的，占比56%；选择“越南语”的，占比28%；选择“其他”的，占比32%。详见刘丽静等：《“一带一路”背景下广西东兴口岸商贸街语言使用情况的调查报告》，《现代职业教育》2021年第11期。

② 商业行业样本中共有37人不同程度地会越南语，其中13人水平为“一般”，24人“熟悉/掌握”；可熟练使用越南语的24人中有8人来自凭祥市。详见康军帅：《广西中越边境地区的语言生活——凭祥市、东兴市语言使用及语言态度调查》，《商丘职业技术学院学报》2018年第1期。

境贸易活动所使用的主要语言。参考康军帅（2018）针对凭祥市与东兴市互市点经营者以及普通边民的调查报告，“所有受访边民都认为普通话是对自己最重要的语言，对普通话的认同度非常高，也认为熟练掌握普通话有利于自身从事边境贸易”。造成此现象的原因是在口岸做生意的人群复杂，语言背景也十分复杂，只有使用国家通用语言才能满足不同背景人群交际的需求。一方面，伴随着国内贸易与旅游业的不断发展，越来越多的外省游客或商人来到广西中越边境地区参与边境贸易，本地商户使用普通话能更好地帮助外地人参与到边境贸易之中，甚至部分越南商户都能使用简单的普通话与国内商户进行交易。另一方面，本地居民普通话水平的提高能更好地理解国家及自治区出台的边境贸易相关政策及法律法规，这能为他们从事和参与边境贸易提供制度保障，维护合法利益。

二是要合理利用边境少数民族语言及越南语促进边贸发展。在广西中越边境地区民族之中，京族同胞内部交流使用京语，京语与越南语相同，而其他不是京族的中国边民由于长期从事边境贸易与越南群众交往，一般都会说京语，瑶语、壮语等少数民族语言，这些语言也都与越南语、泰语等外国语言表现出一定程度的相似性。但根据调查显示，目前当地掌握越南语的居民并不算多，且掌握水平较低，居民越南语能力有进一步提升的空间。此外，俞路（2017）研究发现，“越复杂的贸易产品，语言的影响程度越高，对于低差异化产品而言，由于附加值较低，因此其依赖于低成本的沟通，由此导致沟通能力对其影响程度较小；对于中、高差异化①产品，语言的重要性会不断提升”。而中越双边贸易产品属于高差异化产品，广西对越南出口的商品基本上为工业制成品、技术设备、技术劳务等，而越南主要向广西出口木材、橡胶、咖啡、热带水果等自然资源产品。当边民在掌握越南语的前提下与越南商贩进行贸易往来时，能明显降低语言不通所带来的交际成本与高差异化产品带来的信息成本。

---

① 作者参考了 Rauch 对产品的分类标准。基于国际贸易标准 SITC 分类第二版，Rauch 依据产品价格的公开程度将 900 多种 SITC4 位数编码的产品分为三类：同质产品、价格定期在某个专业贸易出版物上发布的产品、差异产品。这种产品分类的方法是根据产品所在市场的性质，同质化产品所在市场接近于完全竞争市场，如大米、小麦等等，而差异化产品所在市场接近于垄断竞争市场，如电脑、冰箱等等。本书为了表达方便，将其分别称为低差异化产品，中差异化产品和高差异化产品。

因此掌握并不断提升越南语水平对于提高中越边境群众的自身收入、扩大中越边境贸易量具有积极作用。

三、广西中越边境地区推普的文化效应的理论机理与实证分析

（一）推普的文化效应的理论机理

摆脱贫困首要是摆脱“意识贫困”“思路贫困”。只有精神脱贫才能实现真正脱贫、防止返贫。正如习近平总书记在《摆脱贫困》一书中所强调的那样，“追求物质文明和精神文明是社会进步的内在驱动力”，真正意义上的脱贫致富“一方面要让人民过上比较富足的生活，另一方面要提高人民的思想道德水平和科学文化水平”。首先，国家通用语言文字蕴含着丰富的历史积淀和精神价值，对涵养各族人民文化品格和精神世界具有重要引导、润化和滋养作用（王辉，2022）。随着社会主义现代化事业的蓬勃发展，民族地区的生活面貌发生显著变化，但民族地区与非民族地区之间依然存在较大差距，其中思想观念、精神文化上的更新缓慢是民族地区较为落后的一大关键要素，也就是我们所说的“贫困文化”①。如边境地区有一些群众受语言、风俗习惯、传统观念等影响，加上特殊的地理位置，形成相对封闭的社会交往环境，易产生“闭塞的文化生活”“保守的生产观念”“不经济的时间观”“多子多福的生育观”等贫困文化（李瑾瑜，1997；郇建立，1999）。贫困文化作为一种精神价

---

① 马克思和恩格斯在《马克思恩格斯文集（第一卷）》中指出，“思想、观念、意识的生产最初是直接与人们的物质活动，与人们的物质交往，与现实生活的语言交织在一起的。”这些思想、观念和意识是各族群众社会生活经验的产物，有学者称之为精神历练和心理体验。同时，这些思想、观念和意识中也有先进的和落后的、有积极的和消极的，其中阻碍了民族地区各族群众向前发展的部分被称为“贫困文化”，这也是各族群众在个人发展和现代化社会融入过程中面临的非制度性障碍。

值形态①、一种传统文化、社会化产物（熊丽英，2000；徐永平，2004；王兆萍，2004、2007），深深影响着民族地区及各族群众。同样“作为历史性实践的产物，以及一种特殊的文化现象，语言与文化、民族之间具有紧密的相互依存的关系”（张公瑾，1989）。社会学家阿历克斯·英格尔斯（Alex Ingles，1985）指出，“如果一个国家的人民缺乏一种能赋予这些制度以真实生命力的广泛的现代心理基础，如果执行和运用着这些现代制度的人，自身还没有从心理、思想、态度和行为方式上都经历一个向现代化的转变，失败和畸形发展的悲剧结局是不可避免的”。要摆脱贫困文化的束缚，只有依靠底层群众自身的文化自觉和社会觉醒。但“一个群体或一个人群或一个民族，如果因为语言不通再加上自然环境的原因而长期封闭，是难以知道自己落后和贫困的，也就没有改变现状的动力”。群众自身的自我效能和认知能力尚且无法摆脱贫困文化的束缚，这势必要借助外力，从外界改造这部分“贫困群体”的生活，进而推动边民的内生发展动力和发展活力的升级。从这一层面来讲，推广普及国家通用语言文字就必不可少。通过国家通用语言文字的推广普及，最大化发挥语言文化育人功能，有助于提升边民科学文化知识素养、加强思想道德建设、提高受教育质量，也有利于打破边民相对封闭的生活环境和固化的语言情境，消解地方性思维方式和行为方式（向德平等，2020）。

其次，各族群众学习并熟练运用国家通用语言文字，既可以扩展知识面、开阔视野，也可以调整自我认知、激发需求，克服原有的与经济社会发展不相适应的思维方式、价值观念、行为习惯等，从而培育现代化思维及脱贫致富的内生动力，提升群众文明素质提升、提振群众精神风貌、提高社会文明程度。国家通用语言文字具有语言的经验功能、逻辑功能、信息功能、认知功能等，且承载着比各民族语言文字更多的信息量和知识量，通过学校教育和社会教育（包括国家通用语言文字教育）等方式，在由家庭、学校、社会等公共关系组成的语言共同体中进行传递，最终形成各族人民理性自觉的科学文化知识素养和思想道德品质。熟练掌握国家通用语言文字，各族群众能较好地吸收并运用

① 作者认为贫困文化是一种精神价值形态，主要表现为保守的生机、生活和生存价值心态、轻视科技和教育的倾向、乡土观念和封闭思想、重农抑商的生计意识、淡薄的生态意识、陈腐的生育观念、从众随俗的心态和陋习等，一定程度制约贫困地区脱贫致富。

这些知识和品质，不仅更容易获得培训机会、掌握工作技能，对自我和社会也有更为深刻的认识，可以理解和把握现实生活世界，有助于扩展其社交网络；也能在认识自我和社会的基础上，不断纠正错误的、过时的观念，培养现代化的思维方式和思想观念，以及现代化的精神情趣和生活方式，从而形成现代化思维和脱贫致富的内生动力（雷明、赵耀、刘曦绯等，2020），产生更为强烈的自我价值意识、形成良好的心理状态和主观幸福感受等（张卫国、程实，2022），降低返贫的机率。

（二）推普的文化效应的实证分析

“一个国家、一个民族的强盛，总是以文化兴盛为支撑的，中华民族伟大复兴需要以中华文化发展繁荣为条件。”“文化兴国运兴，文化强民族强。”在党的二十大报告中，习近平总书记指出，“未来五年是全面建设社会主义现代化国家开局起步的关键时期”，提出文化建设层面的目标是“人民精神文化生活更加丰富，中华民族凝聚力和中华文化影响力不断增强”，并围绕“推进文化自信自强，铸就社会主义文化新辉煌”任务，习近平总书记在强调坚持马克思主义在意识形态领域指导地位的根本制度的同时，提出了“建设具有强大凝聚力和引领力的社会主义意识形态”“广泛践行社会主义核心价值观”“提高全社会文明程度”“繁荣发展文化事业和文化产业”“增强中华文明传播力影响力”五点要求，为新时期丰富人民精神世界，实现全体人民共同富裕，建成富强民主文明和谐美丽的社会主义现代化强国，丰富和拓展人类文明新形态①提供了科学理论指导和实践指引。

脱贫攻坚取得胜利之后，全面推进乡村振兴是党和国家的重要战略，也是新时代“三农”工作的重中之重。党的十八大以来，习近平总书记高度重视农村精神文明建设，将农村精神文明建设作为乡村振兴的重要内容，强调“农村精神文明建设是滋润人心、德化人心、凝聚人心的工作，要绵绵用力，

---

① 人类文明新形态，是习近平总书记在庆祝中国共产党成立一百周年大会上的讲话中提出的新概念。习近平总书记指出，我们坚持和发展中国特色社会主义，推动物质文明、政治文明、精神文明、社会文明、生态文明协调发展，创造了中国式现代化新道路，创造了人类文明新形态。

下足功夫”[①]。乡村振兴不仅仅要实现经济层面的脱贫，更重要的是改变农户落后的思维方式、生活心态、价值观念等，消除精神层面的贫困。因而，在消除绝对贫困之后，如何推动传统乡村文明向现代乡村文明转变，构建相对贫困治理体系，是全面推进乡村振兴的关键。作为文化的重要组成部分和表现形式之一，语言文字承载着一个民族的身份标志和文化历史，是文化传承、发展和繁荣的重要载体。且“语言不仅仅是一个交际工具或符号系统，语言本质上是一个民族的意义体系和价值系统，是一个民族的世界观”（申小龙，1990）。使用一种正式的通用语无疑是形成共同的价值观和文化认同的重要纽带之一，是多民族国家实现团结统一必不可少的要素。一直以来，党和国家高度重视发挥语言文字特别是国家通用语言文字在党和国家事业全局中的作用，相继出台实施《推普脱贫攻坚行动计划（2018—2020 年）》（教语用〔2018〕1 号）、《关于全面加强新时代语言文字工作的意见》（国办发〔2020〕30 号）、《国家通用语言文字普及提升工程和推普助力乡村振兴计划实施方案》（教语用〔2021〕4 号）、《关于加强高等学校服务国家通用语言文字高质量推广普及的若干意见》（教语用〔2022〕2 号）等，为推普助力脱贫攻坚、乡村文化振兴、文化强国建设等提供了重要遵循和行动指南。

因此，将推普置于新时代边境民族地区精神文明建设的框架下，基于现有理论与实证研究，构建精神文明建设测评指标，量化分析普通话高质量推广普及对促进乡村精神文明建设的现实效应，重点基于文化层面探讨普通话高质量推广普及的积极意义，探寻振兴乡村文明，缓解相对贫困，扎实推进共同富裕的语言之策，无疑对于新时代乡村文明体系的构建，推进乡村治理现代化具有重要的实践指导价值。

1. 相关文献综述及指标选取

（1）相关文献综述。

关于精神文明建设，习近平总书记作了一系列重要论述。如在 1992 年出

---

① 在 2022 年第 7 期《求是》杂志发表的习近平总书记《坚持把解决好“三农”问题作为全党工作重中之重 举全党全社会之力推动乡村振兴》一文中，习近平总书记指出全面推进乡村振兴落地见效，要加快发展乡村产业、加强社会主义精神文明建设、加强农村生态文明建设、深化农村改革、实施乡村建设行动、推进城乡融合发展见实效、加强和改进乡村治理；强调乡村不仅要塑形，更要铸魂，要通过精神文明建设滋润人心、德化人心、凝聚人心。

版的《摆脱贫困》一书中，习近平同志对贫困地区精神文明建设做了深刻阐释，明确指出“物质文明建设和精神文明建设是贫困地区脱贫致富过程的两个方面”，提出“追求物质文明和精神文明是社会进步的内在驱动力”，把“生产力的高度发展”当作追求物质文明的重要标志，“让人民过上比较富足的生活”“提高人民的思想道德水平和科学文化水平”作为高度发展的精神文明的决定性要素，两者相互关联，相互协调，相互促进；并强调“文化建设本身也是精神文明建设。假如一个地方的人情绪低落，十足悲观，就不能说这个地方精神文明建设搞得好”。2017 年习近平总书记在江苏徐州市考察时指出，“农村精神文明建设很重要，物质变精神、精神变物质是辩证法的观点，实施乡村振兴战略要物质文明和精神文明一起抓，特别要注重提升农民精神风貌”。2020 年习近平总书记在深圳经济特区建立 40 周年庆祝大会上强调，“要深入开展群众性精神文明创建活动，广泛开展社会公德、职业道德、家庭美德、个人品德教育，不断提升人民文明素养和社会文明程度”。2022 年习近平总书记就加强社会主义精神文明建设提出，“要加强农村思想道德建设，弘扬和践行社会主义核心价值观，推进农村思想政治工作，把农民群众精气神提振起来。要开展形式多样的群众文化活动，孕育农村社会好风尚”。可见，提升思想政治水平、开展群众性文化活动、提振精神面貌、培育社会好风尚之于精神文明建设的重要意义。

与此同时，学界围绕群众文明素质发展状况、群众性精神文明创建活动、精神面貌状况等方面对精神文明的量化测度展开了丰富研究。

关于群众文明素质的测度指标，沈费伟、肖泽干（2017）从政治、经济、社会、文化、生态 5 个方面对浙江省美丽乡村建设进行评价，其中将农村学前教育和基础教育发展情况作为重要评价内容，分别选取了学前三年毛入园率、九年义务教育入学率等作为具体衡量指标。王志章等（2020）同样从上述 5 个方面构建了乡村振兴实施效果评价指标，把劳动技能素质作为一项重要的评估内容，并选取了参与劳动技能培训情况作为具体指标。除了受教育程度、劳动技能素质等指标外，信息素养培育也是激发乡村振兴内生动力的关键要素，具有信息素养的人能够高效获取所需要的信息、有效分析与综合利用信息，以及合理合法地获取、使用和交流信息等（张亚莉，2005），这无疑是衡量群众文明素质的重要指标。李天龙、姜春云（2022）在研究信息素养对高素质农民乡村数字治理参与的影响机制时，从信息意识、信息能力、信息规范三个维度衡量农民信息素养，包括对农业政策信息的关注程度、能够充分利用农业信息解决农业生产生活中的难题、上网时遵守国家相关的法律法规等具体测量指标。

关于群众性精神文明创建活动的衡量指标，学者围绕文明创建评价和公共文化服务进行了探讨。从文明创建评价角度，文军（2001）在构建我国城市“文明社区”指标考核体系中，选择了“开展大型文体活动的次数”“居民参与文体活动比率”作为文明社区建设的具体指标。张慧颖等（2006）从社区人际交往、社区心理文化建设、社区制度文化建设三个层面构建和谐社区建设的评价指标，其中选取居民参加社区的政治活动、娱乐活动、文化活动以及公共事务等情况作为和谐社区建设评价的细化指标[①]。从公共文化服务评价角度，王平（2006）指出社区文化建设是构建和谐社区的精神依托，以及满足居民日益增长的文化生活需要的内在要求，而社会文化活动和社区教育是社区文化建设的重要途径，在社区开展形式多样的文化活动和教育培训，既可以满足社区居民的文化生活需要，同时也提高其科学文化知识水平和思想道德境界。朱媛媛等（2018）从物质、精神、制度三个方面构建乡村人居文化环境质量评价指标，把节事活动丰富度作为一项具体评价指标。王志章等（2020）在构建的乡村振兴实施效果评价指标中，将农户的闲暇生活作为重要的评价内容，选取了参与社区文化活动情况、文化娱乐消费支出情况等具体指标进行衡量。毛锦凰等（2020）同样将农民闲暇活动情况作为评价乡村振兴实施效果的重要内容，将农村居民平均每人观看艺术团体下乡表演的次数、人均教育文化娱乐消费支出占比，以及有农民业余文化组织的村庄占比等作为具体评价指标。

---

① 张慧颖、陈君彦、张颖春等（2006）从社区文化质量、环境质量以及服务质量建设三个方面构建了评价和谐社区建设满意度指标体系，其中社区文化质量满意度选取了社区人际交往、社区心理文化建设以及社区制度文化建设，进一步将参加社区的政治活动、娱乐活动、文化活动、公共事务等作为社区心理文化建设维度衡量指标，社区娱乐生活活动、文化、法制建设等作为社区制度文化建设维度衡量指标。详见张慧颖、陈君彦、张颖春、陈丽然：《社区和谐理念满意度评价的因子分析与聚类研究》，《统计与决策》2006 年第 11 期。

以群众精神风貌状况评价为研究对象的文献主要是基于居民身心健康层面展开，较为少见。杨绪忠（2002）、赵延东（2008）分别从人的精神生活质量方面选取对未来充满希望的情况、居民自我报告的健康状况两项指标衡量区域内群众精神风貌状况；霍灵光等（2018）研究了方言能力对健康水平的影响；张卫国（2020）、刘国辉等（2020）分别开展普通话能力对农民工健康和心理健康的影响研究。

总的来说，精神文明建设作为治国兴邦的重大战略之一，其目标在于全面提升国民素质和社会文明程度，其中群众性精神文明创建活动是提升国民素质和社会文明程度的有效途径，提高公民文明素质是提高社会文明程度的主要内容①。但社会主义精神文明建设根本在于促进满足人民文化需求和增强人民精神力量相统一。因此精神文明建设不仅要凸显群众文明素质提升、群众性精神文明创建活动中群众参与程度，还要展形象，即提振群众精神风貌。

（2）指标选取。

参考习近平总书记关于精神文明建设的重要论述与前人的相关研究，以及考虑到数据可得性，本部分选择群众文明素质提升、群众活动参与情况、群众精神风貌作为精神文明建设评价的三个维度，具体包括义务教育巩固率、政策信息掌握程度、技能培训参与率、数字化渠道使用率、群众活动参与率、精神生活质量、身体健康程度等七项二级指标，并采用均权法对三个维度及每个维度下的二级指标权重赋值，群众文明素质提升、群众活动参与情况、群众精神风貌状况三个维度的权重均为1/3，精神文明建设评价指标体系如表3－31所示。

表3－31 精神文明建设测评指标体系

一级指标	二级指标	指标说明及测算方法	指标属性	权重
群众文明素质提升	义务教育巩固率	毕业人数/入学人数×100%	正向	1/12
	政策信息掌握程度	掌握相关政策信息的人数/总人数×100%	正向	1/12
	技能培训参与率	参加技能培训的人数/总人数×100%	正向	1/12
	数字化渠道使用率	使用数字化渠道的人数/总人数×100%	正向	1/12

① 石书臣（2018）在前人研究基础上，将公民文明素质的内涵概括总结为思想道德素质、科学文化素质、法治观念和规则意识、文明言行以及健康心态等六个方面。详见石书臣：《提高全社会文明程度与实现民族复兴》，《中国特色社会主义研究》2018年第4期。

续表

一级指标	二级指标	指标说明及测算方法	指标属性	权重
群众活动参与情况	群众活动参与率	参加文体娱乐活动的人数/总人数×100%	正向	1/3
群众精神风貌状况	精神生活质量	对未来充满希望的人数/总人数×100%	正向	1/6
	身体健康程度	身体健康的人数/总人数×100%	正向	1/6

2. 研究设计

（1）样本与数据来源。

以广西边境地区2016—2021年八个县（市、区）为研究样本，构建面板数据模型开展推普对精神文明建设的效应分析，所需数据主要来源于两部分。其一，县域普通话推广普及情况，政策信息掌握程度、技能培训参与率、数字化渠道使用率、群众活动参与率、身体健康程度、精神生活质量等精神文明建设相关测评指标，以及民族语言与方言使用率的数据，是依据2016—2021年对靖西市、那坡县、宁明县、凭祥市、防城区、东兴市、大新县、龙州县八个边境县（市、区）长期跟踪的问卷调查结果整理而得。其二，义务教育巩固率、经济增长水平、产业结构升级、城市化水平、文体传媒支出水平、教育支出水平等控制变量数据，来源于广西边境地区八县（市、区）《国民经济和社会发展统计公报》《政府工作报告》以及政府网站的公开资料。

（2）变量选择。

①被解释变量。

精神文明建设用精神文明建设指数来衡量。本研究选取2016—2021年广西边境地区八县（市、区）义务教育巩固率、政策信息掌握程度、技能培训参与率、数字化渠道使用率、群众活动参与率、精神生活质量、身体健康程度作为被解释变量衡量指标。在获取相关指标数据后，通过均权法计算出精神文明建设评价指数。图3-6为2016—2021年广西边境地区精神文明建设指数，数值区间为［0，1］。图3-6显示，无论是广西边境地区精神文明指数总体情况，还是各县（市、区）精神文明建设指数均呈逐年上升趋势。对比各县（市、区）精神文明建设指数，大新县、凭祥市、那坡县的精神文明建设指数与其他县（市、区）以及边境地区整体水平相比还存在一定差距，在精神文明建设层面依然具有较大的提升空间。

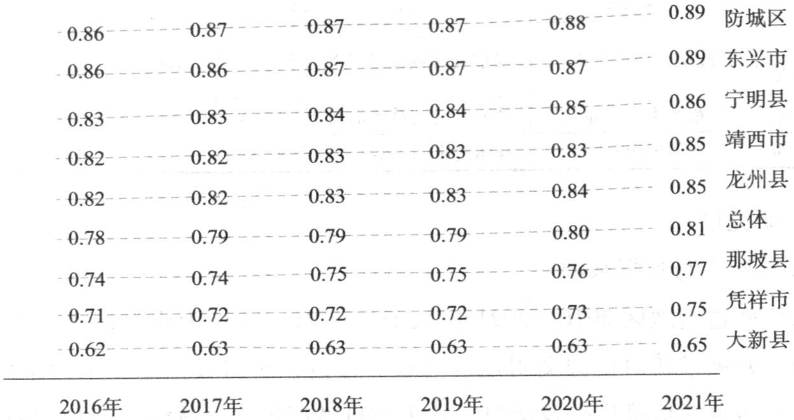

图 3－6　2016—2021 年广西边境地区精神文明建设指数

②核心解释变量。

普通话推广普及包括普通话普及率和普及质量。关于 2016—2021 年广西边境地区八县（市、区）的普通话普及率和普及质量的计算，本研究参考了刘金林等（2021）测算方法①。

③控制变量。

参考相关文献做法，同时遵循数据可获取性和准确性原则，选取经济增长水平、产业结构水平、城市化水平、文体传媒支出水平、教育支出水平作为控制变量，分别用人均 GDP 增长率、第三产业占 GDP 比值、城镇化率、人均文体传媒支出、人均教育支出作为衡量指标（谢地等，2021；姚旭兵等，2022；

① 参考刘金林等（2021）的做法，将普通话能力分为“达不到交流的目的”“基本能达到交流的目的”“能使用普通话与人交流，但带有明显的方言和民族语口音”“能说比较标准的普通话”“能说流利、标准的普通话”五个等级，分别赋值 1 至 5，等级越高意味着被调研对象普通话水平越高。其中普通话普及率 = 达到第四等级（包括第四等级）以上的被调研人数/被调研的总人数 ×100%；普通话普及质量 = （“能说流利、标准的普通话”人数 + “能说比较标准的普通话”人数）/使用普通话交流的总人数 ×100%。详见刘金林、马静：《铸牢中华民族共同体意识视域下广西中越边境地区普通话高质量推广普及研究——语言与国家治理系列研究之七》，《广西民族大学学报》（哲学社会科学版）2021 年第 6 期。

彭影，2022)①。此外，考虑到边境地区多民族聚居特征，而各少数民族语言、方言承载着长期生活在同一个地区的人们的共同的文化记忆，在增强群众的社区认同，推动社区居民积极参与集体活动中扮演着重要角色，且方言的身份认同功能有利于推动居民积极参与文化娱乐活动，提高其幸福感，降低精神贫困；跨境语言的使用为边民开展线上线下边境贸易活动搭建起“语言桥梁”，起到了“兴边睦邻、戍边护疆”的作用（刘金林等，2022）。本研究尝试将民族语言或方言的使用率作为控制变量之一加入模型，采用少数民族语言和方言使用人口占总人口比重作为具体测量指标（肖自辉、范俊军，2018)②。为确保各变量处于同一个数量级别上，本部分采用最小最大标准化③对各主要变量进行无量纲化处理，变量区间在［0，1］。主要变量的描述性统计信息如表3－32所示。

表3－32　变量的描述性统计

变量名称	变量说明	观测值	均值	标准差
被解释变量				
精神文明建设	精神文明建设指数	48	0.794	0.081
解释变量				
县域普通话普及率	县域普通话普及率	48	0.475	0.251
县域普通话普及质量	县域普通话普及质量	48	0.585	0.289

① 谢地等（2021）在实证分析数字普惠金融同乡村振兴关系时，选取经济发展水平和财政支农水平作为实证模型的控制变量，有鉴于此，本部分实证部分选取经济发展水平、财政支出水平作为控制变量，分别采用人均GDP增长率衡量经济发展水平，人均财政支出、人均文体传媒支出以及人均教育支出衡量财政支出水平。此外，参考姚旭兵等（2022）关于农村人力资本对乡村振兴影响机制研究，以及彭影（2022）关于乡村振兴视角下农村产业融合增收减贫效应研究，选取城镇化和产业结构水平两个指标作为控制变量，分别通过城镇人口占总人口的比重、第三产业占GDP比值进行衡量。详见谢地、苏博：《数字普惠金融助力乡村振兴发展：理论分析与实证检验》，《山东社会科学》2021年第4期。

② 作者认为可以从三个维度对语言多样性进行量化测度。一是区域内语言和方言的数目；二是区域内语言和方言的使用人口数，包括各语言和方言的总使用人口，以及不同语言能力者的数量；三是区域内各语言和方言使用人口所占总人口的比例。因此，本部分选取被调查对象中各民族语言和方言使用人口占总人口比重作为民族语言和方言使用率的测算标准。详见肖自辉、范俊军：《语言生态监测的多样性计量评估模式》，《学术研究》2018年第1期。

③ 最小最大标准化是对原始数据进行线性变换的一种方法。该方法将属性A的一个原始值通过最小最大标准化映射成在区间［0，1］中的新数据，其正向指标公式为：新数据＝（原数据－极小值）／（极大值－极小值）；其负向指标公式为：新数据＝（极大值－原数据）／（极大值－极小值）。

续表

变量名称	变量说明	观测值	均值	标准差
控制变量				
经济增长水平	人均实际 GDP 增长率	48	0.716	0.209
产业结构升级	第三产业占 GDP 比重	48	0.552	0.233
城市化水平	城镇化率	48	0.445	0.389
文体传媒支出水平	人均文体传媒支出	48	0.233	0.193
教育支出水平	人均教育支出	48	0.456	0.381
民族语言与方言使用率	民族语言和方言使用人口占总人口比重	48	0.328	0.317

（3）模型设定。

为进一步检验广西边境地区普通话推广普及对精神文明建设的影响，借鉴何雷华等（2021）、谢地等（2021）、谭鑫等（2021）学者的研究，构建如下模型：

$$Spiritual\ Civilization_{it} = \alpha_i + \beta_1 Putonghua_{it} + \beta_2 Control_{it} + u_i + v_t + \varepsilon_{it}$$

（公式 3－4）

其中，$Spiritual\ Civilization_{it}$ 表示被解释变量精神文明建设指数，取值 0—1，取值越大表明文化建设程度越高；$Putonghua_{it}$ 表示解释变量县域普通话普及情况，包括普通话普及率和普及质量，取值 0—1，数值越大表明县域普通话普及率和质量越高；$Control_{it}$ 表示控制变量，分别为经济增长水平、产业结构水平、城市化水平、文体传媒支出水平、教育支出水平、民族语言与方言使用率；u_i 和 v_t 分别表示地区固定效应和时间固定效应；ε_{it} 代表随机误差项；i 和 t 分别表示县域和年份。

3. 回归结果及分析

（1）基础回归。

在进行回归之前，通过 Wald 检验（小样本）选择合适的计量模型，检验结果表明固定效应模型优于混合数据模型和随机效应模型，因此本部分基于个体时间双向固定效应模型开展普通话推广普及影响精神文明建设的现实效应分析。同时为了避免潜在序列相关和异方差的问题，采用县域聚类的稳健标准误进行回归。表 3－33 为控制了时间效应和个体效应后，推普对精神文明建设的估计结果，模型1和模型2分别是变量普通话普及率和普及质量的OLS回归结果，回归系数为正且通过了1%显著性水平检验。结果表明，广西边境地区普通话普及程度与普及质量的提高均有助于提高县域精神文明建设指数，即推普有助于县域精神文明建设。且从模型1和模型2的回归结果来看，在加入的经济增长水平、产业结构水平、城市化水平、文体传媒支出水平、教育支出水平等控制变量中，文体传媒支出水平、教育支出水平、民族语言与方言使用率对精神文明建设也产生积极影响效应，分别在5%、1%水平上显著，说明提升县域文体传媒和教育支出，增加县域民族语言与方言使用率有助于县域精神文明建设。但回归结果显示，经济增长水平、产业结构水平、城市化水平等控制变量对精神文明建设的影响并不显著。如此看来，提高经济增长率，推动产业结构升级及城市化等未必是促进边境民族地区乡村文化振兴的有效举措。

为了缓解内生性问题，本部分采取了工具变量法，使用的工具变量是其他县（市、区）普通话普及率和普及质量的均值，回归结果如模型3和模型4所示。第一阶段回归结果显示，其他县（市、区）普通话普及率和普及质量的均值与内生变量普通话普及率和普及质量在5%的显著性水平呈正相关关系，说明其他县（市、区）普通话普及率和普及质量的均值符合工具变量条件；同时在第一阶段回归中的F统计值大于10%偏误的临界值，说明工具变量不是弱工具变量①。从2SLS回归结果来看，普通话普及率和普及质量对提高县域精神文明建设水平的效应仍然显著，工具变量回归结果和普通最小二乘回归结果基本一致，可见，缓解可能的内生性问题之后，回归结果依然稳健。

---

① 本部分对工具变量进行了三个方面的检验，分别涉及不可识别检验（Underidentification test）、弱工具变量检验（Weak instrument test）、过度识别检验（Overidentification test）。不可识别检验的原假设认为所选择的工具变量与内生变量无关，弱工具变量检验的原假设为工具变量与内生性变量有较强的相关性，过度识别检验的原假设认为存在识别问题。由于本研究选取的工具变量与内生变量数量相等，Hansen J statistic 检验（非 IID 数据）的 P 值为0.000，恰好识别，但也可以进行2SLS估计。在第一阶段回归中，Kleibergen-Paap rk LM statistic 检验的P值表明拒绝原假设，即工具变量与内生变量相关，且 Kleibergen-Paap rk Wald F statistic 值大于 Stock-Yogo weak ID test critical values 中10%偏误的临界值，可以拒绝原假设，说明工具变量不是一个弱工具变量。

表 3-33　　双向固定效应模型估计结果表

自变量	因变量：精神文明建设			
	普通最小二乘回归（OLS）		工具变量回归（2SLS）	
	模型 1	模型 2	模型 3	模型 4
普通话普及率	0.0172*** (0.0047)	—	0.0170*** (0.0044)	—
普通话普及质量	—	0.0231*** (0.0050)	—	0.0228*** (0.0047)
经济增长水平	0.0031 (0.0023)	0.0001 (0.0029)	0.0021 (0.0024)	0.0003 (0.0023)
产业结构水平	0.0031 (0.0046)	0.0025 (0.0055)	0.0026 (0.0039)	0.0028 (0.0047)
城市化水平	0.0062 (0.0040)	0.0051 (0.0057)	0.0058 (0.0039)	0.0056 (0.0049)
文体传媒支出水平	0.0206** (0.0081)	0.0334** (0.0124)	0.0199** (0.0078)	0.0307** (0.0123)
教育支出水平	0.0033** (0.0016)	0.0070** (0.0028)	0.0032** (0.0013)	0.0064** (0.0025)
民族语言与方言使用率	0.0114*** (0.0033)	0.0118*** (0.0032)	0.0106*** (0.0030)	0.0107*** (0.0027)
常量	0.7699*** (0.0062)	0.7738*** (0.0061)	0.7112*** (0.0386)	0.7076*** (0.0486)
Adjusted R^2	0.72	0.73	0.70	0.75
Wald test p-value	0.000	0.000	0.000	0.000
			第一阶段	
其他县（市、区）普通话普及率均值	—	—	0.0056** (0.0027)	—
其他县（市、区）普通话普及质量均值	—	—	—	0.0068** (0.0028)
Kleibergen-Paap rk LM statistic p-value	—	—	0.002	0.001
Kleibergen-Paap rk Wald F statistic	—	—	36.671	30.944
Hansen J statistic p-value	—	—	0.000	0.000

注：*、**、*** 分别表示在 10%、5%、1% 的显著性水平，括号内为县域层面的聚类稳健标准误。

进一步实证分析普通话普及率及普及质量对群众文明素质提升、群众活动参与情况、群众精神风貌状况等精神文明建设具体维度的影响效应。依据 Wald 检验结果，采用固定效应模型进行回归。表 3－34 为精神文明建设各维度指标回归结果，县域普通话普及率与群众文明素质、群众活动参与、群众精神风貌分别在 1%、5%、1%水平上呈正相关关系，普通话普及率每提高一个单位，群众文明素质、群众活动参与、群众精神风貌分别提升 0.0317 个单位、0.0129 个单位、0.0170 个单位；县域普通话普及质量与群众文明素质、群众精神风貌均在 1%的显著性水平上呈正相关关系，普通话普及质量每提升一个单位，相应地群众文明素质、群众精神风貌分别提高 0.0341 个单位、0.0263 个单位，实证结果与刘国辉、张卫国等（2020）的研究结果相同①；普通话普及质量与群众活动参与在 5%水平上呈正相关关系，普通话质量提升一个单位，群众活动参与率上升 0.0108 个单位。由此可见，在中国式现代化的新征程中，加大国家通用语言的推广力度，实现普及程度与普及质量的提升，是新阶段广西边境地区精神文明建设的基础性工作。

值得一提的是，从控制变量来看，民族语言与方言使用率与群众活动参与在 1%水平上呈正相关关系。正是由于国家通用语言是一种人力资本、交际工具以及信息载体，以及民族语言和方言因地缘性特征而产生的情感和价值认同（刘金林等，2022），大力推广普及国家通用语言文字，科学保护各民族语言文字，不断巩固和拓展推广普及国家通用语言文字、尊重保障少数民族使用和发展本民族语言文字权利并行不悖的良好局面（万明钢，2021），是新时代推动边疆民族地区语言文字工作高质量发展，充分发挥语言文字在促进精神文明建设，提高社会文明程度，进而推进社会主义文化强国建设方面积极作用的必然要求。

① 刘国辉、张卫国（2020）研究了进城农民工普通话能力对其心理健康水平的影响效应，实证证明了农民工普通话能力与其心理健康之间存在着显著的正相关关系；张卫国（2020）证明普通话能力不仅有助于抑制我国居民经济贫困和健康贫困的发生，同时也降低了居民发生精神贫困的可能性；刘国辉、单宝刚、张卫国（2020）证明普通话能力与农民工健康呈正相关关系，即较好的普通话听辨和表达能力可以提高农民工身体健康的概率。详见刘国辉、张卫国：《普通话能力与进城农民工心理健康——基于中国综合社会调查的实证研究》，《语言文字应用》2020 年第 1 期；张卫国：《普通话能力的减贫效应：基于经济、健康和精神维度的经验分析》，《语言文字应用》2020 年第 4 期；刘国辉、单宝刚、张卫国：《普通话能力对流动人口健康的影响：来自 CGSS 的经验证据》，《山东大学学报》（哲学社会科学版）2020 年第 3 期。

表3-34 模型估计结果表

变量	模型5：群众文明素质提升指标	模型6：群众活动参与情况指标	模型7：群众精神风貌状况指标	模型8：群众文明素质提升指标	模型9：群众活动参与情况指标	模型10：群众精神风貌状况指标
普通话普及率	0.0317*** (0.0107)	0.0129** (0.0051)	0.0170*** (0.0054)	—	—	—
普通话普及质量	—	—	—	0.0341*** (0.0121)	0.0108** (0.0042)	0.0263*** (0.0051)
经济增长水平	0.0101 (0.0070)	0.0018 (0.0012)	0.0027 (0.0022)	0.0095 (0.0069)	0.0011 (0.0021)	0.0022 (0.0015)
产业结构升级	0.0055 (0.0041)	0.0253*** (0.0071)	0.0217 (0.0182)	0.0048 (0.0034)	0.0239*** (0.0076)	0.0203 (0.0168)
城市化水平	0.0092 (0.0067)	0.0140** (0.0055)	0.0234 (0.0203)	0.0087 (0.0061)	0.0124** (0.0054)	0.0213 (0.0188)
文体传媒支出水平	0.0711** (0.0278)	0.0232** (0.0093)	0.0095 (0.0067)	0.0726** (0.0280)	0.0218** (0.0091)	0.0110 (0.0083)
教育支出水平	0.0160* (0.0090)	0.0039 (0.0029)	0.0099 (0.0069)	0.0146* (0.0082)	0.0030 (0.0021)	0.0106 (0.0069)
民族语言与方言使用率	0.0049 (0.0040)	0.0056*** (0.0020)	0.0007 (0.0032)	0.0041 (0.0030)	0.0054*** (0.0017)	0.0003 (0.0029)
常量	0.5911*** (0.0118)	0.7699*** (0.0062)	0.9176*** (0.0060)	0.5993*** (0.0125)	0.8073*** (0.0048)	0.9149*** (0.0072)
Adjusted R^2	0.78	0.73	0.71	0.79	0.75	0.68
Wald test p-value	0.000	0.001	0.000	0.000	0.000	0.000

注：*、**、***分别表示在10%、5%、1%的显著性水平，括号内为县域层面的聚类稳健标准误。

（2）稳健性检验。

参考何婧、蔡新怡等（2021）、杨守德等（2022）有关学者的做法，采用更改被解释变量的测度方法进行回归结果的稳健性检验。将精神文明的测度指标由义务教育巩固率、政策信息掌握程度、技能培训参与率以及数字化渠道使用率四个指标更改为技能培训参与率和义务教育巩固率两个指标，并基于测算结果对模型进行回归（回归结果如表3-35所示）。回归结果表明，普通话普及率、普通话普及质量两个变量的系数依然正向显著，说明表3-35回归结果较为稳健可靠。

表 3－35　　稳健性检验结果

变量	模型 11	模型 12
	估计方法：双向固定效应模型	
普通话普及率	0.0194 *** (0.0063)	—
普通话普及质量	—	0.0233 *** (0.0066)
经济增长水平	0.0031 (0.0022)	0.0027 (0.0019)
产业结构升级	0.0083 (0.0062)	0.0085 (0.0063)
城市化水平	0.0233 (0.0161)	0.0213 (0.0157)
文体传媒支出水平	0.0062 ** (0.0027)	0.0147 ** (0.0063)
教育支出水平	0.0160 ** (0.0075)	0.0165 ** (0.0082)
民族语言与方言使用率	0.0177 *** (0.0064)	0.0190 *** (0.0065)
常量	0.8171 *** (0.0106)	0.8199 *** (0.0118)
Adjusted R^2	0.79	0.70
Wald test p-value	0.000	0.000

注：*、**、*** 分别表示在 10%、5%、1% 的显著性水平，括号内为县域层面的聚类稳健标准误。

4. 小结

第一，在 1% 显著性水平，普通话普及率、普及质量与精神文明建设均呈正相关关系。即普通话普及率与普及质量的提升，均能提高广西边境地区各县（市、区）精神文明建设水平。其中，普通话普及质量对精神文明建设的效应高于普及程度。从精神文明建设各维度来看，普通话普及率、普及质量与群众文明素质、群众活动参与、群众精神风貌分别在 1%、5%、1% 水平上呈正相关关系，即普通话普及率、普及质量均能提升群众文明素质、增进群众活动参与、改善群众精神风貌。充分证明，国家通用语言作为一种人力资本、交际工具和文化载体，不仅具有经济效应，而且具有文化效应。加大国家通用语言的推广力度，实现普及程度与普及质量的提升，是新阶段广西边境地区精神文明建设的基础性工作。

第二，在1%显著性水平，民族语言与方言使用率与边境地区精神文明建设呈正相关关系。即培育各族群众多语能力，支持各族群众使用民族语言和方言可以促进民族地区精神文明建设。从各维度来看，民族语言与方言使用率对提升精神文明建设水平的效应主要是体现为增强群众的活动参与方面。因此，科学保护各民族语言文字，培育各族群众的多语能力，也是新时代推动国家语言文字事业高质量发展，促进乡村文化振兴的必要举措。

四、广西中越边境地区推普的社会效应的理论机理与实证分析

（一）推普的社会效应的理论机理

改革开放以来，随着社会主义市场经济体系的建立和完善，全国统一劳动力市场也逐渐形成，资本、技术、信息以及劳动力在全国范围内逐步实现自由流动。中国经历了历史上最快的经济发展以及最为深刻的变迁，人口和劳动力的大规模流动是其中最主要的变化之一。尤其是国家“西部大开发”战略、脱贫攻坚易地扶贫搬迁工程的实施和城镇化的快速推进，不仅极大推动了东中部汉族人口向西部少数民族聚居区的大规模流动，而且直接改变了原有民族间的空间居住格局，打破了传统的同一民族“聚族而居”的状态，带动少数民族以经商务工等主要形式涌入市场经济活跃的东中部城镇地区，使得少数民族人口散居化趋势越来越明显。双向流动人口规模的不断扩大，有力地拓展和深化了各族群众之间的经济、社会交往，促进了东中西部地区文化以及各民族文化之间的交往交流交融。城市流动人口的增加，一方面有效弥补了城市产业快速发展导致的劳动力不足，推动了城市的繁荣和发展，促进了各族群众之间的

交往交流交融；但另一方面增加了城市公共设施的负担，加剧了城市失业、社会治安等问题，各民族在语言、生活习俗等方面的差异也给城市社会管理和基层治理带来了较大的挑战。而随着城市社会的民族结构越来越多元，各民族间居住、就学、经济和文化活动等相互嵌入程度越来越深，如何切实推动少数民族流动人口城市融入，推动建立各民族相互嵌入式的社会结构和社区环境，已成为当前和今后一段时期的社会治理的重点和关键任务。2019 年 10 月，中共中央办公厅、国务院办公厅印发了《关于全面深入持久开展民族团结进步创建工作铸牢中华民族共同体意识的意见》，要求“推进建立相互嵌入式的社会结构和社区环境，积极营造各民族共居共学共事共乐的社会条件，开展各族群众交流、培养、融洽感情的工作，形成密不可分的共同体”。习近平总书记在第四次中央民族工作会议上提出“要把着力点放在社区，推动建立相互嵌入的社会结构和社区环境”；在第五次中央民族工作会议上强调“要充分考虑不同民族、不同地区的实际，统筹城乡建设布局规划和公共服务资源配置，完善政策举措，营造环境氛围，逐步实现各民族在空间、文化、经济、社会、心理等方面的全方位嵌入”。党的二十大提出“完善社会治理体系”“建设人人有责、人人尽责、人人享有的社会治理共同体”，强调“健全共建共治共享的社会治理制度，提升社会治理效能”“加快推进市域社会治理现代化，提高市域社会治理能力”等，这些要求和指示为新时代社会治理提供了重要方向和指导。

语言治理①是指政府、社会组织、企事业单位、社区以及个人等多种主体通过平等的合作、对话、协商、沟通等方式，依法对语言事务、语言组织和语言生活进行引导和规范，最终实现公共事务有效处理、公共利益最大化的过程。作为人类交际的工具与“元制度”，文化的载体与人力资本，语言相通不仅是促进各民族相互嵌入式社区居民交往、交流、交融的重要前提，而且是提升各民族相互嵌入式社区各族居民文化认同，推动各族居民共同富裕，铸牢中华民族共同体意识的关键。因此，语言治理融入各民族相互嵌入式社区建设，是推进各民族相互嵌入式社区各族居民广泛交往、全面交流、深度交融，构建

---

① 作者认为语言治理主体、语言治理体系、语言治理内容是语言治理的主要组成部分。详见王春辉：《语言治理简论》［EB/OL］. http：//ex. cssn. cn/yyx/yc/202005/t20200520_ 5131923. shtml.

嵌入式社区环境的基本保障。本部分基于语言的交际工具、文化载体以及人力资本属性三个层面论证语言治理融入各民族相互嵌入式社区建设的必要性。

其一，作为人类重要的交际工具，语言相通是促进各民族相互嵌入式社区各族居民交往交流交融的重要前提。现代语言学的奠基者弗迪南·德·索绪尔（Ferdinand de Saussure）认为，“语言是一种符号系统，是言语活动中的社会部分，不受个人意志的支配，是社会成员共有的一种社会心理现象”。但索绪尔也指出，“语言符号所代表的事物和符号本身的形式是可以随时间的推移而改变，即尽管语言具有很大的持续性，但也是不断变化和发展的”①。因此，从本质上来讲，语言是人们之间沟通交流的最主要表达方式，是人类重要的交际工具。习近平总书记指出，“语言相通是人与人相通的重要环节。语言不通就难以沟通，不沟通就难以达成理解，就难以形成认同”。只有在充分沟通，彼此了解、相互理解、互相认同，各族群众才会互帮互助，成为朋友。对于城市少数民族流动人口来说，语言的自由沟通交流是他们真正融入当地生活的前提，也是实现各民族交往交流交融的起点。与汉族流动人口相比，少数民族流动人口可能在语言、文化习俗、宗教信仰等方面有所差异，只有通过习得普通话，才能无障碍地与其他民族成员交流，顺利融入城市的主流社会，从而获得更多的就业和发展机会。据调查，城市流动人口中新疆籍的维吾尔族同胞由于大多数不会讲普通话，语言交流障碍表现较为突出，导致他们在城市日常生活和就业过程中信息来源闭塞，家族成员是他们了解外界唯一的窗口以及依靠的主要对象，烧烤餐饮业是他们的主要谋生手段，难以真正融入城市的主流生活②。同时，随着少数民族流动人口进入活跃期，各民族嵌入式社区将成为城市社区的主流形式，语言不通也将成为社区工作人员的主要障碍。一般在语言沟通毫无障碍的情况下，做好社区的管理、矛盾纠纷的调节等仍然需要充分的沟通交流。如果社区干部不懂得少数民族语言，要想做好社区的服务工作，其

---

① 语言接触是导致语言不断变化的重要原因。语言接触指不同语言或同一种语言内的不同方言之间的经常交往及其所产生的结果。导致语言接触的主要原因是贸易、文化交流、移民杂居。语言的接触会表现为相互的影响，使双方或多方语言都发生一些变化。语言借用是语言接触过程必然产生的一种语言现象，即一种种语言或方言（即受语言）采用另一种语言或方言（源语言，Source Language）的某些语言成分或用法的一个过程。

② 换言之，语言不通也是维吾尔族居民流动呈家族式流动的主要原因。

困难程度可想而知。因此，语言障碍已经成为新时期加强各民族相互嵌入式社区治理的基础性制约因素。坚定不移地加大城市少数民族流动人口的普通话推广力度，以及提升社区工作人员的少数民族语言技能，已成为促进社区各族居民交往交流交融、构建各民族相互嵌入式社区环境的关键和重要前提。

其二，作为文化的载体，增强国家通用语言认同是提升各民族相互嵌入式社区各族居民文化认同，铸牢中华民族共同体意识的关键。习近平总书记在第五次中央民族工作会议上强调，铸牢中华民族共同体意识是新时代党的民族工作的“纲”，所有工作要向此聚焦。而铸牢中华民族共同体意识的核心在于不断增强各族群众的“五个认同”，即对伟大祖国、中华民族、中华文化、中国共产党、中国特色社会主义的认同。其中，“文化认同是最深层次的认同，是民族团结之根、民族和睦之魂”。作为文化的载体，语言本身是一种独特的文化现象，是文化的重要组成部分，直接体现着民族精神和民族文化取向，并与文化之间相互制约和影响。我国多样的民族语言、方言，形成了丰富多彩的民族特色文化和地域文化。因此，民族语言、方言的认同有助于当地群众认可本民族或地域文化，强化地方文化或民族文化的认同感。作为我国的国家通用语言，普通话是我国语言生活最重要的知识信息交流传播工具，承担着重要的国家社会生活的语言交际和信息传播功能。如果不掌握普通话，各族居民将无法平等和充分地参与国家社会生活。只有以国家通用语言文字作为交流纽带，才会促进不同民族、不同语言、不同文化的地域之间经济文化社会交流，加深各民族之间情感，加强各民族之间联系。从该层面意义上来讲，高度重视少数民族群众的国家通用语言认同，是加强各民族文化交流，保护和传承民族文化的前提，即民族语言认同必须以国家通用语言认同为前提①。这一点已被诸多成功实践所证明。青海省黄南藏族自治州同仁县，保留着一项世界级的非物质文化遗产——热贡艺术，由于当地的大多数土族画师都可以用普通话讲授关于唐卡绘画的技巧，使其成为会讲普通话的藏族、土族、蒙古族以及其他民族唐卡艺术爱好者的求学之地。正因为他们均会讲普通话，使得他们交流无障碍，共

① 作者认为在多语社会或国家，通常是通用语言承担较多社会交际工具功能，而少数民族语言承担较多文化认同功能，二者互相补充又互相不可替代。民族语言认同应以国家语言认同作为前提，国家语言认同应以充分尊重民族语言认同为前提。

同为继承和发扬热贡艺术而努力，让这一民族文化走得更远。而各民族文化的交流与融合，共同促进了中华民族文化体系的发展，丰富和充实了中华民族文化的宝库。习近平总书记在全国第五次中央会议上强调“要正确把握中华文化和各民族文化的关系，各民族优秀传统文化都是中华文化的组成部分，中华文化是主干，各民族文化是枝叶，根深干壮才能枝繁叶茂”。总体来说，作为56个民族沟通交流的桥梁，掌握国家通用语言有助于民族文化的交往交流交融，在增进各族群众民族文化认同的同时，增强其对中华文化认同；同时作为承载着56个民族的国家通用语言，加强国家通用语言教育，强化提升各族群众的普通话水平，是增强各族群众中华文化认同，增强中华民族凝聚力的有效途径。因此，增强城市少数民族流动人口的国家通用语言认同，是提升各民族相互嵌入式社区各族居民中华文化认同，铸牢中华民族共同体意识的关键。

其三，作为人力资本，提升语言技能是实现各民族相互嵌入式社区各族居民共同富裕的有效助推器。国内外的语言经济学的理论及实证研究成果均证明，语言具有经济属性，语言技能是一种人力资本，语言能力的提升有助于降低劳动者在就业市场受歧视的程度，有利于劳动者拓展有效的社会关系网络，更好地融入社会群体，从而获得工作稳定、薪资待遇较高的岗位；劳动者个体掌握的语言数量越多及语言技能水平越高，获得更多就业岗位和更高收入的机率就越大，双语或者多语者可在就业中获得更多的就业机会和更高的收入，且语言的听、说、读、写四项专项技能对收入的影响程度也存在一定的差异。新中国成立70多年的减贫事业为语言和贫困之间关系的研究提供了丰富的素材。尤其是精准扶贫方略以及《推普脱贫攻坚行动计划（2018—2020）》实施以来，语言和扶贫问题引起了学术界的高度关注，其中语言技能（包括普通话、外语和方言）与劳动者就业、收入之间的相关性研究是主要内容之一。推普可以扶贫，源于语言与教育、信息、互联网等的密切关系，认识语言的扶贫功能，为贫困人口和贫困地区修筑起脱贫的语言大道，为改变经济劣势和发展劣势、促进当地社会的文明进步贡献“语言之力”①。秦广强基于北京市城八区

① 作者认为普通话改善了中国语言碎片化的状况，架起了政令畅通、信息联通的语言大道，是中国经济发展成功打破“费希曼－普尔假说”的重要力量。

适应性区群抽样（Adaptive Cluster Sampling，ACS）所获得的样本，着重探讨和分析了普通话技能的农民工经济收入效应和社会交往效应，以及可能的影响路径①。陈媛媛采用中国家庭动态跟踪调查（CFPS）、中国劳动力动态调查（CLDS）、中国综合社会调查（CGSS）三套综合数据，构建基于标准的明瑟半对数收入方程对普通话能力和劳动者收入关系进行了检验，其实证结果表明普通话以及单项能力（听和说）均会对劳动者收入产生比较显著的影响②。赵颖根据CGSS2010年的调研数据，研究发现普通话能力、英语能力均与劳动者收入呈正相关关系，且两种语言的表达能力溢价显著高于听力能力的溢价③。卞成林、刘金林、马静等基于广西中越边境地区八个县（市、区）农村居民多项实证研究表明，不仅普通话技能的提升有利于促进广西中越边境地区农村劳动力转移，增强农村居民就业竞争优势，进而提高进城务工的农民收入，而且多语能力的提升能够降低劳动者收入水平处于低收入段的概率，提高其处于高收入段的概率，与劳动者收入水平呈显著的正相关关系④。如此看来，着力提升城市少数民族流动人口的普通话水平，以及以普通话为主的“多语多言”能力，有助于促进其城市融入，获得收入较高而又稳定的职业，进而对推动各民族相互嵌入式社区各族群众实现共同富裕具有积极的作用。

（二）推普的社会效应的个案分析：以南宁市中华中路社区为例

南宁市中华中路社区（以下简称“社区”）成立于2001年12月，2002年1月成立党支部，2017年8月升级为党委，下设4个党支部，有党员389名。社区毗邻南宁火车站，管辖面积1.3平方公里。现居住有汉、壮、维吾尔、回、苗、瑶、满等19个民族，共4186户、13862人，其中少数民族人口（包

---

① 作者的研究结论表明，从人力资本角度来看，普通话熟练的农民工能够获得高于不熟练者21%—40%的月收入。但从交际工具来看，普通话熟练并未对农民工社会交际网络和生活空间的拓展带来显著影响。因此，语言在农民工城市融入过程中的作用值得商榷。

② 作者的研究结论还证明了，普通话对服务业人员、城镇劳动者、南方、跨方言流动人口等劳动者的收入影响比较显著，而对非服务行业、农村劳动者、北方、方言区内人口等劳动者收入不显著。

③ 基于所构建的模型，作者对语言能力影响劳动收入的机制进行了分析，认为较好的语言能力有助于节约搜寻工作时间，提高了就业的机会成本进而增加劳动者收入。

④ 作者的实证结论表明，广西中越边境地区农村居民普通话技能、多语能力的劳动者收入效应，以及普通话技能的劳动力转移效应还呈年龄、性别的异性。

括流动人口）约占社区总人口的三分之一。近年来，社区党委紧紧围绕“民族团结促和谐、党建示范上台阶、各族群众得实惠”的目标，以服务少数民族群众为重点，着力打造“民族情深党旗红”党建品牌。先后被评为“全国民族团结示范社区”“全国妇联基层组织建设示范社区”“广西壮族自治区三八红旗集体”，荣获“南宁市民族团结进步先进集体”“南宁市民族团结进步创建‘五比五争活动’模范社区”“南宁市文明社区”等称号。

一是，定期举办国家通用语言文字培训班，筑牢各族居民交往交流交融的共同语基础。刚到社区时，回族或维吾尔族人民男性大多蓄长胡子，女性蒙着面，生活习惯也与当地人不同，而且他们不会说普通话，沟通较为困难，当地的居民对他们都心存芥蒂，不愿意把房子租给他们居住。且由于不能使用普通话进行流畅的交流，导致矛盾、误解乃至打架现象时有发生，给社区居民的生活和工作造成了众多困扰。为了消除居民交流的语言隔阂和障碍，社区与广西民族大学合作，联合打造“双语志愿服务实践基地”，中华中路社区提供场地，广西民族大学委派教师和大学生志愿者到社区教授普通话不好的民族地区居民练习普通话，学写规范字。2005 年 12 月，社区开办了第一期汉语培训班，并坚持每年联动相关单位举办汉语、书法等课程培训班。社区志愿者自愿利用闲暇时间与流动人口中的少数民族交流，先来的少数民族加入志愿者行列带动后来的学习汉语，形成了多方共同参与助力少数民族流动人口学好用好国家通用语言文字的做法及良好氛围。通过提升普通话技能，不断筑牢社区居民的交往交流交融的共同语基础，使得社区内的居民之间交流更加便利和密切，也使得各族居民对彼此的民族文化有了更深的理解和包容，大大增强了各族居民的族际认同，促进了社区居民之间的互帮互助和团结协作。

二是，激励社区干部学习少数民族语言，增强社区干部“双语”乃至“多语”能力。社区干部袁用提到，新疆籍务工人员买吐送·玉送刚来南宁的时候，在市区人流量大的马路边摆摊设点卖新疆羊肉串，但是因为不懂国家通用语言文字，无法跟顾客交流，生意很惨淡，居住的环境也很差，不是睡在社区楼道中、就是睡在屋檐下和房顶上。为了更好地跟他沟通，了解他的需求，解决他的困难，帮他改善生存环境，社区工作人员主动学习维语，帮他找房子，还教他国家通用语言文字。随着他的国家通用语言文字交流能力的不断提升，能和社区居民、顾客正常交流交往后，他的生活和经济水平有了明显的提升，不仅在南宁开起了烤馕店，月收入达5千元，成为他同乡中的“富豪”，还计划在南宁买房，全家定居南宁。社区谢华娟书记为了不断提高自身的解决实际问题能力，自主学习了少数民族的语言，慢慢与维族、回族同胞相识、相知、相融，大大降低了少数民族流动人口发生重大矛盾和冲突的可能性。为充分发挥少数民族群众语言通的人才作用，社区坚持人尽其才、才尽其用的原则，组建一支关心民族工作、热心社区服务的由社区居民骨干和少数民族代表所组建的民族工作信息队伍，及时对少数民族流动人口反映的热点、难点问题给予办理和答复。自队伍建立以来，多次协调社区党委帮助少数民族居民解决在工作、生活方面的问题，真正使少数民族居民反映的问题事事有着落、件件有落实。因此，在城市少数民族流动居民刚进城之初，掌握国家通用语言之前，基于开展培训班、吸引少数民族群众参与社区治理等方式，着力培养社区干部的“双语能力”，即“普通话＋民族语言（或方言）”，是确保社区民族团结、和谐稳定的基本条件。

三是，以“双语”或者“多语”促进民族文化交流，宣传党的民族政策方针，着力增强各族居民的文化认同与政治认同。作为19个民族相互嵌入式的社区，各民族文化在中华中路社区深度交融。站在社区大门，壮族文化赫然入目，社区选取广西古代最有代表性的文化遗产铜鼓作为民族文化元素，巧妙地设计在门面上，让社区内其他民族首先感受壮族文化的精髓，了解壮族文化的发展历史。走进社区大院，一条民族文化宣传长廊展示了社区举办的各种民族活动，既有壮族“三月三”歌圩、穆斯林古尔邦节，又有苗族吃新节、瑶族盘王节，19个民族的文化风情在这里交相辉映。民族文化介绍除了国家通用语言文字外，还包括相应的少数民族语言。社区的“民族之家”，内设民族学习室、民族团结柱、民族书屋等功能区，添置电脑、桌椅、图书等设备，定期举办政策宣讲会，通过邀请高校双语宣讲员，向各族居民宣讲党关于民族工作的最新讲话精神。对于凝结着全社会共同价值追求的二十四字社会主义核心价值观，为了将其精神理念深入人心，社区工作人员不仅将宣传标语和口号翻译成壮语、维语、满语、苗语等少数民族语言，还通过印发多语漫画，生动介绍社会主义核心价值观的实践要求。社区印发的《民族之家少数民族流动人口服务站服务指南》，详细列出了办理计生证、暂住证，以及公民民族成分变更等各项业务的所需材料、承办单位的地址与电话，还节选了一些宪法中相关的少数民族政策。为了方便尚未能熟练使用国家通用语言文字的回族、维吾尔族等居民，谢华娟书记组织专人举办讲解会，用双语一字一句地讲解服务指南。在向社区各族居民宣传一些重要通知或最新政策时，谢华娟书记还请人将其翻译成维吾尔语版本以供维吾尔族同胞传阅。社区在建设过程中，始终注重从语言层面拉近各民族的距离，坚持用双语或者多语促进民族文化交流，宣传党的民族政策方针，以增强各族群众的跨文化认同及中华文化认同，提升各族群众的政治认同。

（三）推普的社会效应的实证分析

1. 变量选择

（1）变量选择。

被解释变量为基层治理参与度。在对广西中越边境地区推普与基层治理的调查问卷进行信度和效度检验，构建包括参与意识、参与能力、参与保障以及参与效果四个一级指标十六个二级指标的基层治理参与度评估指标体系的基础上，计算出参与意识、参与能力、参与保障以及参与效果等基层治理维度的权重，进而估算出基层治理参与度。

核心解释变量为普通话水平。普通话水平分为不会、略懂、一般、熟练四个等级。

控制变量为被调查对象的国籍、性别、民族、年龄、文化程度、政治面貌、职业、年收入等个体特征。其中，国籍包括中国籍、越南籍；性别分为男性和女性；民族分为汉族、壮族、瑶族、苗族；年龄分为18—40岁、41—60岁、60岁以上；文化程度分为小学及以下、初中、高中/中专/职高、大专/本科；政治面貌分为中共党员、一般群众；职业分为务农、务工、经商、专业技术人员（如教师、医生等）、企业员工、村干部；年收入分为0—20000元、20001—36000元、36001—72000元、72001元及以上。

（2）变量的共线性检验。

为了提高多元回归结果的准确性，先要对要素变量之间的多重共线性进行检验（详见表3－36）。方差膨胀因子（VIF）值和容差值（Tolerance）① 是检验多变量之间是否存在多重共线性的两个判别指标。通常VIF值介于0和10之间时变量之间不存在多重共线性，介于10和100之间则变量之间存在较强多重共线性，大于100则变量之间存在严重多重共线性；容差值小于0.1时则存在严重多重共线性。表3－36显示，群众的国籍、性别、民族、年龄、文化程度、政治面貌、职业、年收入和普通话水平等背景变量的VIF值均介于0和10之间，且每个背景变量的容差值均大于0.1，这充分说明普通话水平与国籍、性别、年龄、文化程度等八个特征变量之间不存在多重共线性。

表3－36　　　　变量的多重共线性检验结果

变量	容差	VIF
普通话水平	0.275	3.636
国籍	0.336	2.975
性别	0.909	1.100
民族	0.927	1.079
年龄	0.445	2.246
文化程度	0.476	2.100
政治面貌	0.831	1.204
职业	0.332	3.012
年收入	0.388	2.581

2. 回归结果及分析

为研究普通话水平对基层治理的影响，构建多元回归模型分析普通话水平与各族群众基层治理参与度、参与意识、参与能力之间相关性进行分析，参考谢治菊（2012）的做法，采用逻辑斯蒂（Logistic Regression）进行回归分析。

在进行逻辑斯蒂回归之前，本部分首先需要重新对群众基层治理参与度进行赋值。谢治菊（2012）在研究村民社区参与的影响因素时，将村民社区参

① “容差值”也被称为“容忍度”，为方差膨胀因子值的倒数。详见李子奈、潘文卿：《计量经济学》，北京：高等教育出版社，2015年。

与9个变量简单均值为3设为社区参与高低临界点，小于3的称为“低参与”，编码为“0”，大于或等于3的称为“高参与”，编码为“1”。基于此，借鉴谢治菊等人的研究成果①，结合调研实际情况，本研究将基层治理参与度均值小于3的视为“低参与”，赋值为0，将均值大于等于3的视为“高参与”，赋值为1。模型回归结果如表3－37所示。其中，国籍分为中国籍、非中国籍两类，性别分为男、女两组；民族分为汉族和少数民族两组；年龄分为18—40岁、41—60岁、60岁以上三个年龄段；学历分为小学及以下、初中、高中/中专/职高、大专/本科四个层次；政治面貌分为党员、非党员两组；职业分为务农、务工、经商、专业技术人员、企业员工、村干部六组；收入分为0—20000元、20001—36000元、36001—72000元、72001元及以上四个层级；普通话水平分为不会、略懂、一般、熟练四个等级。国籍、性别、民族、年龄、学历、政治面貌、职业、收入、普通话水平的参照组分别为中国、男性、汉族、18—40岁、小学及以下、中共党员、务农、0—20000元、不会。EXP（B）、EXP（B_1）、EXP（B_2）为因变量各族群众基层治理参与度、参与意识、参与能力相对性的回归模型的相应变量的优势比或比值比（Odds Ratio，简称OR），为在其他条件不变的情况下，自变量每改变1个单位，事件的发生比“Odds”的变化率；“Odds”称为比值或比数，是指某事件发生的可能性（概率）与不发生的可能性（概率）之比。Cox & Snell R^2和Negelkeeke R^2是Logistic模型估计精度的判别指标，反映当前模型中自变量解释的因变量变异占因变量总变异的百分比，与线性回顾模型的R^2类似；似然比卡方值（Chi-square）为模型整体有效性检验指标，Constant表示回归模型的常量或截距项。

表3－37　变量与基层治理参与之间的逻辑斯蒂回归结果

背景要素变量	基层治理参与度	参与意识	参与能力	Exp（B）	Exp（B_1）	Exp（B_2）
略懂	0.646**	0.823**	1.121***	1.191	2.277	3.068
	（0.270）	（0.371）	（0.296）			

① 作者构建逻辑斯蒂回归模型对民族、性别、年龄、学历水平等背景变量对村民社区认同的影响进行了量化分析，认为民族、收入是影响村民社区认同的主要要素。详见谢治菊：《比较与反思：村民社区参与对社区认同影响之实证研究》，《南京农业大学学报》（社会科学版）2012年第4期。

续表

背景要素变量	基层治理参与度	参与意识	参与能力	Exp（B）	Exp（B_1）	Exp（B_2）
一般	-0.66**	-0.447*	1.267***	0.517	0.64	3.55
	(0.383)	(0.238)	(0.382)			
熟练	-1.494***	-0.71**	1.533***	0.224	0.492	4.632
	(0.405)	(0.308)	(0.483)			
国籍	-1.344**	-1.047**	-4.697***	0.261	0.351	0.009
	(0.523)	(0.387)	(1.672)			
性别	-0.049***	-0.18*	-0.16***	0.951	0.835	0.852
	(0.009)	(0.102)	(0.011)			
民族	1.125***	0.293***	0.443**	3.08	1.34	1.557
	(0.238)	(0.124)	(0.171)			
41—60岁	0.097**	0.03**	0.028	1.101	1.031	1.028
	(0.039)	(0.130)	(0.027)			
60岁以上	0.123***	0.203**	-0.092**	1.123	1.22	0.912
	(0.033)	(0.096)	(0.042)			
初中	0.232*	0.109**	0.348**	1.056	1.115	1.416
	(0.129)	(0.014)	(0.170)			
高中/中专/职高	-0.786***	-0.219**	1.63***	0.456	0.803	5.104
	(0.180)	(0.108)	(0.210)			
大专/本科	-1.324*	-1.973**	2.012**	0.266	0.139	7.478
	(0.680)	(0.961)	(0.855)			
政治面貌	-0.068***	-0.505***	-0.416***	0.934	0.604	0.660
	(0.014)	(0.149)	(0.159)			
务工	-0.204***	-0.22**	0.5**	0.815	0.803	1.65
	(0.017)	(0.095)	(0.203)			
经商	-0.458***	-0.336**	-0.497	0.633	0.715	0.608
	(0.071)	(0.125)	(0.903)			
专业技术人员	0.783***	1.121***	0.626***	2.188	3.068	1.870
	(0.191)	(0.243)	(0.199)			
企业员工	-1.118**	-1.236**	0.157	0.327	0.291	1.17
	(0.431)	(0.482)	(0.436)			
村干部	1.526***	1.538***	3.109**	1.805	4.655	22.399
	(0.453)	(0.398)	(1.215)			
20001—36000元	0.263*	0.3**	0.132**	1.032	1.35	1.141
	(0.139)	(0.153)	(0.168)			

续表

背景要素变量	基层治理参与度	参与意识	参与能力	Exp (B)	Exp (B_1)	Exp (B_2)
36001—72000 元	0.418 *	0.472 **	0.155 *	1.076	1.603	1.168
	(0.222)	(0.202)	(0.295)			
72001 元及以上	−0.837 **	−1.004 ***	0.287	0.433	0.366	1.332
	(0.365)	(0.418)	(0.878)			
constant	0.134	0.868	5.779 **			
	(1.138)	(0.871)	(2.924)			
Cox & Snell R^2	0.669	0.692	0.683			
Negelkeeke R^2	0.701	0.712	0.702			
Chi-square	30.223 **	28.234 **	27.654 **			

注：*、**、*** 分别表示在 10%、5% 和 1% 显著性水平，括号内数据为相应的标准误。

从回归结果来看，普通话水平处于“略懂”级别的群众的高基层治理参与度、参与意识和参与能力的概率比均在 1% 的显著性水平是普通话水平为“不会”的群众的 1.191 倍、2.277 倍和 3.068 倍。但随着普通话水平的提升，尽管普通话水平为“一般”“熟练”级别的群众的高基层治理参与能力的概率比在 1% 显著性水平分别为“不会”居民的 3.55 倍、4.632 倍，但高基层治理参与度、参与意识的概率比均小于 1，表明基层治理参与度和参与意识均在下降。普通话水平为“一般”“熟练”水平的群众的高基层治理参与度分别为“不会”居民的 0.517 倍（5% 的显著性水平）和 0.224 倍（1% 的显著性水平），而高基层治理参与意识则为“不会”居民的 0.64 倍（10% 的显著性水平）、0.492 倍（5% 的显著性水平）。这说明，随着普通话水平的提升，居民的基层治理参与能力逐步提升，但参与意识、参与度却呈逐步降低态势。究其根源，在于语言的交际工具、人力资本属性及各族群众普通话普及的不平衡不充分所致。

首先，从广西中越边境地区普通话推广普及成效来看，尽管广西中越边境地区普通话普及率已达 92.92%，超出全区平均水平 7.24 个百分点，超过全国平均水平 12.2 个百分点，实现了“普通话基本普及，语言交际障碍基本消除”的目标，但普及率与普及质量均呈现年龄、性别、区域、职业等方面的异质性，依然存在不平衡不充分问题。如男性普通话普及率高出女性 3.61 个百分点；18 岁以下青少年和 18—59 岁中青年普通话普及率和普及质量均高出

60周岁以上老年人近30个百分点；凭祥市、宁明县的普通话普及质量分别低于边境地区整体水平13.03、13.36个百分点等（刘金林、马静，2021）[①]。

其次，语言作为一种交际工具和人力资本，普通话技能的提升不仅有助于增强农民群众的务农技能和城镇就业能力，直接提高务农和工资收入（马静、刘金林，2020）[②]；而且还有利于加快进城务工农民工的社会网络融入，减少农民摩擦性失业的持续时间，降低农民工寻找合适工作的成本，推动农村劳动力转移就业（刘金林、马静，2021）[③]。

总体来说，普通话水平越高的群众，尤其是60周岁以下群体，其从事务工、经商、教师、基层干部、公务员等职业的可能性越大，相对应获得高收入的可能性也越高。结合上述关于职业、年龄、收入等变量与基层治理参与度、参与意识及参与能力的关系机制讨论，基本可以阐释“普通话能力越高，各族群众的基层治理参与能力逐步增强，但基层治理参与度、参与意识却呈下降态势”之缘由。

同时，从模型回归结果来看，第一，变量“国籍”在1%的显著性水平与各族群众的基层治理参与度、参与意识、参与能力呈负相关关系。这说明非中国国籍（越南籍）公民的基层治理参与比、强参与意识及高参与能力的概率均较中国公民低，EXP（B）、EXP（B_1）、EXP（B_2）的数值表明，非中国国籍的公民的基层治理参与比、强参与意识及高参与能力的概率比分别是中国籍群众的0.261倍、0.351倍和0.009倍。也可以看出，相对于中国国籍公民的

---

① 60周岁以上老年人的普通话普及质量低于广西中越边境地区整体水平23.85个百分点；跨境婚姻家庭主妇的普通话普及质量和普及率仅为24.44%和7.90%。详见刘金林、马静：《铸牢中华民族共同体意识视域下广西中越边境地区普通话高质量推广普及研究——语言与国家治理系列研究之七》，《广西民族大学学报》（哲学社会科学版）2021年第6期。

② 以广西中越边境地区0—3公里范围内的农村居民为样本，构建量化模型实证分析普通话技能与劳动者收入之间的关系，结论表明广西中越边境地区农村居民普通话水平和劳动者收入之间呈显著正相关关系，且两者关系在年龄、职业、性别之间存在异质性。详见马静、刘金林：《少数民族地区推普助力脱贫攻坚的内在机理及实证分析——语言与国家治理系列研究之一》，《民族教育研究》2020年第5期。

③ 基于2017—2020年广西边境地区0—3公里范围内农村居民的全样本调研结果实证分析表明，在1%的显著性水平，普通话水平每提高1%，农村劳动力就业转移率增加0.152%。详见刘金林、马静：《推普助力农村劳动力转移就业的机理及效应》，《中南民族大学学报》（人文社会科学版）2021年第11期。

基层治理参与意识，非中国国籍居民的基层治理参与能力更为欠缺，因为非中国国籍公民中具备强参与意识的概率比是中国国籍公民的0.351倍，但具有较高参与能力的概率比仅为中国国籍居民的0.009倍。随着跨国交流的加强，以及“一带一路”建设的推进，中越边境地区跨境婚姻家庭也越来越多。越南籍群众之所以基层治理参与能力低，是因为她们并未从小居住在我国境内，大多是通过婚姻在我国境内居住，这就使得其对我国基层治理、村级事务的参与流程以及群众自治的相关政策知之甚少。况且，越南籍女子大都为半文盲甚至是文盲，日常交流以跨境语言为主，国家通用语言文字的听、说、读、写能力较低，普通话普及率不足30%，导致对我国的国家政策、方针及法律法规缺乏了解，语言不通不仅会大大降低越南新娘的基层治理参与意识，而且已成为其参与能力提升的主要制约因素。同时，目前大多数跨境婚姻为事实婚姻或“涉外非婚同居”，即没有依据我国相关法律规定办理结婚登记手续，从而嫁入中越边境地区的越南新娘也未能取得中国的户籍，更无法取得中国国籍，进而无法享受国内的财产权，无医疗、养老、低保等社会保障，以及受教育权、劳动权和政治权利等基本宪法权利，更不用谈参与村庄公共事务的权利了。“越南婆”成为嫁入中越边境地区的越南女人身份的“标签”，以国别和“外人”身份建构起来的歧视限制了她们与周围群众的交流交往深度，导致她们在村里社交逼仄而单一，加剧了她们融入村庄公共生活的难度，再加上丧失参与村庄治理和享有基本保障的权利，使其被排斥在村庄治理和发展之外，只有极少数愿意观看村庄表演活动，能参与其中的更是少之又少，其基层治理参与度较低（鱼耀，2020）①。

第二，变量“性别”在1%的显著性水平与基层治理参与度、参与能力呈负相关关系，在10%的显著性水平与参与意识呈负相关关系。这意味着，相对于男性居民，女性群众的基层治理参与比、具备高参与能力和强参与意识的概率比均较低。从优势比或比值比来看，女性居民中具有高基层治理参与度、参与意识与参与能力的概率比分别为男性居民的0.951倍、0.835倍、0.852

① 调研显示，公民身份缺失造成的制度性歧视限制了越南新娘关系网的扩展渠道，村庄生活存在的隐形歧视则影响了她们的交往深度。详见鱼耀：《生存有道：中越跨境婚姻家庭中的嫁与家——以宁明县N村为例》，《广西民族研究》2020年第5期。

倍。这可能是由于集老、少、边、穷、山、石漠化特征为一体的广西中越边境地区的大部分村庄受市场化的影响较小，父权男性为主导的文化价值体系、传统农村生产生活中“男主外女主内”的思想还深深影响着村民的生产生活，男性参与基层治理的意愿较为强烈，而女性通常将自己的角色定位在家庭，往往认为基层公共事务是男性的事情，导致缺乏了解基层治理、村级事务的参与流程以及群众自治的相关政策的积极性和主动性，基层治理参与意识较低，从而对基层治理的参与度普遍较男性低①。尤其是，相对于参与能力，女性居民中具有高参与意识的概率比不仅显著性较低，而且数值较低，这说明，与参与能力相比，女性参与意识不足是其基层治理参与存在的主要问题，和张凤华等(2014)②、金一虹（2019）③的研究结论一致。

第三，变量“民族”在1%的显著性水平与基层治理参与度、参与意识呈正相关关系，其在5%的显著性水平与参与能力呈正相关关系。从相关性程度来看，少数民族群众与汉族群众相比，基层治理参与度、参与意识和参与能力均较强，具有高基层治理参与度、参与意识和参与能力的概率比是汉族群众的3.08倍、1.34倍和1.557倍。且相对于参与意识来讲，少数民族居民的基层治理参与能力更强。这主要是受调研对象和中越边境地区乡村社会形态两方面因素影响所致。一方面，从调研对象来看，本研究调研的区域为广西中越边境地区的东兴市、靖西市、那坡县。按照全国第七次人口普查数据公报，东兴市、靖西市、那坡县各少数民族人口占比分别为32.25%、99.5%和93.51%。这就意味着相对于汉族而言，壮族、京族、苗族等为上述三个县（市）的主体民族。作为主体民族，少数民族群众自然会对生于斯、长于斯的村落颇有感

① 胡业方（2017）研究认为与发达地区的农村相比，由于不发达地区农村家庭和村庄的生产功能较为明显，导致妇女在家庭中的地位低下，从属于男性，且在村庄公共空间中既不参与社会事务也不参与村庄政治，呈现弱存在性，无自主性状态。详见胡业方：《家庭及村庄核心功能变迁与妇女权利的建构》，《华南农业大学学报》（社会科学版）2017年第4期。

② 研究认为目前农村妇女无论在村两委、党团组织、民间社会组织的参与还是农村妇联，在村庄治理中的参与度都不尽如人意。详见张凤华、魏红英：《村庄治理中的妇女组织化参与》，《社会主义研究》2014年第5期。

③ 作者针对6个村的样本调研表明，由于缺少表达利益诉求的渠道、因性别而带来的权利的“脆弱性”等原因，导致农村妇女对村庄事务的低度关注和低度参与。详见金一虹：《嵌入村庄政治的性别——农村社会转型中妇女公共参与个案研究》，《妇女研究论丛》2019年第4期。

情，视村庄利益为个人利益实现的保障，对村庄发展具有强烈的使命感和责任感。另一方面，边境地区受社会主义市场经济和人口流动等因素的冲击较小，熟人社会依然是农村的社会形态，传统乡土社会那种“对行为规矩和社区规范熟悉到不假思索的地步”（费孝通语）的高认同状态大大增强了少数民族居民参与村庄治理的主体意识、责任意识和主动参与意识。

第四，从年龄段来看，41—60岁及60岁以上群体高基层治理参与度概率比分别是18—40岁群体的1.101倍（5%的显著性水平）和1.123倍（1%的显著性水平）；且在5%的显著性水平，41—60岁及60岁以上群体高参与意识概率比分别是18—40岁群体的1.031倍和1.22倍。这可能和广西中越边境地区村落的“虚空化”有关。改革开放以来，随着边境地区居民向城市流动，边境地区尤其是沿边地带出现了“虚空化”，包括人口空心化、地理空心化等，成为影响国家安全和边疆稳定的突出因素。如表3－38所示，2010年至2020年间，广西中越边境地区除东兴市外，其他七县（市、区）与越南接壤乡镇均存在人口外流现象。其中，流出人口占总人口比例超过10%的乡镇有6个，人口外流规模最大的为宁明县的桐棉镇，2010—2020年流出人口占总人口的22.12%；其次为靖西市的湖润镇，流出人口占总人口的16.79%。且外流人口当中，大部分以青壮年劳动力为主，留下所谓“386199”（妇女、儿童、老人）部队。如龙州县在离市区（点）、口岸更偏远一些的边境村，几乎很难看到青壮年劳动力。村落大量中青壮年劳动力的外流使得留守老人、妇女和儿童成为村庄生活的主体，边境村庄逐步呈现人口空心化的特征。人口的空心化进一步会导致边境村落地理空心化、社会关系空心化和村庄社会活力空心化（朴金海、王春荣，2017）①。年轻人的大量外流一方面导致年轻人群在村里“没有根基”“人头不熟”，即使参与村“两委”干部选举，也由于村民对年轻人“不认识”“不了解”而落选，导致基层治理陷入后继乏人的困境，村

① 地理空心化，即耕地抛荒、农业粗放经营、宅基地空置、土地资源浪费而形成空心村；社会关系空心化，即人口外流和空间距离的拉大，松动和弱化了维系村庄秩序的“熟人社会”关系网络；村庄社会活力空心化，即村庄内生组织缺乏新生力、公共生活严重退化、社区治理水平下降等。详见朴金海、王春荣：《流动的困惑：朝鲜族跨国流动与边疆地区社会稳定——以延边朝鲜族自治州边境地区为例》，《中南民族大学学报》（人文社会科学版）2015年第2期。

干部"断层化""老龄化"现象普遍。另一方面，随着中青年纷纷"离土离乡"外出务工，对市场经济的依赖程度远远高于村庄的支持力度，生活的重心逐步转移到城市，原子化的个体替代村庄成为年轻人的认同对象；村庄也逐渐隐退到生活的边缘地带，在面对村庄公共事务时均保持着理性的疏离，对村庄集体事务漠不关心，集体观念日渐淡漠，间或参与村庄治理亦不再是义务与责任使然，再加上村民参与公共事务治理激励与约束机制的缺乏，致使政治参与的主动性严重不足。

表3-38　广西中越边境地区与越南相邻乡镇人口流失情况

乡镇名称	2010—2020年流失人口数量（人）	占总人口比率
桐棉镇（宁明县）	9177	22.12%
胡润镇（靖西市）	4272	16.97%
友谊镇（凭祥市）	2614	15.79%
下雷镇（大新县）	3825	14.20%
彬桥乡（龙州县）	2470	12.35%
武德乡（龙州县）	2018	10.30%
壬庄乡（靖西市）	2087	9.19%
安宁乡（靖西市）	1253	7.18%
上石镇（凭祥市）	923	7.10%
下冻镇（龙州县）	1508	6.82%
吞盘乡（靖西市）	939	5.18%
龙邦镇（靖西市）	974	4.62%
那良镇（防城区）	287	4.55%
峒中镇（防城区）	913	2.94%
岳圩镇（靖西市）	274	1.83%
百省乡（那坡县）	217	1.18%

注：表格数据是依据广西中越边境地区八县（市、区）第七次和第六次全国人口普查数据公报计算而得。

社区记忆越强，社会认同也越强，社会参与的主观性和能动性也就越足。在中国传统的社会，社区记忆主要通过长者或老者口述的村庄历史和传说、村规民约、族谱以及标志性的建筑物等体现或产生。相对于年轻人，老年人在村庄的生活时间较长，社会网络主要来自村庄，其利益需求的满足更多依赖于村庄提供的服务和公共生活，村庄的利益和发展事关个人利益的实现和福祉的提高，因此对村庄具有较强的归属感和认同感，并且这种情感认同会进一步强化他们对村庄公共事务治理的责任感、义务感及村庄公共利益的认知，激发其参与基层治理的热情。另外，从经济学理性选择理论来看，切身利益的满足是居民政治参与的主要动力。60岁左右的老年人生产和生活的范围局限于村庄公共空间，与外界的利益关联较少，他们的利益需求更多地依赖于村庄治理的参与，村庄公共服务设施的改善、农村医疗保障水平的提高、文化生活的丰富等不仅能够填补老年人生活的空虚感，而且有助于促进老年人心理健康。正是由于老年人对村庄有着较强的利益依赖，在参与村庄治理过程中能够获得强身健体、人际交往、丰富精神生活等需求的满足，从而对村庄治理具有较强的参与意愿。

但在参与能力方面，18—40岁、41—60岁两个群体无显著差别，但在5%的显著性水平，60岁以上群体的高参与能力概率比比18—40岁、41—60岁两个群体要低，是18—40群体的0.912倍。这说明，尽管60岁以上居民的基层治理参与度、参与意识均比18—40岁、41—60岁两个群体高，但参与能力却比上述两个群体低。这也是现有村庄治理面临的矛盾和困境之一：老人村庄治理空间的拓展和参与不足并存（吴春梅、李青，2018）①。尽管近年来中国出现的老龄化、精英外流等导致老年人村庄参与的空间不断拓展，机会也越来越多，但由于老年人在解决问题时习惯运用经验主义，法律知识较为缺乏，社会治理理念滞后等，再加上集体主义精神弱化、公共生活趋于利益化、家庭地位边缘化等因素影响，导致老年人的基层治理参与依然面临着广泛性参与、自主性参与不足，无组织性参与突出等问题，还处于象征性参与水平。

第五，从学历来看，初中学历水平的群众中高基层治理参与度、参与意识及参与能力的概率比是小学及以下学历水平居民的1.056倍（10%的显著性水平）、1.115倍和1.416倍（5%的显著性水平）。高中/中专/职高、大专/本科

---

① 研究认为，中国村庄面临着人口老龄化与精英外流相互交织、村庄共同体衰落与家庭共同体相对稳固二元悖反、村庄治理资源精英控制与老年人参与空间拓展同时并存等三大困境，导致尽管农村老年人村庄公共事务参与意愿很强烈，但具有明显的差异性、间接性、边缘性、无组织性等群体特征。详见吴春梅、李青：《老年人村庄公共事务参与的个案分析》，《理论探讨》2018年第2期。

学历的群众无论是参与度，还是参与意识均低于小学及以下学历水平居民，但前者人群高参与能力的概率比却是后者的 5.014 倍（1%的显著性水平）、7.748 倍（5%的显著性水平）。这表明，尽管高学历居民较低学历群众具有较强的参与能力，但参与意识相对较低，最终表现为较低的基层治理参与度。在民族地区的乡村，具有高中以上学历的居民，尤其是青年群体是村庄精英的主体，也是农村剩余劳动力向城市转移的主力军。“上位流动”是农村人口流动的代表性特征，这部分群体通过升学、外出务工、参军等多种途径，力图实现社会阶层流动，改变自身社会地位。即使这部分人群迫于购房的压力以及子女教育、职业发展、家庭生活等问题，愿意返乡置业，也不愿重回乡村生活[①]。与此同时，由于这部分人群长期背井离乡，对村庄缺乏认同感和归属感，从而在基层治理参与中整体呈现出“参与能力强而参与意识弱”的特征。如何吸引乡村精英回流，吸纳和培育乡贤参与乡村建设和发展，解决当前乡村治理人才储备不足的问题，是乡村基层党组织建立健全基层治理体制的主要目标之一。相反，在农村留守老年人和妇女中，多为初中及以下学历，初中学历属于该群体中文化程度较高的居民，在基层治理参与中发挥主导作用，是我国农村基层治理参与的主力军。

第六，从政治面貌来看，在 1%的显著性水平，群众的高基层治理参与度、参与意识和参与能力是党员的 0.934 倍、0.604 倍和 0.416 倍。充分说明，党员的基层治理参与度、参与意识和参与能力均高于群众。基层治理中多数党员为政府和党组织的工作人员或者离退休党员干部，他们是基层治理的“多面手”“灭火器”和“千斤顶”，发挥着模范带头作用，工作成效直接关系基层群众对中国共产党的认同。另外，参与治理的离退休党员干部，也是来自于退休的村委会领导或者农业技术专家，具有坚定的政治优势、经验优势和人脉资源优势，老党员、老干部、老专家等群体已逐步成为助力基层治理的重要力量。

第七，从职业来看，除村干部、专业技术人员外，在 5%的显著性水平，务工、商人、企业员工等群体的基层治理参与度、参与意识均比务农居民低。

---

① 《2019 年返乡置业调查报告》显示，52.7%的漂一族有返乡置业意向，三四线城市是返乡置业的主力城市。详见《2018—2019 返乡置业调查报告：52.7% 意向返乡置业》，https：//guancha. gmw. cn，2019 年 1 月 27 日。

但务工群体的参与能力较务农群体高，商人、企业员工等群体参与能力与务农群体并无显著差异。根源还是在于乡村劳动力城市转移，商人、专业技术人员、企业员工是乡村外流人口的主体，大部分为乡村青壮年劳动力和精英，由于缺乏乡村社区认同，参与乡村治理的意愿比较弱。尽管乡村治理干部队伍面临着青黄不接、老中青结构不合理的严峻问题，工作中也存在深入基层不够多、青年干部经验缺乏、法治意识淡薄等不足，但村干部是乡村发展的引领者，带领致富本领强、思想素质好、服务群众主动性高等是村干部的必备素养，这就要求其必须具备推动乡村经济发展，带动老百姓增收致富的强烈责任感、主观能动性及综合能力。回归结果显示，村干部的强基层治理参与度、参与意识、参与能力的概率比是务农群体的 1.805 倍、4.665 倍和 22.399 倍。另外，回归结果显示，专业技术人员的基层治理参与度、参与意识、参与能力均高于务农群众。农业是农业技术人员的收入来源，农村是农业技术人员增收的主战场，农业、农村发展与专业技术人员的利益紧密相关，是他们实现自身利益的保证。在通常情况下，相对于务农群众，农村专业技术人员不仅参与能力较强，而且对乡村基础设施建设、专业技术人才培训、乡村生态环境的改善等公共事务参与具有较强的意愿和内生动力。

第八，从收入来看，分化比较明显。20001—36000 元收入段群众的高基层治理参与度、参与意识、参与能力的概率比是 0—20000 元收入段居民的 1.032 倍（10% 的显著性水平）、1.35 倍和 1.141 倍（5% 的显著性水平）；对于 36001—72000 元收入段，相应比值比分别为 1.076 倍（10% 的显著性水平）、1.603 倍（5% 的显著性水平）和 1.168 倍（10% 的显著性水平）。但无论是参与度还是参与意识，72001 元收入以上的居民均比 0—20000 元收入段的居民要低，比值比分别为 0.433 倍（5% 的显著性水平）和 0.366 倍（1% 的显著性水平）。这充分说明，基层治理参与度、参与意识、参与能力与居民收入之间的关系可能呈现“二次曲线”关系，即随着居民收入的增加，各族群众基层治理参与度、参与意识、参与能力呈现“先增强后减弱”的趋势。那么，这种特征是表象还是现实存在？将被访对象的收入段和职业匹配，发现收入处于 0—20000 元及 20001—36000 元段的群众主要为务农群体，尤其是务农群体中的 70 岁以上的老人及残疾人是 0—20000 元收入群体的主要组成部分，这部分人群往往受自身文化水平、生活自理能力的制约，属于多重弱势群体，在社会生活中处于边缘地位，甚至时常遭受其他居民的歧视、嘲讽，相对剥夺感较其他群体更为严重，部分人的心理和情感情绪方面具有明显的负性倾向，对基层治理参与往往比较被动和消极。务工、专业技术人员、企业员工、村干部则是36001—72000元收入段群体的主体；收入在72001元以上的居民绝大多数是经商人员。由于农村专业技术人员、村干部的基层治理参与度较高，参与意识较为强烈，而除过年过节之外，外出经商人员长期在外忙于工作，无暇顾及乡村公共事务治理，再加上对乡村社区认同感较低，保持着“只要自身利益不受侵害，就不参与或少参与”的观念，基层治理参与意识淡薄，参与意愿比较低。如此看来，居民收入与基层治理参与度之间的“拉佛曲线”关系背后隐藏的是基层治理参与群体的结构性差异，尽力提升乡村弱势群体的基层治理参与主动性，充分发挥和凝聚外出经商乡贤的资源和力量，构建“乡贤参事”的乡村治理模式，是推动基层治理工作发展的创新举措。

五、广西中越边境地区推普的政治效应的理论机理与实证分析

（一）推普的政治效应的理论机理

党的十八大以来，习近平总书记着眼于新时代民族团结进步事业新发展，创造性地提出“铸牢中华民族共同体意识”的民族工作重大命题，为新时代民族工作指明了方向。在2019年全国民族团结进步表彰大会上，习近平总书记深刻揭示了中华民族共同体形成和发展的历史逻辑，提出了新时期民族团结进步事业的工作重点，为铸牢中华民族共同体意识提供了思想支撑和努力方向。而语言作为人们的交际工具与思维工具，语言不通就难以沟通，不沟通就难以达成理解、形成认同。在2021年的全国“两会”上，习近平总书记在参加内蒙古代表团审议时强调：“文化认同是最深层次的认同，是民族团结之

根、民族和睦之魂。要认真做好推广普及国家通用语言文字工作，全面推行使用国家统编教材。”作为沟通交流的工具、文化的载体，普通话的推广和使用是推动各民族交往交流交融，对于凝聚人心，提升各族群众国家认同和文化认同具有重要作用；而作为一种人力资本，普通话水平的提升有助于农村贫困劳动力更好融入城镇社会生活，获得稳定且收入较高的城镇就业岗位，提高进城的农村贫困劳动力的个人收入，对于阻断贫困代际传递、巩固脱贫攻坚成果、解决相对贫困问题，进而夯实铸牢中华民族共同体意识的物质基础具有关键性的意义。

其一，作为交际工具与社会制度，普通话推广是加强各民族交往交流交融，夯实铸牢中华民族共同体意识社会基础的基本前提。美国语言学家威廉·德怀特·惠特尼（William Dwight Whitney，1876）在《语言的生命与成长》一书中提到：“我们把每一种语言当作是一种制度。”[①] 瑞士语言学家费尔迪南·德·索绪尔（Ferdinand De Saussure，1907）在内化惠特尼提出的语言的社会性、符号性和任意性等属性的基础上，认为“语言是一种表达观念的符号系统，是一种纯粹的社会制度”。法国著名哲学家、思想家莫里斯·梅洛－庞蒂（Maurice Merleau-Ponty，1942）在索绪尔和结构语法之父乔姆斯基的语言创造力观点的基础上，提出了语言“二重”属性：作为制度的语言和说话人表述行为中的语言创造。美国哲学家约翰·罗杰斯·塞尔（John Rogers Searle，1979）在前人研究的基础上，着重对语言的制度属性进行了深入分析，认为语言具有契约性，个体不能创造和改变语言，语言只能作为社群成员间共同遵守的契约而存在。且塞尔进一步提出，语言是一种基础的社会制度，因为语言不只是描述已经存在的制度事实，也应是现有事实的一部分。实质上，塞尔的观点和语言约定论的观点颇为相似。语言约定论者将语言看作约定的规则系统，参与语言交流的人们之间的约定是语言交流活动取得成功的充分必要条件。如此看来，按照语言学、哲学、社会学等学科观点，语言是一种在社群内影响人们词语选择的社会契约，是一种基础的社会制度，交易过程中共同语言或者单一语言的使用对于降低交易过程中的信息不对称程度，增进信任，规避交易过程中的机会主义和突破有限理性约束，进而降低交易对方搜寻成本、减少交易频率、促成交易达成等具有直接决定性作用。这一点在世界各国国家治理的实践中也得到了证实，

① 转引自 В. В. Белый，丁一夫．惠特尼的语言观［J］．国外语言学，1984，4（01）：47－55.

推广通用语言有利于提升社会交际与国家治理效能。随着我国易地扶贫搬迁工程的实施，以及大规模农村人口流向城市，多民族聚集社区将成为城市社区的常态，构建互嵌式的社会结构和社区环境，创造各民族共居共学共事共乐的社会条件，将成为我国城市社区治理的核心任务。因此，从语言的交际工具和社会制度属性来看，作为我国的国家通用语言，普通话的推广是消除语言隔阂，降低交流阻力，减少误解与冲突，增强各民族交往交流交融，推动城市社区治理体系与能力现代化，夯实铸牢中华民族共同体意识社会基础的语言保障。

其二，作为一种文化形式与载体，普通话推广是增强各族群众文化认同，夯实铸牢中华民族共同体意识文化基础的内在要求。文化是一个民族的魂魄，文化认同是民族团结的根脉。人类学之父爱德华·伯内特·泰勒（Edward Burnett Tylor，1871）将文化定义为“一个复杂的总体，包括知识、信仰、艺术、道德、法律、风俗以及人类在社会里所有一切的能力与习惯”。英国人类学家、功能学派的创始人阿尔弗雷德·拉德克里夫·布朗（Alfred Radcliffe Brown）认为：“文化是一定的社会群体或社会阶级与他人接触交往中习得的思想、感觉和活动的方式。”美国管理学家斯蒂芬·P. 罗宾斯（Stephen P. Robbins）则认为“文化是一种知觉。这种知觉存在于组织中而不是个人中”。因此，文化是人们对客观世界感性认知的升华，能够被传承和传播的国家或民族的思维方式、价值观念、生活方式以及行为规范等，具有精神性、社会性、独特性、一致性、集合性特征，包括物质文化、精神文化和制度文化三个层次。从文化的内涵与本质来看，语言本身就是一种文化现象。正如世界语言学家爱德华·萨丕尔所言，语言不是本能的行为而是社会的习俗。但萨丕尔-沃尔夫假说认为，语言结构会影响语言使用者的认知结构，即不同语言使用者会因为语言的差异而产生不同的思考方式和行为方式。因此，作为一种人类特有的一种符号系统和表达意义的工具，语言是人类思维的工具，文化信息的载体，不仅是文化得以存在和延续的基础，而且对文化的形成和发展具有重要影响[①]。我国自秦朝推行“书同文，车同轨，行同伦”以来，各朝各代至今

① 国内学者许国璋（1986）认为：“语言是人类特有的一种符号系统，当它作用于人与人关系的时候，它是表达相互反映的中介；当它作用于人和客观世界关系的时候，它是认知事物的工具；当它作用于文化的时候，它是文化信息的载体和容器。”

都以汉语言文字为主要交流语言文字，这已成为维系中华文明传承五千年而不断流的主要载体，是中华民族共同的精神财富。普通话、少数民族语言、方言共同构成了中华民族多样化的灿烂的民俗文化。民族语言、方言均是普通话常变常新的活水源泉。普通话成为通用语言的过程，是其不断吸收、借鉴各民族语言和方言的优秀要素，在各民族使用中吐故纳新的过程，其不仅是中华优秀传统文化的重要组成部分，而且是中华优秀传统文化传播的工具及中华优秀传统文化的反映。因而，大力推广普通话是继承和发扬中华优秀传统文化，增强各族群众文化认同，铸牢中华民族共同体意识文化基础的内在要求。

其三，作为一种人力资本，普通话推广是提高个人劳动收入，夯实铸牢中华民族共同体意识物质基础的有效路径。提高民族地区进城务工人员就业能力，增强其就业的稳定性，确保其获得稳定而收入较高的工作岗位，是实现民族地区稳定脱贫，减少和防止贫困人口返贫，筑牢防止返贫“堤坝”的根本。习近平总书记高度重视就业扶贫工作，多次作出重要指示，指出“一人就业、全家脱贫，增加就业是最有效最直接的脱贫方式，长期坚持还可以有效解决贫困代际传递问题”。国外理论与实证研究成果均表明，作为人类最重要的思维工具、认知工具和交际工具，语言能力是影响个人收入的重要因素之一；语言歧视会导致少数民族语言群体在劳动力市场上边缘化，进而无法获得高额的工资收入（Carliner Geoffrey，1981；Shapiro D. and Stelcner M.，1981；Gilles Grenier，1987；Barry R. Chiswick and Paul W. Miller，1995，1999，2002；Louis Christofides & Swidinsky Robert，2008）。同时，国内学者对普通话技能与劳动收入的关系也开展了大量的实证研究（陈媛媛，2016；赵颖，2016；王海兰，2019；刘金林、马静，2020）[①]，尽管研究样本、视角，以及所考虑的异质性和外部条件有所差异，但结论一致认为普通话技能与个体劳动收入之间呈显著的正向关系。因此，作为一种人力资本与经济要素，普通话的推广是提高民族

① 在我国《推普脱贫攻坚行动计划（2018—2020）》（教语用〔2018〕1号）收官之年，刘金林、马静等（2020）以广西中越边境地区为例，从个体劳动收入、新型城镇化、县域开放开发、县域创新创业等角度对其实施效应进行了评估。实证结果表明，广西中越边境地区推普存在显著的“劳动收入效应”，即广西中越边境地区居民普通话水平与其劳动收入之间存在显著的正相关关系，与陈媛媛（2016）、赵颖（2016）、王海兰（2019）的研究结论一致。

地区贫困劳动力收入，阻断民族地区贫困代际传递，夯实铸牢中华民族共同体意识物质基础的现实要求和有效路径。

（二）推普的政治效应的实证分析

为论证推普的政治效应，本部分采取定性分析和定量分析相结合的方式展开分析，首先基于问卷调查结果分析“五个认同”状况，结合调研资料对“五个认同”影响因素展开分析；其次在实证分析普通话的基层治理效应的基础上，分析基层治理参与度与“五个认同”的相关性，进而论证普通话对增强“五个认同”的现实机制。

1. “五个认同”状况分析

（1）“五个认同”统计结果。

①对伟大祖国的认同。

将对伟大祖国的认同评价细化为：“作为国人的骄傲程度”“对中国历史与文化骄傲程度”“如有机会，是否会加入外国国籍”三个指标。调查结果如表3－39所示，充分表明广西中越边境居民中近85%的调研对象拥有强烈的爱国情怀和祖国荣誉感，90.39%的调研对象对中国历史与文化有较强的认同感。但相对来说，“作为国人骄傲程度”这项指标最低，持非常骄傲和比较骄傲态度的调研对象占比为84.28%，与此相对应，对于“如有机会，是否会加入外国国籍”这一指标，有85.39%的被访居民肯定不会加入外国国籍。从这两个指标来看，被访者对伟大祖国的认同度相近。

表3－39　对伟大祖国的认同调查结果

评价指标	非常骄傲	比较骄傲	一般	不太骄傲	
作为国人的骄傲程度	69.23%	15.05%	13.79%	1.93%	
	非常骄傲	比较骄傲	不知道	不太骄傲	
对中国历史与文化的骄傲程度	61.54%	28.85%	7.69%	1.92%	
	肯定不会	可能会	肯定会	不知道	不太愿意
如有机会，是否会加入外国国籍	85.39%	5.00%	1.92%	6.10%	1.59%

注：表中数据为持相应态度的调研对象占调研对象总人数的比例。

②对中华民族的认同。

为了研究本民族认同与中华民族认同之间的共生性问题，以及族际认同对中华民族认同的影响，在对中华民族的认同进行调查的同时，对本民族认同和族际认同也进行了调查，调查结果如表 3 - 40 所示。对本民族认同主要通过“对自己的民族有强烈的自豪感”“应该遵守本民族的宗教信仰”“应该牢记自己的民族身份”“应该经常讲本民族的语言”四个评价指标反映；族际认同评价指标包括是否愿意与其他民族群众一起聊天、工作、成为邻居与亲密朋友、通婚等；而对中华民族的认同则主要测度各族群众对于中华民族的认知和认同，评价指标涉及“我为本民族感到骄傲，更为中华民族而骄傲”“个人的前途和命运与中华民族前途和命运息息相关”“各民族不论人口多少，经济社会发展程度高低，都是中华民族大家庭的平等一员”“不管是什么民族，大家都是中华民族共同体中的一员”四个表述的看法。

从本民族认同来看，“对自己的民族有强烈的自豪感”“应该遵守本民族的宗教信仰”“应该牢记自己的民族身份”“应该经常讲本民族的语言”这四个指标中，除“应该遵守本民族的宗教信仰”的认同度为 76.92%，其余三个指标的认同度均超过 84%。从族际认同来看，非常愿意和其他少数民族成员一起工作（干活）的被访者占比达到 59.62%，非常愿意和其他少数民族成员一起聊天的为 55.77%，非常愿意和其他少数民族成员成为邻居、亲密朋友的为 53.85%，非常愿意和其他少数民族成员通婚的为 48.08%，但也有极少数调研对象表示非常不愿意（3.85%）和不太愿意（2.95%）与其他民族成员通婚，不太愿意和其他民族居民一起工作（3.38%）、聊天（2.15%）、成为邻居（3.85%）及亲密朋友（1.92%）。同时，调研对象对“不管是什么民族，大家都是中华民族共同体中的一员”“各民族不论人口多少，经济社会发展程度高低，都是中华民族大家庭的平等一员”“我为本民族感到骄傲，更为中华民族而骄傲”“个人的前途和命运与中华民族前途和命运息息相关”这四个指标的认同度较高，持非常赞同、比较赞同的被访者占比最低为 94% 以上。这说明，被调研对象在本民族认同与中华民族认同之间具有较高的共生性。但对“我为本民族感到骄傲，更为中华民族而骄傲”这一问题，依然有 1.92% 的调研对象表示不太赞同。另外，当被问及“个体主观感觉当地民族关系如何”，78.85% 的调研对象认为当地民族关系非常融洽和比较融洽，但有 21.15% 的调研对象表示当地民族关系一般（如图 3 - 7 所示）。

表 3-40　　对民族认同的调查结果

本民族认同					
评价指标	非常赞同	比较赞同	一般	不太赞同	非常不赞同
对自己的民族有强烈的自豪感	61.54%	23.08%	11.54%	1.92%	1.92%
应该遵守本民族的宗教信仰	57.69%	19.23%	19.23%	3.85%	0
应该牢记自己的民族身份	63.05%	21.57%	12.21%	2.25%	0.92%
应该经常讲本民族的语言	75.00%	17.31%	7.69%	0	0
族际认同					
评价指标	非常愿意	比较愿意	一般	不太愿意	非常不愿意
与其他民族群众一起聊天	55.77%	25.00%	17.08%	2.15%	0
与其他民族群众成为邻居	53.85%	26.92%	15.38%	3.85%	0
与其他民族群众一起工作（干活）	59.62%	25.00%	12.00%	3.38%	0
与其他民族群众成为亲密朋友	53.85%	25.00%	19.23%	1.92%	0
与其他民族群众通婚	48.08%	28.84%	16.28%	2.95%	3.85%
中华民族认同					
评价指标	非常赞同	比较赞同	一般	不太赞同	非常不赞同
不管是什么民族，大家都是中华民族共同体中的一员	82.70%	17.30%	0	0	0
各民族不论人口多少，经济社会发展程度高低，都是中华民族大家庭的平等一员	76.92%	23.08%	0	0	0
我为本民族感到骄傲，更为中华民族而骄傲	76.92%	17.31%	3.85%	1.92%	0
个人的前途和命运与中华民族前途和命运息息相关	71.15%	23.08%	5.77%	0	0

注：表中数据为持相应态度的调研对象占调研对象总人数的比例。

③对中华文化的认同。

对中华文化的认同主要通过调查各族群众对中华文化及社会主义核心价值观认知度两个方面来评价。中华文化认知度包括“本民族文化是中华文化的一个组成部分”“中华文化是由 56 个民族共同创造的”“中华文化对加强各民族团结具有重要作用”等五个测度指标（调查结果表 3-41 所示）。表 3-41 显示，对“中华文化对加强各民族团结具有重要作用”这个观点，全部表示

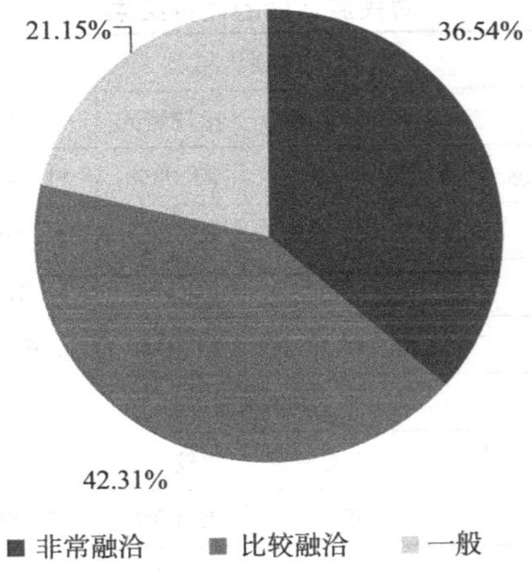

图3－7　对当地民族关系的主观感觉

赞同，这表明广西中越边境地区调研对象均认为中华文化对加强各民族团结具有重要作用，也赞同应该大力弘扬中华文化（赞同的调研对象占比为98.08%）。而进一步调研发现，社会主义核心价值观认知度方面，非常熟悉和比较熟悉的调研对象占比分别为46.50%和32.16%，认为不太熟悉的占比为21.34%（见图3－8）。

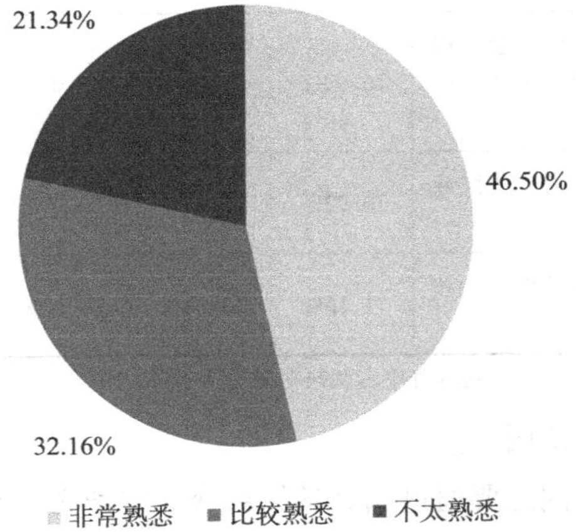

图3－8　社会主义核心价值观认知度

表 3－41　　对中华文化的认同调查结果

评价指标	非常赞同	比较赞同	一般	不太赞同	非常不赞同
本民族文化是中华文化的一个组成部分	73.08%	21.15%	3.85%	1.92%	0
中华文化是由 56 个民族共同创造的	75.00%	17.31%	5.77%	1.92%	0
中华文化对加强各民族团结具有重要作用	80.77%	19.23%	0	0	0
应该大力弘扬中华文化	73.08%	25.00%	1.92%	0	0
我为中华文化感到自豪	76.92%	17.31%	3.85%	1.92%	0

注：表中数据为持相应态度的调研对象占调研对象总人数的比例。

④对中国共产党的认同。

对中国共产党的认同情况主要通过调研对象对中国共产党的执政地位、坚守的初心、党的纪律、作用发挥等熟知程度和评价来反映。调查结果显示，32.69%和48.08%的调研对象认为所在社区的党员很好和较好地发挥了战斗堡垒及模范带头作用，9.62%、9.61%的调研对象表示不太清楚和没有发挥作用（如图 3－9 所示）。与此同时，在被问及是否递交过入党申请书时，21.02%的调研对象表示递交过入党申请书（如图3－10 所示）。如此看来，近80%的调研对象对党员在其所在社区所发挥的模范带头作用是比较认同的，侧面反映出其对当地党员干部基层治理能力的认可。

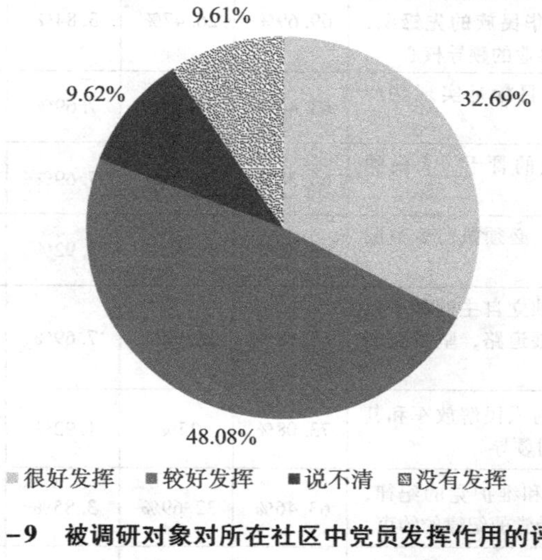

图 3－9　被调研对象对所在社区中党员发挥作用的评价

关于调研对象对中国共产党执政地位、纪律及党的政策等熟知程度如表3－42所示。超过半数的调研对象非常赞同关于中国共产党初心与使命、党

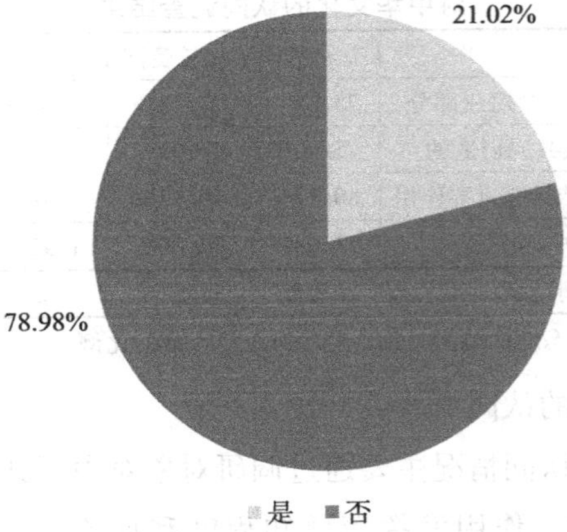

图 3-10 被调研对象申请入党的情况

组织纪律、党徽党章以及党的政策的表述，没有出现非常不赞同和不太赞同的情况，充分说明调研对象对中国共产党及其各项政策较为熟悉，对中国共产党的领导具有高度认同。

表 3-42 对中国共产党领导的认知

评价指标	非常赞同	比较赞同	不知道	不太赞同	非常不赞同
中国共产党是中国工人阶级的先锋队，同时是中国人民和中华民族的先锋队，是中国特色社会主义事业的领导核心	69.69%	26.47%	3.84%	0	0
党的最高理想和最终目标是实现共产主义	63.46%	28.85%	7.69%	0	0
党的干部是党的事业的骨干，人民的公仆	65.38%	26.93%	7.69%	0	0
党组织讨论决定问题，必须执行少数服从多数的原则	63.46%	34.62%	1.92%	0	0
必须坚持中国共产党独立自主的和平外交政策，坚持和平发展道路，坚持互利共赢的开放战略	65.38%	26.93%	7.69%	0	0
必须坚持中国共产党对人民解放军和其他人民武装力量的绝对领导	73.08%	25%	1.92%	0	0
党组织必须严格执行和维护党的纪律，共产党员必须自觉接受党的纪律的约束	63.46%	32.69%	3.85%	0	0
党的各级组织和每一个党员都要维护党徽党旗的尊严	65.38%	28.85%	5.77%	0	0

注：表中数据为持相应态度的调研对象占调研对象总人数的比例。

⑤对中国特色社会主义的认同。

表3-43显示，对于中国特色社会主义制度、本质等评价指标的表述，90%以上调研对象均表示同意，表明调研对象对中国特色社会主义的认同度较高。仅有少数调研对象对中国特色社会主义的认同相关指标表示不知道。

表3-43　对中国特色社会主义的认同调查结果

评价指标	非常同意	比较同意	不知道	不太同意	完全不同意
必须坚持党对一切工作的领导	73.08%	25%	1.92%	0	0
必须坚持以人民为中心	71.15%	26.92%	1.93%	0	0
必须坚持全面深化改革	61.54%	28.84%	9.62%	0	0
必须坚持人民当家作主	69.23%	28.85%	1.92%	0	0
必须坚持全面依法治国	65.38%	28.85%	5.77%	0	0
必须坚持在发展中保障和改善民生	63.46%	30.77%	5.77%	0	0
必须坚持人和自然和谐共生	71.15%	21.15%	7.70%	0	0
必须坚持党对人民军队的绝对领导	67.31%	26.92%	5.77%	0	0
必须坚持全面从严治党	73.08%	17.30%	9.62%	0	0
坚持和发展中国特色社会主义，总任务是实现社会主义现代化和中华民族伟大复兴，在全面建成小康社会的基础上，分两步走在本世纪中叶建成富强民主文明和谐美丽的社会主义现代化强国	65.38%	19.23%	15.39%	0	0
新时代我国社会主要矛盾是人民日益增长的美好生活需要和不平衡不充分的发展之间的矛盾	76.93%	19.23%	3.84%	0	0
全面深化改革总目标是完善和发展中国特色社会主义制度、推进国家治理体系和治理能力现代化	69.23%	26.92%	3.85%	0	0
全面推进依法治国总目标是建设中国特色社会主义法治体系、建设社会主义法治国家	71.15%	25%	3.85%	0	0
党在新时代的强军目标是建设一支听党指挥、能打胜仗、作风优良的人民军队，把人民军队建设成为世界一流军队	73.08%	23.07%	3.85%	0	0
中国特色社会主义的最本质特征是中国共产党领导，中国特色社会主义制度的最大优势是中国共产党领导，党是最高政治领导力量	78.85%	15.38%	5.77%	0	0

注：表中数据为持相应态度的调研对象占调研对象总人数的比例。

（2）“五个认同”状况分析。

选取“五个认同”评价指标中呈现出来相对较低的指标进行比较[①]，可以发现被调研对象“五个认同”认同度按照高低排序依次为对中国特色社会主义的认同、对伟大祖国的认同、对中国共产党的认同、对中华文化的认同、对中华民族的认同。在调研对象的“五个认同”中，尽管对中华文化的认同和中华民族的认同相对较低，但也分别达到了78.66%、76.92%。

第一，对中国特色社会主义的认同的考察指标包括对“必须坚持党对一切工作的领导”等15个表述的态度。其中，对于“必须坚持党对一切工作的领导”“必须坚持人民当家作主”两个论述的同意度最高，持非常同意和比较同意态度的调研对象占比均为98.08%；对于坚持和发展中国特色社会主义总任务以及两步走战略[②]的同意度最低，持非常同意和比较同意态度的调研对象占比为84.61%。

第二，对伟大祖国的认同的考察指标中，“对中国历史与文化骄傲程度”这项指标认可度最高，感到非常骄傲和比较骄傲的调研对象占比为90.39%；“作为国人骄傲程度”这项指标最低，持非常骄傲和比较骄傲态度的调研对象占比为84.28%。

第三，关于对中国共产党的认同的评价指标，对于“党组织讨论决定问题，必须执行少数服从多数的原则”这一指标论述的赞同度最高，持非常赞同和比较赞同态度的调研对象占比为98.08%；对于“所在社区中的党员所发挥的作用”这项指标最低，认为很好和较好地发挥作用的调研对象占比为80.77%。

第四，对中华文化的认同的测度指标中，“中华文化对加强各民族团结具

---

① 采用加权平均、AHP分析法等计量方法得出的调研对象“五个认同”的认同度，可能无法确切反映被调研对象“五个认同”的真实状况，因此本部分主要选择“五个认同”的评价指标中认同度最低的指标作比较，以准确地反映调研对象在“五个认同”方面呈现的差距。

② 《中共中央关于党的百年奋斗重大成就和历史经验的决议》明确坚持和发展中国特色社会主义，总任务是实现社会主义现代化和中华民族伟大复兴，在全面建成小康社会的基础上，分两步走在本世纪中叶建成富强民主文明和谐美丽的社会主义现代化强国，以中国式现代化推进中华民族伟大复兴。详见《中共中央关于党的百年奋斗重大成就和历史经验的决议》，《人民日报》，2021年11月17日，第1版。

有重要作用”这项指标评价最高，非常赞同和比较赞同的调研对象占比为100%；“对社会主义核心价值观认同度”这项指标最低，认为非常熟悉和比较熟悉的调研对象占比为78.66%。

第五，对中华民族的认同的考察指标中，“各民族不论人口多少、经济社会发展程度高低，都是中华民族大家庭的平等一员”“不管是什么民族，大家都是中华民族共同体中的一员”这两项指标评价最高，非常赞同和比较赞同的调研对象占比为100%，“愿意与其他民族群众通婚”的同意程度最低，非常愿意和比较愿意的调研对象占比为76.92%①。

（3）广西各族群众“五个认同”影响因素分析。

①身份层面：跨境婚姻家庭主妇的国籍和户籍问题是影响国家认同的重要因素。

20世纪80年代后期至今，中越边民通婚数量急剧增加，目前中越边境通婚比例达到10%—50%。在此次调研对象中，约有1/3的中越跨境婚姻家庭成员，这些婚姻家庭没有履行法律规定的婚姻登记手续，嫁入边境的越南妇女没有中国国籍，也没有中国当地的户籍，从而在医疗、保险、人身安全、劳动力流动等生产生活权益方面无法得到保障，无法有效融入当地社会，自然在内心深处很难产生对现居住地和国家的热爱，不仅会导致家庭生活不稳定，而且给边境的社会管理造成了相当大的难度。同时，调研发现，这些越南籍妇女的观念以及对国家的认同会通过子女教育产生代际传递和影响，进而对其子女的国家认同产生冲击。本次调查结果显示，对于“个人的前途和命运与中华民族前途和命运息息相关”这一指标，有5.77%的调研对象（均为跨境婚姻家庭成员）持不确定态度。而谈到对伟大祖国认同时，6.92%的调研对象（均为跨境婚姻家庭成员）认为如果有机会，可能会或者肯定会加入外国国籍。因此，嫁入边境的越南妇女的国籍、户籍问题已成为影响跨境婚姻家庭成员国家认同的重要因素。

②族群层面：族群偏见是影响中华民族认同的潜在因素。

族际认同指交往的各民族对其他民族的亲近和好感。各民族之间在文化、

---

① 尽管“愿意与其他民族群众通婚”是作为对族际认同调查结果的最低指标值，但考虑到族际认同对中华民族的认同具有重要影响，因此也将其作为对中华民族的认同的考察指标。

宗教、语言和风俗方面存在的某种程度交集、所共存的历史使命或生产生活中的资源互补关系有可能形成相互归属、依赖的族际认同。族际通婚是测度不同民族相互关系和深层次融合，即族际认同的重要指标之一。本次调研发现，96%以上的调研对象对本民族较为认同，但有少数调研对象表示不愿意和其他民族成员结婚（6.8%），不太愿意和其他民族居民聊天（2.15%）、成为邻居（3.85%）和亲密朋友（1.92%）；有21.15%的调研对象认为当地民族关系一般。这些数据和访谈结果显示，由于语言、文化、习俗等因素，族群偏见在中越边境地区依然存在，而过分认同本民族，排斥其他民族就有可能形成地方民族主义，进而弱化对中华民族的认同。

③语言层面：国家通用语言文字水平已成为影响中国特色社会主义认同的关键因素。

习近平总书记在同德国汉学家、孔子学院教师代表和学习汉语的学生代表座谈时强调，掌握一种语言就是掌握了通往一国文明的钥匙。大力推行和规范使用国家通用语言文字，是传承弘扬中华优秀传统文化的必然要求。广西中越边境地区的中越跨境婚姻家庭的妇女和60岁以上的老年人日常交流以跨境语言为主，不会讲普通话，不会使用国家通用语言文字，对中国特色社会主义制度与文化缺乏深度理解。而语言、文化的缺失，必然会通过作为家庭教育主体的母亲和老年人对子女综合素质产生重要影响。再加上广西中越边境地区教育水平相对较低，优秀师资匮乏，学生的历史文化教育远远落后于其他地区。家庭教育的缺失和学校教育的不足，导致广西中越边境地区学生对中国特色社会主义道路和制度的认知度较其他地区普遍偏低。调查数据显示，广西中越边境地区跨境婚姻家庭越南妇女的普通话普及率仅为24.44%，60岁以上老人的普通话普及率也仅为61.86%，远低于广西全区普通话普及率（85.68%）。同时，调查结果表明，15.39%的调研对象不知道坚持和发展中国特色社会主义总任务；“全面依法治国”是中国特色社会主义的本质要求和重要保障，但5.77%的调研对象表示不知道“必须全面依法治国”这一国家战略布局；对于“必须全面深化改革”和“必须坚持全面从严治党”，也有9.62%的调研对象表示不知道。

④思想层面：对中华文化与各民族文化关系认识的不足是影响中华文化认

同的根本因素。

习近平总书记在第五次中央民族工作会议上指出："要正确把握中华文化和各民族文化的关系，各民族优秀传统文化都是中华文化的组成部分，中华文化是主干，各民族文化是枝叶，根深干壮才能枝繁叶茂。"而进一步调研发现，高达51.92%的调研对象认为中华文化跟自身没啥关系，仅传承好本民族文化即可。这充分说明，超过一半的调研对象尚未正确把握中华文化和各民族文化的关系，以至于大大影响了其传承与保护中华文化的自觉性和主动性。

⑤治理层面：基层治理能力是影响中国共产党认同的直接因素。

基层服务的态度和水平是影响群众对党和国家满意度的直接因素。习近平总书记考察云南时强调，要认真贯彻落实党的十九届四中全会精神，不断增强边疆民族地区治理能力。基层治理是一项复杂的系统工程，必须把党的领导植根基层，植根人民群众，让基层党组织成为凝聚人心、团结群众的坚强核心。目前，广西中越边境地区基层治理面临着村干部积极性不高；社区党组织行政任务繁重，对服务群众"满于应付、流于形式"；部分支委和村委之间存在间隙等问题，直接影响了各族群众对中国共产党的认同。调查结果显示，80.77%的调研对象认为所在社区党员很好或较好地发挥了战斗堡垒和模范带头作用。但也有近10%的调研对象认为所在社区党员没怎么发挥或者一点都没有发挥作用。

2. 基层治理参与对增强"五个认同"的效应分析

（1）基层治理参与度对增强"五个认同"的效应分析。

以广西各民族基层治理参与度为自变量，对"五个认同"总认同度以及对伟大祖国、中华民族、中华文化、中国共产党、中国特色社会主义等各个认同分别进行回归分析，从而得出如表3－44所示的6个线性回归结果。回归结果显示，在1%的显著性水平，无论是从"五个认同"整体还是对各个认同回归结果来看，各族群众基层治理的有序参与均有助于增强各族群众的"五个认同"。其中，对中国特色社会主义的认同影响最大，其余依次为对中国共产党的认同、对中华文化的认同、对中华民族的认同、对伟大祖国的认同。

表 3-44　　广西各民族有序参与基层治理对“五个认同”及各认同回归结果

	“五个认同”	对伟大祖国的认同	对中华民族的认同	对中华文化的认同	对中国共产党的认同	对中国特色社会主义的认同
constant	3.697***	3.808***	4.262***	4.396***	4.027***	4.017***
	(0.034)	(0.058)	(0.051)	(0.041)	(0.045)	(0.047)
B（基层治理参与度）	0.506***	0.483***	0.492***	0.498***	0.513***	0.525***
	(0.052)	(0.049)	(0.051)	(0.051)	(0.053)	(0.054)

注：constant 表示模型常量回归系数，B 表示各族群众基层治理参与度回归系数，表内数值为回归系数，***、**、* 分别表示 1%、5%、10% 的显著性水平。括号中数值为标准误。

为何调查对象的基层治理有序参与对“五个认同”影响从大到小的排序依次为中国特色社会主义认同、中国共产党认同、中华文化认同、中华民族认同、伟大祖国认同？一般而言，利益机制对价值认同具有基础性的动力作用（谭培文，2010）。当人们的现实利益需要（如物质、精神）得到一定程度满足时，人们通过理解、评价，才会对价值产生一定的认同。在全国脱贫攻坚战中广西是主战场之一，2015 年底全区有建档立卡农村贫困人口 452 万人，排全国第四位，贫困发生率 10.5%；有建档立卡贫困村 5000 个，贫困发生率在 25% 以上的面上村 417 个；有 54 个贫困县。与此同时，调研地点靖西市和那坡县在 2020 年脱贫摘帽前属于国家扶贫开发工作重点县，东兴市 2015 年底贫困发生率为 3.34%。因此，摆脱绝对贫困，早日脱贫致富，实现全面小康是贫困地区的“民生之首”，也是贫困地区各族群众几千年来苦苦追求的梦想和期盼。而中国特色社会主义制度将“人民至上”作为其价值取向和原则（张静，2020）。2020 年 6 月 8 日习近平总书记在宁夏考察时讲道：“脱贫、全面小康、现代化，一个民族都不能少。各族群众携手并进，共同迈入全面小康社会。”这一论述既体现了中华民族的优良传统，也充分彰显中国特色社会主义制度的优越性。2020 年 11 月 20 日，融水、三江、那坡、乐业等 8 个深度贫困县（自治县）退出贫困县序列，至此广西 54 个贫困县全部“摘帽”，这意味着全国少数民族人口最多的省份区域性整体贫困基本解决。2021 年 8 月，习近平总书记在第五次中央民族工作会议上指出：“要支持民族地区实现巩固脱贫攻坚成果同乡村振兴有效衔接，促进农牧业高质高效、乡村宜居宜业、农牧民富裕富足。”由此可见，共同富裕是中国特色社会主义的根本原则（金冲及，2012），这与群众最迫切最需要的利益需要紧密相连。因此，广西各族群众有序参与基层治理对增强中国特色社会主义认同影响最大也就不足为奇了。此外，中国共产党领导是中国特色社会主义最本质的特征，也是中国特色社会主义制度的最大优势，因此在基层治理中基层党组织始终是联系党和群众的纽带，承载着宣传党的路线方针、落实党的政策、教育引导群众、增强群众满意度和幸福感的重要责任。党员干部是党和群众的直接联系人，基于上传下达以保证国家政策在基层的有效落实。因此，通过参与基层治理可以使各族群众更好了解党的政策、方针和路线，加深公众对基层政府行为的理解，提升党和政府的公信力，增强对中国共产党的认同。与此同时，在有序参与基层治理中，不同民族间会自然而然进行文化交流碰撞，进而在相互交流交往中产生对中华文化和中华民族的认同。其中文化认同尤为重要，增强对中华文化的认同是铸牢中华民族共同体意识的先决条件，是民族团结之根、民族和睦之魂。最后，伴随着各族群众在参与基层治理过程中获得感、幸福感、安全感与日俱增，势必会不断增进各族群众对中国特色社会主义、中国共产党、中华民族、中华文化的认同，进而增强对伟大祖国的认同。

（2）基层治理有序参与维度对增强“五个认同”的效应分析。

以广西各族群众基层治理有序参与维度（参与意识、参与能力、参与保障、参与效果）为自变量，对“五个认同”总认同度以及对伟大祖国、中华民族、中华文化、中国共产党、中国特色社会主义等各个认同分别进行回归分析（如表3－45所示）。从多元回归结果来看，在1%的显著性水平，各族群众的基层治理参与意识、参与能力、参与保障、参与效果与“五个认同”的认同之间呈显著的正相关关系，即提升各族群众的基层治理参与意识、参与能力、参与保障和参与效果是增强各族群众“五个认同”的有效路径。同时，从“五个认同”的各认同来讲，除参与能力在5%的显著性水平与各族群众对伟大祖国的认同呈正相关关系之外，参与意识、参与保障、参与效果均在1%的显著性水平与各族群众对伟大祖国的认同呈正相关关系；而参与保障、参与效果则在1%的显著性水平上与各族群众对中华民族、中华文化、中国共产党的认同呈正相关关系。同样，在1%的显著性水平，参与意识、参与能力和各族群众对中国特色社会主义的认同呈正相关关系。这表明，无论各族群众基层治理参与意识、参与能力、参与保障和参与效果哪一个维度的有效提升，均可以增进各族群众对伟大祖国的认同；但参与保障、参与效果的提高是增强各族群众对中华民族、中华文化、中国共产党的认同的关键，而要进一步强化各族群众对中国特色社会主义的认同，就必须多渠道培养各族群众的参与意识和参与能力。

同时，从相关性程度来看，不论是从“五个认同”的认同度，还是对伟大祖国、中华文化、中华民族、中国共产党的认同，各族群众基层治理的参与保障的影响程度最大；但对中国特色社会主义的认同而言，参与意识则是影响程度最高的因素。这也意味着，着力完善各族群众参与基层治理的保障体系和培育各族群众的基层治理参与意识，是增强各族群众对伟大祖国、中华文化、中华民族、中国共产党以及对中国特色社会主义的认同的重中之重。

表 3-45　　基层治理有序参与维度对“五个认同”及各认同的回归结果

	“五个认同”	对伟大祖国的认同	对中华民族的认同	对中华文化的认同	对中国共产党的认同	对中国特色社会主义的认同
constant	3.685***	3.784***	4.244***	4.387***	4.023***	4.001***
	(0.055)	(0.056)	(0.047)	(0.043)	(0.048)	(0.045)
B1（参与意识）	0.387***	0.396***	0.023	0.044	0.042	0.352***
	(0.048)	(0.065)	(0.062)	(0.060)	(0.061)	(0.055)
B2（参与能力）	0.373***	0.118**	0.038	0.036	0.053	0.341***
	(0.067)	(0.059)	(0.042)	(0.063)	(0.056)	(0.049)
B3（参与保障）	0.463***	0.478***	0.425***	0.398***	0.454***	0.033
	(0.060)	(0.062)	(0.048)	(0.052)	(0.051)	(0.058)
B4（参与效果）	0.452***	0.462***	0.402***	0.385***	0.446***	0.024
	(0.058)	(0.051)	(0.053)	(0.042)	(0.047)	(0.062)

注：constant 表示模型常量回归系数，B 表示各族群众基层治理参与度回归系数，B1、B2、B3、B4 分别表示各族群众参与意识、参与能力、参与保障、参与效果的回归系数。表内数值为回归系数，括号中数值为标准误。***、**、*分别表示1%、5%、10%的显著性水平。

一般而言，制度认同的形成包括认知、情感、信念以及行为四个环节。其中，认知是民众对制度的感性认识和理性认识；情感是民众对制度产生的心理体验；信念是民众对制度心理活动过程的显现；行为是民众对制度认知、情感和信念的外在表现（董海军，2014）①。本研究的“参与意识”和“参与能力”恰好与制度认同的四个环节相吻合，“参与能力”评估指标中的“您了解基层治理吗”“您了解村级事务的参与流程吗”“您了解群众自治的相关政策吗”等三个指标反映了群众对中国特色社会主义制度的理解、评价，进而形成对中国特色社会主义制度的制度情感和制度信念；“参与意识”评价指标中的“您会主动关心村级事务吗”“您会免费为村级事务出工出力吗”“您会为村级事务献计献策吗”等三个指标反映了群众在对中国特色社会主义制度理解、评价的基础上产生的参与行为。因此，培育和提升基层治理参与的“参与意识”和“参与能力”均有利于增强群众对中国特色社会主义的认同。

民众对政党认同取决于其满足和实现自己利益的大小（史献芝和赵天娥，2011）②。如果在参与基层治理过程中民众自身利益得到了满足与实现，这种参与就会促进对政党的认同；反之则会弱化对政党的认同。靖西市、那坡县和东兴市属于广西中越边境地区，这一地区较非边境地区来说乡村基础设施建设较滞后、群众收入水平相对较低，这意味着物质利益的满足等民生问题是当前中越边境居民最亟须的。本研究反映“参与保障”水平的“村（居）委会设有向社区干部、社区居民代表及其他功能性组织表达诉求、请求呼吁和帮助的组织”“村（居）委会提供的公共服务（贫困救助、劳动就业、社区治安、医疗保健、文娱健身等）情况”“防灾、推普、普法宣传和培训讲座等开展情况”以及评估“参与效果”的“村（居）委会及时根据民众反馈意见来修订政策”等指标恰好与民众民生问题息息相关。因此，参与保障体系的完善和参与效果的优化可以进一步强化各族群众对中国共产党的认同。

“中国特色社会主义最本质的特征是中国共产党领导，中国特色社会主义

① 作者将中国特色社会主义制度认同的形成过程分为四个环节：制度认同—制度情感—制度信念—制度认同行为，且四个环节之间是条件关联和条件递进的因果关系。详见董海军：《关于中国特色社会主义制度认同的思考》，《科学社会主义》2014 年第 5 期。

② 政党认同不仅出于一定的观念、文化的影响，而且必然以民众对政治统治实际行为的认识为基础，也就是说以被统治者对政权履行职能的效率、对公共利益的维护和民众个人利益的满足为基础，即以国家的政治产品满足社会需要的程度为基础。详见史献芝、赵天娥：《政党认同的生成机制：解析与建构》，《探索》2011 年第 5 期。

制度的最大优势是中国共产党领导。”① 认同中国共产党是维护各族人民根本利益之所在，是各族群众的政治底线。增强对中国共产党的认同是推动各族群众坚定对伟大祖国、中华民族、中华文化、中国特色社会主义的高度认同的关键和保证（巴尔玺，2018）②。因而，强化提升各族群众对中国共产党的认同亦是增进各族群众对中华民族、中华文化的认同的有效之策。从这一层面来讲，正是由于参与保障体系的完善和参与效果的优化能够促进各族群众对中国共产党的认同，从而有利于增进各族群众对中华文化、中华民族的认同。

对伟大祖国是否认同，在于民众对自身所处的国家是否有归属感、是否支持所处国家（江宜桦，1998）。在伟大祖国认同中，政治认同和文化认同是其必不可少的内容（高景柱，2021）③。政治认同是民众对政治体制、制度和机构等的认同，具体而言，政治认同包括了对中国共产党和中国特色社会主义的认同；文化认同则指的是对中华文化的认同。由此可见，影响各族群众对中国共产党、中国特色社会主义和中华文化认同的因素势必也会影响其对伟大祖国的认同。因而，各族群众基层治理的参与意识、参与能力、参与保障和参与效果均会对各族群众对伟大祖国的认同产生积极而又重要的影响。

3. 推普对增强“五个认同”的现实机制分析

推普的社会效应的实证分析结果已经表明，居民普通话水平的提高能够促进基层治理参与能力的提升，但各族群众基层治理参与度、参与意识呈现“先增强后减弱”的趋势。与此同时，关于“五个认同”影响因素的分析结论认为，国家通用语言文字水平为“五个认同”的影响因素，而且各族群众有序参与基层治理有助于增强“五个认同”，即提升各族群众的基层治理参与意识、参与能力、参与保障和参与效果是增强各族群众“五个认同”的有效路

① 详见习近平：《在庆祝中国共产党成立九十五周年大会上的讲话》（单行本），北京：人民出版社2016年版，第22页。

② 对中国共产党的认同能够进一步突出党的执政地位，有助于从法理层面认识“五个认同”；能够进一步强调党的执政必然，有助于从历史的维度培育“五个认同”；能够进一步展示党的执政业绩，有助于从比较的角度确立“五个认同”；能够进一步彰显对未来的自信，有助于从发展的视角筑牢“五个认同”。详见巴尔玺：《论“对中国共产党的认同”与“五个认同”意识培育》，《民族高等教育研究》2018年第1期。

③ 这与国家的特性有关，国家既是一个政治—法律共同体，又是一个文化—历史共同体。详见高景柱：《国家认同危机与构建：基于正义制度的分析》，《学术界》2021年第8期。

径。这在一定程度上说明，基层治理参与意识和参与能力是普通话水平影响各族群众“五个认同”的中介变量。即普通话水平通过影响群众基层治理参与意识和参与能力，进而对各族群众“五个认同”产生作用，是普通话水平影响居民“五个认同”的内在机制和现实逻辑。

通过进一步分析可知，一是，普通话高质量推广普及有利于促进边民就业和参与社会主义现代化强国建设、边境民族地区参与市场化进程，进一步夯实铸牢中华民族共同体意识的群众基础。语言经济学理论与实证研究充分表明，普通话作为一种人力资本及交际工具，在微观层面，其成功推广有利于推动边民的跨区域流动，促进边民就业、改善民生，提升就业竞争优势，推动边民多渠道就业，提高边民收入；在宏观层面，亦有助于边境地区和国内其他县域贸易合作的开展，带动边境地区产业发展，构建国内国际双循环相互促进的新发展格局，进而为边民创造更多的就业机会，辐射带动边民增收致富，对进一步夯实铸牢中华民族共同体意识的群众基础具有积极的意义。

二是，普通话高质量推广普及有助于降低相对贫困，实现共同富裕，进一步夯实铸牢中华民族共同体意识的物质基础。以降低信息贫困为例，由于政策制度和信息技术本身是以国家通用语言文字作为信息载体和传播工具，边境地区居民国家通用语能力不高不仅会影响边民对国家政策的理解、接受，进而影响政策的实施效果，还会限制边境地区企业对现代信息技术的获取和运用，成为影响技术转移、扩散、运用的隐形壁垒。徐现祥等人的实证结果表明，如果消除城市的方言多样性，那么城市技术水平最多可以提高约23%①。林建浩和赵子乐的研究结论证实，以方言距离表示的文化差异确实对技术扩散具有负面影响，认为语言多样性是阻碍技术传播进而影响经济增长的重要要素之一②。可见，对于边境地区企业而言，普通话高质量推广普及有利于打破与其他地区企业的信息隔阂，提升开放合作水平，融入国内国际市场，在服务和融入新发展格局中找准自身定位并展现更大的作为；对于边民而言，普通话水平的提升则有助于拓展交际范围，提升交流效果，提高信息获取及应用能力，提升学习

---

① 详见徐现祥、刘毓芸、肖泽凯：《方言与经济增长》，《经济学报》2015年第2期。

② 详见林建浩、赵子乐：《均衡发展的隐形壁垒：方言、制度与技术扩散》，《经济研究》2017年第9期。

能力、劳动技能及科学文化素养，进而促进自身的全面发展。毫无疑问，从缓解信息贫困的视角来看，广西中越边境地区普通话高质量推广普及是减缓边境地区相对贫困，推动实现共同富裕，进一步夯实铸牢中华民族共同体意识物质基础的基础性工程。

三是，普通话高质量推广普及有助于增强文化认同，推动民族团结进步模范长廊建设，进一步夯实铸牢中华民族共同体意识的文化基础。语言作为文化的载体和重要表现形式，承载着一个民族的身份标志和历史记忆，而共同语则承载着一个统一的多民族国家的身份标志和历史记忆。在广西中越边境地区，多语多言是其语言生态的一大特征，不同的民族语言和方言为民族团结进步模范长廊建设增添民族风采的同时，也为各民族广泛交往全面交流深度交融，构筑中华民族共有精神家园形成了语言障碍。普通话正是在尊重各民族语言、方言差异的基础上，吸收各民族语言、方言的成分，不断丰富和发展而成，是推动文化共同体形成的关键。就像斯图尔特·霍尔（Stuart Hall）从差异性角度对文化认同阐释的那样，“正是差异性构成了‘真正的现在的我们’，而历史的介入构成了‘真正的过去的我们’，我们不可能在不承认差异性的基础上精确地，长久地谈论‘一种文化、一种身份’。”① 因而，广西中越边境地区高质量推广普及普通话，不仅有利于消除各民族交往交流交融的语言障碍，促进广西中越边境地区各民族文化的交流与传承，而且有助于弘扬中华优秀传统文化，增强各族群众对中华文化的认同，进而是构建各民族共有精神家园，推动边境地区民族团结进步模范长廊建设的重要动力。

① 详见斯图尔特·霍尔：《文化身份与族裔散居》，载于罗刚、刘象愚：《文化研究读本》，北京：中国社会科学出版社 2000 年版，第 212 页。

第四章

广西中越边境地区普通话高质量推广普及的困境、原则及优化路径

理论与实践表明，广西中越边境地区推普的经济、文化、社会、政治等方面多重效应对增强“五个认同”，铸牢中华民族共同体意识具有积极作用。本章在深入分析广西中越边境地区普通话高质量推广普及面临的困境的基础上，提出普通话高质量推广普及的原则与优化路径。

（一）广西中越边境地区普通话高质量推广普及面临的困境

1. 普通话推广与少数民族语言保护之间的均衡

自1949年新中国成立以来，我国语言政策一直将普通话推广作为重点和核心内容，经历了从“国家推广全国通用的普通话”向“大力推广和规范使用国家通用语言文字”的转变（周庆生，2013）①。《国家中长期语言文字事业改革和发展规划纲要（2012—2020年）》更是针对普通话推广和普及工作提出

① 作者将我国的语言政策的特征提炼为“主体多样性”，主体性语言政策经历了从“国家推广全国通用的普通话”向“大力推广和规范使用国家通用语言文字”的转变；多样性语言政策经历了从“各民族都有使用和发展自己的语言文字的自由”向“科学保护各民族语言文字”的转变。详见周庆生：《中国“主体多样”语言政策的发展》，《新疆师范大学学报》（哲学社会科学版）2013年第2期。

了明确要求①。2020年和2021年全国语言文字工作会议均要求“坚定不移推广普及国家通用语言文字”。经过新中国成立以来70多年的努力，我国的普通话推广普及工作无论是在广度还是深度方面均取得了可喜的成绩，民众学习普通话的自觉性日益提高，普通话已成为各民族、各地区社会生活的主要交流和沟通工具。

然而，在全国上下积极响应国家推普政策的号召，提升普通话水平的同时，我国民族地区大批农民工进城就业、普通高考招生规模持续扩大，以及网络、电视、手机等信息技术迅速普及，为民族地区群众学习普通话提供了多样化的手段和工具，也激发了他们主动学习普通话的热潮，从而导致少数民族语言的使用和传承却呈现日益衰退或萎缩的趋势。因此，社会上出现了“推广普通话促使少数民族语言衰微”“普通话推广和少数民族语言保护是对立关系”“普通话与少数民族语言无法兼容”等片面甚至是错误的言论和观念。在实践上导致我国民族地区语言文字事业工作中出现“压跷跷板”现象，无法平等对待普通话推广和少数民族语言保护两项工作，使用普通话和少数民族语言人数占比极为不平衡，进一步加剧了“普通话和少数民族语言对立”的意识。

实质上，在政府部门重视普通话推广的同时，从来就没有疏忽和放松对于少数民族语言的保护。从法律层面来看，我国宪法规定“各民族都有使用和发展自己的语言文字的自由”，表明各民族语言文字有平等的法律地位，保障了各民族均有选择使用符合自己需要的语言文字的平等权利；《中华人民共和国民族区域自治法》规定，民族地区干部同时享有学习、使用民族语言文字

---

① 2012年12月4日，教育部、国家语委联合下发的《国家中长期语言文字事业改革和发展规划纲要（2012—2020年）》（教语用〔2012〕1号）第二章“目标和任务”中“主要任务”关于“大力推广和普及国家通用语言文字”要求，“到2015年，普通话在城市基本普及，在农村以教师、学生和青壮年劳动力为重点基本普及，汉字社会应用基本规范；到2020年，国家通用语言文字在全社会基本普及，全国范围内语言交际障碍基本消除；少数民族双语教师达到国家通用语言文字教学要求，完成义务教育的少数民族学生能够熟练掌握国家通用语言文字”。详见教育部、国家语委《国家中长期语言文字事业改革和发展规划纲要（2012—2020年）》（教语用〔2012〕1号），2012年12月4日。

和普通话的权利①。从语言政策角度来看，充分体现了“多元、宽容”的思想，特别注重普通话推广和少数民族语言保护的兼顾和并重。少数民族语言政策经历了从“各民族都有使用和发展自己的语言文字的自由”向“科学保护各民族语言文字，树立各民族语言文字都是国家宝贵文化资源的观念”的转变，旨在着力构建和谐语言生活②。依据语言本体论的观点，语言先于思想，与人的思想、人的精神密切相连，具有民族性和文化性，是一个民族的身份和象征。民族语言的消亡必然会导致民族精神和民族文化的消失，造成民族身份认同危机。因此，普通话推广和少数民族语言保护之间存在和谐共生的法律、政策、理论基础。

同时，语言经济学关于语言学习的成本与收益理论可以初步解释少数民族语言日渐衰微的重要原因。作为语言的使用者，少数民族群众选择使用普通话而轻视民族语言是少数民族语言萎缩的根源。作为理性人，使用普通话的收益大于民族语言是民族地区群众选择普通话的主要动因（Zhou，2019）③。在个体层面，学习和使用普通话，有利于民族地区进城务工的农民和雇主、同事、领导之间的交流，以及快速掌握先进的科技和技术，提高就业竞争力和工资收入；有助于农民工更好地融入城市生活，充分享受基本公共服务，提升生活质量。掌握普通话，可以为在校的少数民族学生理解、读懂、吃透课本知识，从

① 2001年2月28日，全国人民代表大会常务委员会第二十次会议修订通过的《中华人民共和国民族区域自治法》第四十九条明确规定：“民族自治地方的自治机关教育和鼓励各民族干部互相学习语言文字。汉族干部要学习当地少数民族的语言文字，少数民族干部在学习、使用本民族语言文字的同时，也要学习全国通用的普通话和规范文字。民族自治地方的国家工作人员，能够熟练使用两种以上当地通用语言文字的，应当予以奖励。”详见全国人民代表大会常务委员会《中华人民共和国民族区域自治法》(2001年修正版)，2001年2月28日。

② 2012年12月4日，教育部、国家语委联合下发的《国家中长期语言文字事业改革和发展规划纲要（2012—2020年)》(教语用〔2012〕1号）对少数民族语言保护提出了三点要求：各民族语言文字科学记录和保护；少数民族语言文字信息化建设；少数民族濒危语言的抢救和保护。详见教育部、国家语委《国家中长期语言文字事业改革和发展规划纲要（2012—2020年)》(教语用〔2012〕1号)，2012年12月4日。

③ 人们对不同语码交换所产生的不同物质利益的认识就是语言物质价值观，按照语言物质价值观，这种价值观指导并且规范个人和社区的语言行为，以便获得最佳物质利益，如为高收入的工作而学习和使用语言秩序中的强势语言，或者通过学习强势语言而得到更好的教育机会等等。详见 Zhou M，“Language Ideology and Order in Rising China”，New York and London：Palgrave Macmillan，no. 14（January 2019），pp. 78 – 93.

而获得更好的考试成绩提供积极的帮助。因此，相比之下，掌握普通话带来的巨大收益使得少数民族语言的价值意义被大大弱化，加剧了民族语言的边缘化，形成了民族地区以普通话为主导的语言生活状况。正如弗朗索瓦·格林（François Grin，1995）所指出的，语言规划供给的确能够使人们去使用少数民族语言，但必要条件是人们必须对语言有说和写的需求[①]。如此看来，大力挖掘和宣传民族语言资源价值，让民族地区群众充分意识到保护民族语言的重要意义，以激发少数民族群众使用和消费民族语言的主动性，增加少数民族群众的民族语言需求，应是保护和传承民族语言和文化的一项重要工作。

综上所述，从理论、政策、法律等层面来讲，普通话和少数民族语言并非不能兼容，两者存在和谐共生的坚实基础。语言在自然进化的历程中，或成为主体语言，或因为使用的人口越来越少而走向消亡，退出历史的舞台。这既是语言“工具属性”的本质使然，也是语言在政治、经济和文化发展不平衡所致。因而，从根本上来看，少数民族语言、方言是否走向濒危，不是取决于普通话是否普及推广，而是由语言本身的经济、社会、文化价值决定的使用者的多寡。

2. 规律性与异质性的统筹兼顾

不论是语言自身的演化、语言习得的年龄影响因素，还是语言影响经济发展的机制，均受诸多外在因素和条件的影响，存在较大的异质性。推普政策最大化效应的实现，必须在充分认识和遵循普遍性、规律性机制的基础上，因人、因地、因时而异，统筹兼顾呈现的差异性、异质性要素。

首先，充分考虑语言习得的生理影响因素。从生物学角度研究人的第一语言（母语）、第二语言（Ellis，1994）[②]（通用语言或外语）以及其他语言习得

---

① 因此，Grin 研究认为，充足的供给或许是语言生存的必要条件，却不是充分条件，确定少数民族语言生存充要条件还要考虑需求方。因为忽视语言的需求方就好比忽视了市场需求，只创造了环境，就期待所有人都使用它，这显然是不现实的。Grin F，“The Economics of Foreign Language Competence：A Research Project of the Swiss National Science Foundation”，Journal of Multilingual and Multicultural Development，vol. 16，no3（January 1995），pp. 227 – 231.

② 关于第二语言，Ellis 将其定义为“第二语言获得是学习者在掌握了母语以后学习掌握一门额外的语言。”即学习者在掌握了母语语言之后，学习掌握的另一种语言，包括普通话和外语。详见 Ellis R，“The Study of Second Language Acquisition”，Oxford：Oxford University Press，1994.

的影响因素，一直是国内外语言学家探讨的重要内容。国内外关于母语损耗[①]的有关研究显示，年龄因素为除去社会和环境因素之外的影响母语损耗的最关键要素（倪传斌，2009）[②]，为语言政策中母语学习最佳年龄的确定提供了重要启示。由于实验方法和所研究的语言知识类型差异，目前关于母语损耗年龄的划分存在分歧，比隆德（Bylund，2009）提出该界限为12岁；而伯德桑（Birdsong，2014）则认为为10岁左右。但研究一致认为，无论是速度还是程度方面，儿童母语损耗均快于和高于成人。究其原因，儿童因神经可塑性强，习得与损耗语言皆较快。关于第二语言习得的理论假说中，有关键期假说（Critical Period Hypothesis，CPH）、敏感期假说（Sensitive Period Hypothesis，SPH）两大假说。两个假说着重就年龄因素对人类获得第二语言的语音、词汇、句法等方面的影响开展深入分析，结论均认为人的学习能力受机体“成熟阶段”的影响，在第二语言学习方面有一个“临界期”，且儿童语言习得的水平远高于成人学习者。但前者认为孩子在4—12岁之间第二语言的学习能力没有明显变化，但大约12岁之后明显下降；而后者则认为第二语言语音获得能力在6岁之前就已经开始下降。这也是《国家通用语言文字普及攻坚工程实施方案》（教语用〔2017〕2号）、《推普脱贫攻坚行动计划（2018—2020年）》（教语用〔2018〕1号）将“青壮年农民与牧民”“贫困地区青壮年劳动力”作为精准实施对象的主要原因。

除了年龄之外，性别对语言习得的影响也是社会语言学关注的主要内容之一。大量的问卷调查与数据分析也表明，语言习得性别差异现象确实存在。杨超美（1999）关于解放军外语学院国经系、贸易系、法律系等专业学生的抽样调研显示，女生外语成绩优秀者占比远高于男生，是男生的3倍以上；刘霞光（2008）对内蒙古师范大学、内蒙古大学、内蒙古工业大学英语专业本科生的随

---

① 关于语言损耗，杨连瑞和蔡娉娉认为语言损耗（Language Attrition）是语言习得的逆过程，泛指双语者或多语者个体或团体由于某种语言使用的减少或停止，其运用该语言的能力会随时间推移而逐渐减退或丧失的现象。根据损耗语种和损耗所在环境，分为母语环境中的损耗和二语损耗及二语环境中的母语损耗和二语损耗。其中对二语环境中的母语损耗的研究日益受到关注。详见杨连瑞、蔡娉娉：《年龄因素与母语损耗》，《北京第二外国语学院学报》2017年第2期。

② 倪传斌（2009）对国内外关于母语损耗的研究进行了总结，发现年龄是所有因素中最为关键的要素。详见倪传斌、刘治：《影响母语磨蚀的相关因素分析》，《当代语言学》2009年第3期。

机抽样研究表明，女大学生的口语交际能力显著高于男大学生。究其原因，主要是因为女生比男生具有更强的学习动机，从而更为良好的学习方法和学习管理策略，与埃尔曼（Ehrman，1990）①、埃利斯（Ellis，1994）② 观点一致。

其次，严格遵循推普扶贫的经济学机理。从微观层面来看，语言变量对劳动收入的影响已被证实。但不同类型语言变量对劳动力收入影响的途径、机制、大小也不同，且同一种语言的经济效应也存在差异。普通话和外语能力均对工资收入水平有影响，但影响的大小和显著性程度不同；普通话和方言均对劳动力跨域流动产生影响，但普通话的影响机制在于消除语言隔阂，降低语言交流和沟通成本，主要表现为“工具效应”或“信息效应”；而方言的影响机理在于文化和身份认同，着重体现为“文化效应”或“认同效应”③。与此同时，从语言的技能来看，同一种语言的听、说、读、写不同技能及技能的熟练程度对劳动收入的影响也有较大差异。秦广强（2014）研究发现普通话熟练的农民工比不熟练的农民工月收入高出21%—40%；赵颖（2016）实证分析结论显示，普通话表达能力的劳动收入溢价高于听力能力溢价。程虹、王岚（2019）研究认为与普通话能力低的农民工群体相比，普通话能力中等和较高的农民工群体在工资水平上分别高出19.4%—21.0%和30.3%—34.9%。

另外，语言变量与经济变量之间的关系，会因个体受教育程度、自身收入，以及地区人力资本水平、外来移民人口比例、外商直接投资等因素而存在较大的异质性。大量研究证明，外语、普通话的工资收入效应会因个体受教育程度、从事的职业和行业、是否已婚、收入层次、生活地方（城市还是农村）等因素而存在较大差异；方言多样性的开放合作抑制效应、技术扩散的阻碍效应等也会伴随区域人均受教育程度的提高、外来移民人口的增加、外商直接投资规模的扩大而降低，甚至变得不再显著。

综上所述，普通话的深入推广普及必须统筹兼顾语言习得及其经济效应影

---

① Ehrman（1990）研究发现女性在总体上运用语言学习策略比男性多。转引自刘霞光：《高校英语专业大学生口语交际能力的性别差异研究》，《内蒙古农业大学学报》（社会科学版）2008年第5期。

② Ellis（1994）将学习策略作为中介变量，认为学习策略是学习者个体因素（包括性别、性格、语言潜能等）、环境因素（包括学习形式、学习任务、教学环境）影响学习效果的中介因素。详见ELLIS R.，The study of second language acquisition，Oxford：Oxford University Press，1994.

③ 此处的“文化效应”和“认同效应”主要是指地域文化和地域身份的认同。

响机制的规律性及异质性，伴随个体因素、外在区域环境的变化做到因人而异，因时调整，因地制宜。

3. 不平衡、不充分问题同时并存

截至2020年，全国普通话普及率为80.72%，已基本达到《国家通用语言文字普及攻坚工程实施方案》（教语用〔2017〕2号）提出的目标[①]，各民族各地区交往交流的语言障碍基本消除，创造了统一的多民族多语言国家推广国家通用语言文字的成功范例。但实证研究表明，语言技能需要达到一定的水平才能对劳动收入产生影响，一个区域的普通话普及率需要达到一定的规模才能促进经济发展。因而推普经济效应的实现，不仅要求一个区域普通话普及率达到一定的规模，而且个体普通话技能也必须达到一定的水平，即在提高普通话普及率的同时，应注重提升群众个体的普通话技能。同时，我国普通话推广普及不平衡、不充分的问题也较为突出，有的民族省份还不到50%，“三区三州”才61.56%左右，民族地区是普通话推广普及的突出“短板”。因此，“十四五”期间，普通话推广普及必须实现规模化普及向高质量普及的转变[②]，通过“分类施策”“集中提高”等方式着力提升民族地区普通话普及率及群众的普通话技能，切实解决好普通话推广普及不平衡、不充分问题。

4. 语言治理与国家治理的辩证统一

国外重点从语言工具应用的角度出发，将语言治理定义为“法律、教育等机构通过书籍、法规、考试等形式规定不同的人、群体或组织语言或语言形式的使用及其思想行为的过程”。而国内学者则着重从语言生活的视角，认为“语言治理”准确讲应为“语言生活治理”，即对语言生活中语言应用的治理[③]。尽管国内外学者对语言治理的界定有所差异，但按照上述观点，语言治

---

① 2017年3月14日，教育部、国家语委联合印发《国家通用语言文字普及攻坚工程实施方案》（教语用〔2017〕2号），提出“到2020年，在全国范围内基本普及国家通用语言文字，具体设定为全国普通话普及率平均达到80%以上”。详见教育部、国家语委联合印发《国家通用语言文字普及攻坚工程实施方案》（教语用〔2017〕2号），2017年3月14日。

② 规模化普及主要是指以追求普及率为目标的普通话普及策略；高质量普及侧重于普通话技能的提升和普通话普及率区域结构的均衡化，着重解决普通话推广普及区域不平衡、民族地区不充分的问题。

③ 语言生活包括运用、学习和研究三个维度，具体内容是指运用、学习和研究语言文字、语言知识、语言技术的各种活动；语言生活中的“语言”包括语言文字、语言知识、语言技术三方面。

理体系均被看作为国家治理体系的有机组成部分。语言要素通过经济、政治、文化等方面，比如乡村振兴、基层治理、民族团结等，作用于国家治理体系与能力的现代化。同时国家治理通过语言政策或现实和网络世界的改变（王春辉，2020）影响语言的使用及其结构的变化。

新中国成立以来，我国的推普工作在党的领导下稳步推进，取得了长足的进步和斐然成绩。但在推普的实践中，部分群众仅仅将推普视为单纯的语言治理工作，而未能够从经济发展、相对贫困治理、中华优秀传统文化传承与保护等视角全面审视推普的经济、文化及社会意义，进而出现推普工作不积极、不愿意学习普通话，甚至少数群众错误认为学习普通话没有用，反对普通话推广的现象。如此看来，持续加大推普的宣传力度，尤其是让各族群众全面认识推普的经济、社会及文化意义。同时，将语言治理体系置于国家体系框架下，统筹考虑国家语言规划和政策的设计，使得语言治理与经济发展、社区治理、民族工作等之间达到同频共振，共同助力于国家治理体系与能力现代化建设，应是新时期推普工作关注的重点之一。

（二）广西中越边境地区普通话高质量推广普及的原则

1. 量化估算普通话普及率的“阈值”，科学制定普通话普及推广目标

普通话的推广会消除人们之间的沟通隔阂和障碍，降低人们之间的交际成本，增进人们之间的信任和合作，促进信息和技术的传播，扩大区域之间的开放合作，进而对于推动农村劳动力进城就业，提高农村劳动力收入，提升农村社会文明程度和新型城镇化水平具有积极的作用。但值得注意的是，上述普通话经济效应的实现，要求普通话普及率必须达到“阈值”[①] 水平。因此，基于各区域经济社会发展状况实证估算使得普通话推广效应获得最大值对应的普通话普及率的最小值，并依据此来确定普通话普及推广的目标，以为普通话推广

---

① 这里讲的“阈值”，是以一种假设为前提：普通话普及率和经济增长之间呈“二次曲线”关系，普通话的经济效应最大值存在临界点，即“阈值”。卞成林、刘金林等（2017）以广西壮族自治区14个市为样本，发现广西壮族自治区普通话普及率和经济增长呈“U”型关系，只有当广西壮族自治区的普通话普及率高于63.3%，普通话推广才会对经济发展产生正向效应。详见卞成林、刘金林、阳柳艳、苏丹：《少数民族地区普通话推广的经济发展效应分析：来自广西市际面板数据的证据》，《制度经济学研究》2017年第3期。

普及提供遵循和依据，是民族地区普通话深入推广普及的首要工作。

2. 保护和充分利用多样化语言的经济资源优势，发展语言产业经济

经济一体化和全球化加速推进的同时，多样性和多元性仍是当今时代的主要特征。人类对语言多样性的认识已由“问题”转向“资源”，逐步意识到语言多样性是一种重要的经济、文化和学术研究资源。其在阻碍经济发展的同时，通过促进人力资本积累，带动语言产业发展等推动经济发展。语言多样性为多语人才的培养，进而为人力资本的积累提供了重要条件，而多语能力的培育是化解语言多样性对经济发展负面影响，实现语言多样性与统一性平衡的有效路径。同时，语言多样性是语言产业发展的重要基础。比如，瑞士就是从语言多样性获得巨额经济红利的国家。因此，保护和利用民族地区语言多样性资源，积累人力资本，发展语言经济，充分发挥语言多样化的经济资源优势，与普通话推广共同助力民族地区的现代化建设，应是下一步民族地区推普工作重点考虑的内容。

3. 做到因地制宜，因人而异，因时调整，实现向高质量推广普及的转变

统筹考虑我国地域、民族差别和城乡差距，综合教育、文化、制度等外在因素和条件，将区域、人群分成不同类型和层次，并将同一区域、人群按照时间进展分成不同的阶段，找准突出短板，聚焦普通话普及率较低的地区和技能较低人群，制定具体办法和针对性的措施，分类实施，精准发力，在提升民族地区普通话普及率的同时，提高普通话普及的质量，解决普通话普及的不平衡、不充分问题。

4. 将语言治理融入国家治理体系，充分实现语言要素对国家治理体系与能力现代化建设的助推效应

随着国际国内形势的变化，实施乡村振兴战略、铸牢中华民族共同体意识和建设人类命运共同体、构建国内国际双循环相互促进新发展格局等将构成我国国家治理的重大战略体系。这势必对语言治理提出了更高的要求，必须将语言治理融入国家治理体系，围绕国家经济社会发展的战略需求来考虑语言政策和规划的设计、调整和完善，充分发挥语言这一要素在国家治理体系与能力现代化建设中的积极效应。

（三）广西中越边境地区普通话高质量推广普及的优化路径

1. 全面落实国家统编教材的使用工作，力抓民族地区广大青少年的普通话普及工作

全面使用国家统编教材是民族地区普通话推广普及的关键工作。国家统编教材包括中小学语文、政治（道德与法治）、历史三科，在民族语言授课中使用国家统编教材，是党中央做出的关于加强民族地区国家通用语言文字教育的重大战略部署，有利于提升民族地区广大青少年的普通话水平，有助于青少年夯实“中国底色”，铸牢中华民族共同体意识，成长为具有深厚的爱国主义情怀，爱党、爱国、爱人民，能够担当民族复兴大任的时代新人。而且，语言习得理论的关键期假说、敏感期假说两大假说均认为儿童语言习得的成效远高于成人学习者。因此，在民族地区全面落实国家统编教材的使用工作，不仅对于提升民族地区广大青少年的普通话水平，而且对于培育和弘扬社会主义核心价值观，引导民族地区青少年坚定“四个自信”，增强“五个认同”，铸牢中华民族共同体意识具有重大的战略意义和深远的历史意义。

2. 持续强化提升民族地区双语教师、基层干部职工普通话水平，创设良好的普通话学习、交流环境

少数民族学生在学习普通话的过程中，不仅会受到母语的干扰，而且还会受到语言环境、教师的普通话水平与教学方式、学生的学习态度、所使用的教材等诸多因素的影响。教师普通话水平较低，教学方法的不科学、不适当，都有可能导致学生在学习普通话过程中产生一定的偏误，致使普通话交流中带有浓厚的地方口音。随着我国普通话普及攻坚工程的实施，教师的普通话普及率已达到90%以上，但部分民族地区小学教师尤其是双语教师的普通话水平依然较低，较大程度地影响了民族地区学生的双语教育效果。总体来讲，可以从三个方面强化提升民族地区双语教师的普通话水平。一是加强对各级各类教师的综合培训和教师业务培训，进行包括国家语言文字法律法规、方针政策和规范标准等内容，确保教师在教学中能坚持规范使用国家通用语言。二是选择性地培养一批双语教师队伍，其中对于出生于民族地区，对民族语言教育熟悉的教师，重在开展普通话读、说技能的培训；而对于外地引进、普通话水平较高

的教师，则注重进行系统化、理论化的民族语言文化培训，加强民族语言听、说、读方面的技能训练。可经过脱产培训、远程自学、帮扶结对等多样化教学方式，确保双语教师的教学水平和教学素养达到国家执教标准。三是建立双语教师教学服务机构，为双语教师提供教学设计与创新培训，培养双语教师教学创造性，切实提高教学质量。另外，应充分考虑民族地区双语教师的教学量和教学难度，适当提高双语教师的薪资待遇或者加大补贴力度，建立合理的双语教师绩效考评和分配制度，以稳定双语教师师资队伍，激励双语教师的教学积极性、主动性。

根据《中华人民共和国国家通用语言文字法》的规定，国家机关以普通话和规范汉字为公务用语用字，公共服务行业以规范汉字为基本的服务用字[①]，确立了普通话和规范汉字的法律地位。因而，在推广普及普通话过程中，国家机关、学校应充分发挥带头和基础作用，公共服务行业、新闻出版和广播影视则重点发挥窗口和示范作用，以营造良好的普通话和规范汉字使用氛围。因此，应通过集中学习、举办培训班等途径，加大对民族地区不具备普通话沟通能力的县以下党政机关公务员、事业单位职员等基层干部的专项培训，着力提升普通话的沟通交流、读写等应用能力。同时，建立相应的选拔和绩效考核制度，可将普通话水平纳入基层职工的工作考核和职务考核，确保党政机关、学校、新闻媒体、公共服务行业等重点领域从业人员的普通话全部达标，为社会做出良好表率，切实发挥引领和示范作用。

3. 抓好民族地区中青年劳动力的普通话培训工作，着力提升中青年劳动力的普通话技能

一是集中力量组织开展民族地区非外出务工青壮年人群普通话的专项培训。鼓励他们借助信息化工具和资源自主学习，带动推普工作进村、入户、到人，为农村劳动力走出去消除语言障碍，为其更好的求职创业打下坚实的语言基础。二是持续加强民族地区外出务工的青壮年普通话技能的提升。针对已外

① 《中华人民共和国国家通用语言文字法》规定：如果国家机关工作人员执行公务时的确需要使用方言，可以使用方言。学校及其他教育机构、汉语文物出版物、广播电台、电视台、公共服务行业以普通话和规范汉字为基本的用语用字。详见第九届全国人民代表大会常务委员会，《中华人民共和国国家通用语言文字法》，2001 年 1 月 1 日。

出务工的青壮年，在其过年过节等返乡时期，组织其参加普通话培训，及时了解其语言使用困境，帮助其提高语言使用的能力及技巧。而在培训组织上，当地语言文字部门可以牵头协调，在各乡各村组织语言能力较好的基层干部、乡村教师、大学生村官等专人或兼职人员负责落实。在培训形式上，既可以选择由基层干部等群体做出日常表率的浸润式教学，也可以选择特约教师开展定期授课的集中教学。在培训内容上，则可以根据外出务工人员的职业进行“普通话＋职业能力”的融合教学，也可以根据他们在特定场合中的语言使用需求进行模拟语境练习。在培训工具上，充分利用信息化手段，如微信、微博、QQ 等软件，为中青年劳动力搭建普通话应用学习的载体和平台。

4. 构建“小手拉大手”的普通话推广模式，营造普通话学习的浓厚家庭氛围

在通过课堂教学、中华经典诵读大赛、制作宣传卡片、“啄木鸟”纠错行动等举措大力提升青少年普通话技能的基础上，大力开展“普通话带回家”“做长辈普通话学习老师”等活动，不仅要求学生在家里讲普通话，而且要教长辈们讲普通话，纠正长辈们普通话使用过程中存在的发音问题及不正确的用字现象，构建“小手拉大手”的家庭普通话推广普及模式，营造普通话学习的浓厚家庭氛围。

5. 强化边境地区跨境婚姻家庭主妇的普通话推广力度，切实增强她们的“五个认同”

持续加强边疆民族地区民族团结，维护边疆和谐稳定，筑牢国家安全屏障，是党的十九届五中全会提出的建设更高水平的平安中国的重要保证。对靖西市、那坡县、东兴市距离中越边境 0—3 公里居民“五个认同”认同度的田野调查显示，被调研居民的“五个认同”认同度较高，均在 85% 以上。其中，被调研居民对中华文化认同的认同度为 85%，低于对伟大祖国认同、中华民族认同、中国共产党认同、中国特色社会主义认同的认同度，尚有进一步的提升空间。究其原因，主要是由于被调研对象中跨境婚姻家庭成员较多（约占调研对象的 30%），这些家庭的主妇均为越南人，日常交流以跨境语言为主，不会讲普通话，不会使用国家规范汉字，从而无法全面、深入理解国家重大方针政策，对中华优秀传统文化和特色社会主义文化更是知之甚少。且这些家庭

母亲对中华文化认同的缺失必然会通过家庭教育对子女的文化认同产生直接影响。这就要求必须重点关注边境地区跨境婚姻家庭主妇的国家通用语言文字教育，着力提升其普通话的读、写、听、说能力，为她们充分理解国家重大方针政策，深刻认识中国优秀传统文化和特色社会主义文化，进而增强“五个认同”，铸牢中华民族共同体意识提供支撑。

第五章

结论与展望

一、结论

本书基于广西中越边境地区八县（市、区）居民普通话水平和多语多言能力的全样本调查数据、广西中越边境地区普通话推广普及与相对贫困治理、乡村文明建设、“五个认同”、基层治理抽样调查数据以及访谈调研资料，全面分析广西中越边境地区语言生态，从经济、文化、社会、政治等方面分析推普的多重效应对增强“五个认同”的作用，总结分析普通话高质量推广普及面临的困境，进而提出新时代提升推普多重效应的思路与优化路径。主要结论有以下四个方面。

第一，广西中越边境地区语言生态。

基于实地调查资料和调研问卷数据，从语言使用情况、普通话能力、边境居民收入、语言发展趋势、语言使用对策等语言能力视角分析各县（市、区）

语言生态。分析发现广西边境少数民族地区语言种类较为多样，普通话、方言、少数民族语言、跨境语言等相互交织，形成了丰富的语言生活。进一步结合语言生态分析发现，边境地区八县（市、区）居民未来语言使用趋势如下：其一，单语言人群将不断缩小，多语使用者人数稳步增加，主要是由于劳动群体务工需要、学龄前儿童入校学习、中老年人群日常交流，这几类群体具备双语、多语能力；其二，转用型人群也逐渐增加，主要指公职人员、青少年学生以使用普通话为主，逐渐成为单语型人群；其三，随着“一带一路”合作、北部湾经济区、中国—东盟自由贸易区的建设发展，国际方面的经济合作、贸易往来不断深化，区域间迫切需要有好的开放的国际语言环境，对跨境语言人才的需求增加，培养各族群众的“双语双言”或“多语多言”能力成为亟须；其四，普通话普及力度和推广范围趋于扩大，推动普通话推广与少数民族语言保护之间的均衡发展，构建新时代民族地区和谐健康的语言生活，仍是新时代语言文字工作的重要内容。

第二，广西中越边境地区推普的多重效应的理论机理分析。

基于人力资本理论、劳动力迁移理论、语言功能理论、贫困文化理论、语言共同体理论、边境贸易理论等多理论视角，从国家通用语言文字作为一种人力资本、交际工具、文化载体、认同工具的角度理论阐释推普对经济社会文化政治等方面多重效应的内在机理，将边境地区普通话推广普及置于相对贫困治理、乡村振兴战略、文化强国建设、各民族相互嵌入式社区建设、铸牢中华民族共同体意识等研究框架下，对推普的现实效应进行多维度、综合性、系统性评估。

（1）经济上。具体表现为推普对促进劳动力转移、提高劳动者收入、缓解相对贫困以及推动边境地区国际贸易。①促进劳动力转移方面。其一，“推普”有利于扩大城乡绝对收入和预期收入差距，增加城镇的拉力，提高个体收入效应；其二，掌握普通话有利于进城农民工更快地融入城镇社会网络，有利于社会资本的积累和提升，获得稳定、工资收入较高的职业，提高社会资本效应。②提高劳动者收入方面。其一，作为国家通用语言文字，普通话技能的提升有利于增强务农技能和城镇就业能力，提高务农和工资收入；其二，掌握普通话有利于增进进城农民工的城市融入，建立和发展以业缘为基础的社会网络，增强其再就业能力；其三，基于人力资本的“代际传递”效应，推普有助于阻断农村的贫困代际传递；其四，作为一种公共产品，普通话的学习还具有外部性，会产生示范效应，加快区域人力资本的积累。③缓解相对贫困方面。其一，国家通用语言文字推广普及有利于提高就业创业能力，增加就业机会、提高边民收入，降低收入贫困和教育贫困；其二，习得并使用国家通用语言文字可以促进社会交往，增进社会认同和社会融入，提高脱贫致富自信心，进而降低精神贫困；其三，推普有利于提高信息技术能力，打通制度和技术传播通道，提高各族群众国家通用语言文字能力可以直接提高其信息吸收和运用的能力，降低边民信息贫困。④推动边境地区国际贸易方面。其一，推普改善了边境地区多样化的语言环境，降低了贸易互动中的交易成本，正向推动中越边境的贸易往来；其二，普通话通用程度越高，传播范围越广，越能够通过文化交融来影响国家间的贸易；其三，普通话的全面普及帮助转化我国丰富的文化产品，以及实现高质量的语言服务，促进文化产业以及外贸经济发展，影响贸易流量，带来收益。

（2）文化上。其一，国家通用语言文字蕴含着丰富的历史积淀和精神价值，对涵养各族人民文化品格和精神世界具有重要引导、润化和滋养作用；其二，各族群众学习并熟练运用国家通用语言文字，既可以扩展知识面、开阔视野，也可以调整自我认知、激发需求，克服原有的与经济社会发展不相适应的思维方式、价值观念、行为习惯等，从而培育现代化思维及脱贫致富的内生动力，提升群众文明素质提升、提振群众精神风貌、提高社会文明程度。

（3）社会上。其一，作为人类重要的交际工具，语言相通是促进各民族相互嵌入式社区各族居民交往交流交融的重要前提；其二，作为文化的载体，增强国家通用语言认同是提升各民族相互嵌入式社区各族居民文化认同，铸牢中华民族共同体意识的关键；其三，作为人力资本，提升语言技能是实现各民族相互嵌入式社区各族居民共同富裕的有效助推器。

（4）政治上。其一，作为交际工具与社会制度，普通话推广是加强各民族交往交流交融，夯实铸牢中华民族共同体意识社会基础的基本前提；其二，作为一种文化形式与载体，普通话推广是增强各族群众文化认同，夯实铸牢中华民族共同体意识文化基础的内在要求；其三，作为一种人力资本，普通话推广是提高个人劳动收入，夯实铸牢中华民族共同体意识物质基础的有效路径。

第三，广西中越边境地区推普的多重效应的实证分析。

结合广西中越边境地区八县（市、区）的居民普通话水平和多语多言能力的全样本调查数据，以及广西中越边境地区普通话推广普及与相对贫困治理、乡村文明建设、"五个认同"、基层治理抽样调查数据，构建量化模型实证分析推普的经济社会文化政治等多重效应。

（1）经济效应方面：实证结果表明，在劳动力转移就业效应上，普通话推广与农村劳动力转移就业之间呈显著正相关关系，即普通话水平的提升有利于促进农村劳动者转移就业，且两者之间呈现性别、年龄的异质性。从性别上来看，普通话能力的提升对男性劳动者转移就业的影响大于农村女性劳动者。从年龄上来看，普通话推广对处于18—28岁年龄段男女性劳动者转移就业的影响不显著；且普通话能力对处于29—50岁男女性劳动者转移就业的影响均大于51—65岁男女性劳动者。在劳动者收入效应上，普通话水平与多语能力对广西中越边境八县（市、区）居民的收入存在显著的促进作用，且存在性别、行业异质性。在相对贫困治理效应上，在1%的显著性水平，普通话水平与相对贫困呈负相关关系，即广西边境地区居民普通话水平的提升有助于降低相对贫困。但从各维度来看，尽管普通话水平的提升能够有效缓解收入贫困、教育贫困、信息贫困和精神贫困，但对收入贫困的缓解效应大于其他三个维度。从各维度贫困对比来看，普通话的相对贫困治理效应具有职业异质性。在国际贸易效应上，掌握并不断提升越南语水平对于提高中越边境群众的自身收入、扩大中越边境贸易量具有积极作用，但鉴于本地居民普通话水平的提高能更好地理解国家及自治区出台的边境贸易相关政策及法律法规，这能为他们从事和参与边境贸易提供制度保障，维护合法利益，因而普通话是边民语言使用的优先选择。

（2）文化效应方面：在1%的显著性水平，普通话普及率、普及质量均与精神文明建设呈正相关关系。即普通话普及率与普及质量的提升均能提高广西边境地区各县（市、区）精神文明建设水平。其中，普通话普及质量对精神文明建设的效应高于普及程度。从精神文明建设各维度来看，普通话普及率、普及质量与群众文明素质、群众活动参与、群众精神风貌分别在1%、5%、1%的显著性水平上呈正相关关系，即普通话普及率、普及质量均能提升群众文明素质、增进群众活动参与、改善群众精神风貌。

（3）社会效应方面：随着普通话水平的提升，居民的基层治理参与能力逐步提升，但参与意识、参与度却呈逐步降低态势。

（4）政治效应方面：基层治理参与意识和参与能力是普通话水平影响各族群众“五个认同”的中介变量。即普通话水平通过影响群众基层治理参与意识和参与能力，进而对各族群众“五个认同”产生作用，是推普增进各族群众“五个认同”的内在机制和现实逻辑。

第四，新时代广西中越边境地区高质量推普的困境、原则与优化路径分析。

结合调研材料和实证分析结果发现，新时期边境民族地区普通话高质量推广面临推普与少数民族语言保护之间的均衡、规律性与异质性的统筹兼顾、不平衡、不充分问题并存，语言治理与国家治理的辩证统一等方面的困境；新时代应坚持以铸牢中华民族共同体意识为主线，以持续提升推普工作治理体系与能力现代化为核心，坚持量化估算普通话普及率的“阈值”，科学制定普通话普及推广目标，保护和充分利用多样化语言的经济资源优势，发展语言产业经济，做到因地制宜，因人而异，因时调整，实现向高质量推广普及的转变，将语言治理融入国家治理体系，充分实现语言要素对国家治理体系与能力现代化建设的助推效应等思路。从全面落实国家统编教材的使用工作，力抓民族地区广大青少年的普通话普及工作；持续强化提升民族地区双语教师、基层干部职工普通话水平，创设良好的普通话学习交流环境；抓好民族地区中青年劳动力的普通话培训工作，着力提升中青年劳动力的普通话技能；构建“小手拉大手”的普通话推广模式，营造普通话学习的浓厚家庭氛围；强化边境地区跨境婚姻家庭主妇的普通话推广力度，切实增强她们的“五个认同”等方面提出优化路径，实现巩固拓展推普助力脱贫攻坚同乡村振兴有效衔接，推进社会主义现代化国家建设，铸牢中华民族共同体意识。

二、展望

结合新时代语言文字工作新要求新任务，以及本书相关内容和研究结论，未来本领域的研究将围绕以下几方面展开：

第一，作为一种技能，语言满足人力资本的基本特性，可以看作是一种人力资本，语言学习实质上是人力资本积累的过程。人力资本有关理论研究表明，人力资本区别于物质资本的特性体现为异质性、专用性、依附性、增值性、时效性、可变性。从产权角度，可以总结为个人占有的天然性、运用主体的唯一性、价值实现的自发性、使用的激励性与增值性、"产权残缺"的自贬性、收益的外部性和长期性等六个方面。而语言作为一种技能，满足上述人力资本的特性。其一，语言学习需要付出成本，且技能具有异质性；其二，语言依附于人体，具有个人占有的天然性、运用主体的唯一性、"产权残缺"的自贬性特征；其三，语言具有生产性和使用的激励性、增值性；其四，语言技能具有收益的外部性和长期性特征。因此，语言可以被看作是一种人力资本，语言知识基本上是知识资本的积累，语言学习实质上是人力资本积累的过程。因此，要充分发挥推普这一生产要素的积极效应，就必须按照"聚焦重点、全面普及、巩固提高"的新时代推普方针，聚焦基础薄弱的民族地区、农村地区，以及农村的教师、青壮年劳动力、老年人、基层干部、学前儿童、跨境婚姻家庭主妇等重点区域和人群，构建"分类施策"的推广普及路径和模式，在大力开展民族地区推普攻坚工程的同时，实施普通话普及质量提升工程，着力解决普通话推广普及的不平衡不充分问题，提高全国各地区各领域国家通用语言文字水平。这也是新时代民族地区普通话推广普及政策优化的根本原则和主线。

第二，科学估算普通话普及率的"阈值"，确保实现普通话这一人力资本要素的正向经济效应，是新时代民族地区普通话推广普及政策优化的重要前提和立足点。实证分析表明，广西普通话普及率与经济增长之间呈二次曲线关系，且普通话普及率的阈值为 60%—63.3%，即要使普通话推广对经济发展产生正向效应，就必须保证普通话普及率大于60%。因此，加强语言文字科学研究，科学测算各区域的普通话普及率“阈值”，并将其作为当地语言文字工作委员会、乡村振兴局关于推普相关政策目标确立的重要标准和依据，确保实现普通话这一人力资本要素的正向经济效应，是新时代民族地区推普扶贫政策调整和完善的重要前提和立足点。

第三，理论和实证研究均表明，普通话技能具有多重经济社会发展效应和多层级经济势能，坚定不移加大普通话推广普及力度，聚焦高质量推普，是实施乡村振兴战略、扎实推进共同富裕，全面建设社会主义现代化国家，铸牢中华民族共同体意识等国家重大战略的基础性保障。未来研究将聚焦于普通话高质量推广普及贯穿于铸牢中华民族共同体意识、乡村振兴等重大战略，实现普通话推广普及与铸牢中华民族共同体意识、乡村振兴之“互促共融”。在着力解决普通话推广不平衡不充分问题的同时，助力铸牢中华民族共同体意识和乡村振兴战略的实施。同时，通过增强各族群众的中华民族共同体意识及乡村文化振兴，激发广大群众学习普通话的积极性和主动性，最终实现普通话高质量推广普及与铸牢中华民族共同体意识、乡村振兴之“互促共融”是新时代普通话推广普及的职能定位和重点任务。

第四，以铸牢中华民族共同体意识为主线，坚持“普通话推广普及与科学保护少数民族语言、方言并行不悖”的原则，培育各族群众的“双语双言”或“多语多言”能力，着力构建新时代民族地区和谐健康的语言生活，助力乡村振兴，扎实推进共同富裕，强国建设、民族复兴的研究框架。相对方言来讲，普通话的经济功能强于情感功能。这就要求坚持“普通话推广普及与科学保护少数民族语言、方言并行不悖”的原则，在高质量推广普及普通话的同时，加强少数民族语言、方言的传承和保护力度，培养各族群众的“双语双言”或“多语多言”能力，充分发挥语言的经济功能和情感功能，以构建和谐健康的语言生活助力解决相对贫困问题，扎实推进共同富裕；充分发挥中华语言文字与中华语言文明的基础性作用，弘扬中华优秀传统文化，增强各族群众对中华文化的认同，助力中华民族共有精神家园建设，铸牢中华民族共同体意识。持续深入挖掘语言助力铸牢中华民族共同体意识、强国建设是未来本领域研究的重要内容。

参考文献

[1] [美] 阿比吉特·班纳吉、[法] 埃斯特·迪弗洛:《贫穷的本质:我们为什么摆脱不了贫穷》, 景芳译, 北京: 中信出版社, 2013 年。

[2] [印] 阿玛蒂亚·森:《以自由看待发展》, 任赜、于真译, 北京: 中国人民大学出版社, 2002 年。

[3] [英] 爱德华·泰勒:《原始文化》, 连树声译, 上海: 上海文艺出版社, 1992 年。

[4] [英] 安东尼·吉登斯:《现代性的后果》, 田禾译, 南京: 译林出版社, 2011 年。

[5] [美] 奥格本:《社会变迁——关于文化和先天的本质》, 王晓毅, 陈育国译, 杭州: 浙江人民出版社, 1989 年。

[6] [瑞典] 奥林:《地区间贸易和国际贸易》, 王继祖等译校, 北京: 商务印书馆, 1986 年。

[7] [美] 奥斯卡·刘易斯:《桑切斯的孩子们: 一个墨西哥家庭的自传》, 李雪顺译, 上海: 上海译文出版社, 2014 年。

[8] 白增博、汪三贵、周园翔:《相对贫困视域下农村老年贫困治理》,《南京农业大学学报》(人文版) 2020 年第 4 期。

[9] 鲍文:《萨丕尔 - 沃尔夫假说的思想内涵及其现实意义》,《兰州学刊》2010 年第 10 期。

[10] [希] 柏拉图:《理想国》, 武汉: 华中科技大学出版社, 2012 年。

[11] 卞成林:《深度贫困地区脱贫的语言要素》,《领导科学》2018 年第 30 期。

［12］卞成林、刘金林、阳柳艳：《中越边境居民语言能力与经济收入关系研究：以广西东兴市为例》，《语言战略研究》2019 年第 1 期。

［13］［英］布罗尼斯拉夫·马林诺夫斯基：《文化论》，费孝通等译，北京：中国民间文艺出版社，1987 年。

［14］常安：《论国家通用语言文字在民族地区的推广和普及——从权利保障到国家建设》，《西南民族大学学报》（人文社会科学版）2021 年第 1 期。

［15］陈爱丽、郑逸芳、许佳贤、孙小宇：《农村家庭人力资本的减贫效应研究——基于非农就业的作用机制》，《农业现代化研究》2020 年第 1 期。

［16］陈波：《语言和意义的社会建构论》，《中国社会科学》2014 年第 10 期。

［17］陈健：《全面建设社会主义现代化国家视域下相对贫困治理研究》，《云南民族大学学报》（哲学社会科学版）2021 年第 1 期。

［18］陈丽湘：《论新时代民族地区国家通用语言文字的推广普及》，《陕西师范大学学报》（哲学社会科学版）2021 年第 6 期。

［19］陈丽湘、魏晖：《推普脱贫有关问题探讨》，《语言文字应用》2019 年第 3 期。

［20］陈鹏：《当代中国语言产业发展的三次浪潮》，《语言战略研究》2017 年第 5 期。

［21］陈鹏：《语言产业经济贡献度研究的若干问题》，《语言文字应用》2016 年第 3 期。

［22］陈雪儿：《少数民族成人“国家通用语言文字能力”提升的教育对策研究——以“三州”少数民族青壮年农民为例》，重庆：西南大学，2020 年。

［23］陈媛媛：《普通话能力对中国劳动者收入的影响》，《经济评论》2016 年第 6 期。

［24］程虹、刘星滟，《英语人力资本与员工工资——来自 2015 年“中国企业—员工匹配调查”的经验证据》，《北京师范大学学报》（社会科学版）2017 年第 1 期。

［25］程名望、王娜、史清华，《语言对外来农民工收入的影响——基于

对上海外来农民工情况的调查》,《经济与管理研究》2016年第8期。

［26］程威特、吴海涛、江帆:《城乡居民家庭多维相对贫困的测度与分解》,《统计与决策》2021年第8期。

［27］褚荣伟、熊易寒、邹怡:《农民工社会认同的决定因素研究:基于上海的实证分析》,《社会》2014年第4期。

［28］邓银城、徐楚桥,《论农村教师在促进农村基础教育公平中的地位与作用》,《江汉论坛》2010年第3期。

［29］董帅兵、郝亚光:《后扶贫时代的相对贫困及其治理》,《西北农林科技大学学报》(人文版)2020年第6期。

［30］段义德:《教育与农村相对贫困的代际传递——基于工具变量法的检验》,《农村经济》2020年第9期。

［31］段义德、郭丛斌:《高等教育阻断农村相对贫困代际传递的效应研究》,《中国高教研究》2021年第2期。

［32］樊士德、江克忠:《中国农村家庭劳动力流动的减贫效应研究——基于CFPS数据的微观证据》,《中国人口科学》2016年第5期。

［33］樊士德、朱克朋:《农村劳动力流动、务工收入与家庭贫困——基于东部欠发达县域878户农户的实证研究》,《南京社会科学》2019年第6期。

［34］范和生、武政宇:《相对贫困治理长效机制构建研究》,《中国特色社会主义研究》2020年第1期。

［35］方清云:《贫困文化理论对文化扶贫的启示及对策建议》,《广西民族研究》2012年第4期。

［36］方晓玲:《论城市流动人口的贫困文化》,《青年研究》2004年第6期。

［37］［德］伽达默尔:《真理与方法:第1卷》,洪汉鼎译,北京:商务印书馆,2010年。

［38］高晶、林曙:《省际边界、方言边界和一价定律》,《金融研究》2018年第4期。

［39］管健、乐国安,《社会表征理论及其发展》,《南京师大学报》(社会科学版)2007年第1期。

［40］郭龙生：《扶贫必先扶智 扶智可先通语》，《光明日报》2018 年 1 月 28 日，第 12 版。

［41］郭小卉、冯艳博：《数字普惠金融发展的相对贫困减缓效应——基于京津冀县域空间面板数据》，《武汉金融》2021 年第 2 期。

［42］国家民族事务委员会：《中央民族工作会议精神学习辅导读本》，北京：民族出版社，2015 年。

［43］国家语言文字工作委员会：《中国语言文字事业发展报告》，北京：商务印书馆，2017 年。

［44］何雄浪、史世姣：《空间溢出效应视角下我国人力资本结构优化的减贫脱困效应研究》，《河北经贸大学学报》2021 年第 1 期。

［45］贺春英：《功能视野中的言语行为理论研究：回眸与反思》，上海：上海外国语大学，2009 年。

［46］［以色列］赫尔普曼、［美国］克鲁格曼：《市场结构和对外贸易》，尹翔硕、尹翔康译，上海：上海人民出版社，2009 年。

［47］侯玉波：《社会心理学》（第四版），北京：北京大学出版社，2018 年。

［48］胡小玲：《论语言产业的结构性、外部性与发展方式》，《语言文字应用》2013 年第 3 期。

［49］［德］哈贝马斯：《在事实与规范之间：关于法律与民主法治国的商谈理论》，童世骏译，北京：生活·读书·新知三联书店，2003 年。

［50］郇建立：《农村的贫困、贫困文化与脱贫》，《上海大学学报》（人文版）1999 年第 3 期。

［51］黄少安：《交易成本节约与民族语言多样化需求的矛盾及其化解》，《天津社会科学》2015 年第 1 期。

［52］黄少安、苏剑：《语言经济学的几个基本命题》，《学术月刊》2011 年第 9 期。

［53］黄少安、苏剑、张卫国：《语言产业的涵义与我国语言产业发展战略》，《经济纵横》2012 年第 5 期。

［54］黄少安、王麓淙：《民族地区语言扶贫的经济理论基础和实证分

析》，《语言文字应用》2020 年第 4 期。

［55］［美］克莱德 · 克鲁克洪等：《文化与个人》，高佳、何红、何维凌译，杭州：浙江人民出版社，1986 年。

［56］［美］克里福德 · 格尔茨：《文化的解释》，纳日碧力戈、郭于华、李彬等译，上海：上海人民出版社，1999 年。

［57］贾玉娇：《2020 年后相对贫困治理应关注的重点》，《人民论坛》2021 年第 14 期。

［58］姜国权、崔国鑫：《语言产业发展中的政府职能定位》，《中国行政管理》2014 年第 10 期。

［59］姜太碧、刘嘉鑫：《城市少数民族汉语能力与收入效应分析》，《民族学刊》2020 年第 5 期。

［60］焦开山、郭靓雯：《少数民族群体国家通用语言使用情况与国家认同研究——基于云南民族地区的抽样调查研究》，《西南民族大学学报》（人文社会科学版）2021 年第 1 期。

［61］康军帅：《广西中越边境地区的语言生活——凭祥市、东兴市语言使用及语言态度调查》，《商丘职业技术学院学报》2018 年第 1 期。

［62］雷开春：《上海城市新移民与本地人群体关系的交往策略研究》，《社会》2012 年第 2 期。

［63］李宝值、杨良山、黄河啸、朱奇彪：《新型职业农民培训的收入效应及其差异分析》，《农业技术经济》2019 年第 2 期。

［64］李光勤、曹建华、邵帅：《语言多样性与中国对外开放的地区差异》，《世界经济》2017 年第 3 期。

［65］［英］李嘉图：《政治经济学及赋税原理》，南京：译林出版社，2011 年。

［66］李瑾瑜：《贫困文化的变革与农村教育的发展》，《教育理论与实践》1997 年第 1 期。

［67］李棉管、岳经纶：《相对贫困与治理的长效机制：从理论到政策》，《社会学研究》2020 年第 6 期。

［68］李鹏、张奇林、高明：《后全面小康社会中国相对贫困：内涵、识

别与治理路径》,《经济学家》2021 年第 5 期。

［69］李强:《贫困文化之研究》,《天津社会科学》1989 年第 1 期。

［70］李强:《云南中缅边境地区少数民族语言生态与多语教育》,《教育语言学研究》（辑刊）2020 年。

［71］李秦、孟岭生:《方言、普通话与中国劳动力区域流动》,《经济学报》2014 年第 4 期。

［72］李文钢:《贫困文化论的误用与滥用》,《中国农业大学学报》（人文版）2018 年第 5 期。

［73］李现乐:《语言资源与语言经济研究》,《经济问题》2010 年第 9 期。

［74］李小云:《2020 年后农村减贫需要由"扶贫"向"防贫"转变》,《农村工作通讯》2019 年第 8 期。

［75］李秀华:《语言·文化·民族:民族语言认同与民族共同体的建构》,《西北民族大学学报》（哲学社会科学版）2018 年第 2 期。

［76］李轶、王新朋:《雅各布森言语交际理论的符号学解读》,《俄罗斯文艺》2021 年第 1 期。

［77］李懿行、沈莹:《生态语言学视角下边境地区语言生态调查研究——以凭祥市为例》,《现代商贸工业》2020 年第 18 期。

［78］李宇明:《推广国家通用语言文字 促进民族地区发展》,《中国民族报》2021 年 7 月 13 日,第 5 版。

［79］李宇明:《语言产业研究的若干问题》,《江苏师范大学学报》（哲学社会科学版）2019 年第 2 期。

［80］李宇明:《语言减贫的理论与实践（代主持人语）》,《云南师范大学学报》（哲学社会科学版）2019 年第 4 期。

［81］李宇明:《语言也是"硬实力"》,《华中师范大学学报》（人文社会科学版）2011 年第 5 期。

［82］李月、刘义兵:《推普扶贫视域下少数民族成人国家通用语言教育培训的困境与突围》,《中国成人教育》2020 年第 7 期。

［83］林建浩、赵子乐:《均衡发展的隐形壁垒:方言、制度与技术扩

散》,《经济研究》2017 年第 9 期。

［84］林闽钢:《前瞻研究相对贫困治理问题》,《人民日报》(理论版) 2020 年 12 月 28 日,第 12 版。

［85］刘昌华:《“一带一路”背景下跨境民族地区安全驱动的语言规划》,《大众标准化》2021 年第 7 期。

［86］刘光英、王钊:《多维贫困视角下土地流转的减贫效应及机制研究——基于中国家庭追踪调查(CFPS)微观数据的实证》,《农村经济》2020 年第 12 期。

［87］刘国辉、张卫国:《中国城镇居民英语能力的经济回报率研究——基于中国综合社会调查的实证分析》,《云南师范大学学报》(哲学社会科学版)2015 年第 6 期。

［88］刘欢:《人力资本投入对农村贫困家庭的减贫效应分析——基于健康、教育、社会保险、外出务工比较视角》,《经济经纬》2017 年第 5 期。

［89］刘金林、马静:《边疆民族地区居民语言能力的劳动者收入效应研究——语言与国家治理系列研究之五》,《云南民族大学学报》(哲学社会科学版)2021 年第 6 期。

［90］刘金林、马静:《边境少数民族地区语言助力脱贫攻坚实证研究——以广西靖西市为例》,《广西民族研究》2020 年第 3 期。

［91］刘金林、马静:《推普助力农村劳动力转移就业的机理及效应》,《中南民族大学学报》(人文社会科学版)2021 年第 11 期。

［92］刘金林、马静:《铸牢中华民族共同体意识视域下广西中越边境地区普通话高质量推广普及研究——语言与国家治理系列研究之七》,《广西民族大学学报》(哲学社会科学版)2021 年第 6 期。

［93］刘金林、马静:《铸牢中华民族共同体意识视域下民族地区深入推普的思考——语言与国家治理系列研究之二》,《民族教育研究》2021 年第 4 期。

［94］刘朋建:《新中国语言文字事业发展的成就和经验》,《语言文字应用》2020 年第 4 期。

［95］刘泉:《外语能力与收入——来自中国城市劳动力市场的证据》,

《南开经济研究》2014 年第 3 期。

[96] 刘毓芸、徐现祥、肖泽凯：《劳动力跨方言流动的倒 U 型模式》，《经济研究》2015 年第 10 期。

[97] 刘元贺：《人口流动、国家通用语言使用与国家认同——基于 2018 年新疆城乡社会调查数据的实证分析》，《新疆大学学报》（哲学·人文社会科学版）2020 年第 4 期。

[98] 卢盛峰、陈悦：《语言的力量：讲本地话增进了流动人口的社会融合吗?》，《经济科学》2019 年第 4 期。

[99] 卢现祥、马凌远：《中国服务贸易出口潜力研究》，《中国软科学》2009 年第 9 期。

[100] 鲁永刚、张凯：《地理距离、方言文化与劳动力空间流动》，《统计研究》2019 年第 3 期。

[101] [法] 路易 - 让·卡尔韦：《社会语言学》，曹德明译，北京：商务印书馆，2001 年。

[102] 罗明忠、唐超、吴小立：《培训参与有助于缓解农户相对贫困吗？——源自河南省 3278 份农户问卷调查的实证分析》，《华南师范大学学报》（人文版）2020 年第 6 期。

[103] 麻彦坤：《当代心理学文化转向的动因及其方法论意义》，《国外社会科学》2004 年第 1 期。

[104] 马静、刘金林：《少数民族地区推普助力脱贫攻坚的内在机理及实证分析：基于人力资本视角——语言与国家治理系列研究之一》，《民族教育研究》2020 年第 5 期。

[105] [美] 马歇尔·萨林斯：《文化与实践理性》，赵丙祥译，上海：上海人民出版社，2002 年。

[106] 倪虹：《中国贫困文化初探》，《社会》1995 年第 5 期。

[107] 宁乐锋：《查尔斯·泰勒的社群主义整体本体论评析——基于语言共同体的视角》，《云南农业大学学报》（人文版）2010 年第第 6 期。

[108] [美] 欧文·戈夫曼：《污名：受损身份管理札记》，宋立宏译，北京：商务印书馆，2009 年。

[109]［英］帕默尔：《语言学概论》，李荣、王菊泉、周焕常、陈平译，吕叔湘校，北京：商务印书馆，1983年。

[110] 彭卉、蒋涌：《语言趋同与国际贸易——基于修正重力模型的实证》，《广东外语外贸大学学报》2012年第3期。

[111] 戚学民：《写作训练与写作水平》，《抗日战争研究》2021年第4期。

[112]［英］齐格蒙·鲍曼：《共同体》，欧阳景根译，南京：江苏人民出版社，2007年。

[113] 秦广强：《进京农民工的语言能力与城市融入——基于适应性区群抽样数据的分析》，《语言文字应用》2014年第3期。

[114] 邱济芳、聂伟：《方言技能对进城农民落户意愿的影响机制——基于2014年全国流动人口动态监测数据》，《湖南农业大学学报》（社会科学版）2018年第3期。

[115] 屈哨兵：《语言服务的概念系统》，《语言文字应用》2012年第1期。

[116]［法］塞奇·莫斯科维奇：《社会表征》，管健、高文珺译，北京：中国人民大学出版社，2011年。

[117] 单菲菲：《我国多语教育研究现状、问题及发展趋势》，《教育评论》2022年第1期。

[118] 邵帅、李光勤、曹建华：《文化多样性会阻滞城镇化进程吗？——基于方言视角的经验考察》，《东南大学学报》（哲学社会科学版）2017年第5期。

[119] 申小龙：《语言的人性与人的语言性——论人类语言符号的文化视界》，《学术交流》1989年第4期。

[120] 申小龙：《中国文化语言学》，长春：吉林教育出版社，1990年。

[121] 申云、李京蓉：《数字普惠金融与农户相对贫困脆弱性》，《华南农业大学学报》（社会科学版）2022年第1期。

[122] 石琳：《精准扶贫视角下少数民族地区国家通用语言文字普及深化的策略》，《社会科学家》2018年第4期。

[123] 宋嘉豪、吴海涛、程威特:《劳动力禀赋、非农就业与相对贫困》,《华中农业大学学报》(社会科学版) 2022 年第 1 期。

[124] 苏荟、张新亚:《国家通用语言文字应用能力对少数民族劳动力收入的影响——基于 CGSS 数据的实证研究》,《湖北民族大学学报》(哲学社会科学版) 2022 年第 2 期。

[125] 苏剑:《语言产业对我国经济增长贡献率的定量估算》,《社会科学家》2014 年第 4 期。

[126] 苏剑:《语言距离、语言传播与对外贸易增长——理论假说与中国证据》,《江汉论坛》2020 年第 9 期。

[127] 苏剑、葛加国:《"一带一路"倡议背景下双边贸易的语言效应:抑制还是促进》,《学术月刊》2018 年第 9 期。

[128] 苏剑、葛加国:《基于引力模型的语言距离对贸易流量影响的实证分析——来自中美两国的数据》,《经济与管理评论》2013 年第 4 期。

[129] 孙继国、韩开颜、胡金焱:《数字金融是否减缓了相对贫困?——基于 CHFS 数据的实证研究》,《财经论丛》2020 年第 12 期。

[130] 孙继国、王倩:《金融能力、数字化金融行为与相对贫困缓解——基于 CHFS 数据的实证研究》,《重庆社会科学》2022 年第 1 期。

[131] 孙久文、夏添:《中国扶贫战略与 2020 年后相对贫困线划定——基于理论、政策和数据的分析》,《中国农村经济》2019 年第 10 期。

[132] 台航、崔小勇:《人力资本结构与经济增长——基于跨国面板数据的分析》,《世界经济文汇》2017 年第 2 期。

[133] 檀学文:《走向共同富裕的解决相对贫困思路研究》,《中国农村经济》2020 年第 6 期。

[134] 唐曼萍、李后建:《普通话技能的农户减贫效应研究——基于西部民族地区经济社会的调查》,《中国经济问题》2019 年第 2 期。

[135] 唐任伍:《贫困文化韧性下的后小康时代相对贫困特征及其治理》,《贵州师范大学学报》(人文版) 2019 年第 5 期。

[136] 万奎:《基层服务型党组织建设的现实困境及其破解》,《湖北省社会主义学院学报》2015 年第 3 期。

[137] 汪三贵、孙俊娜：《全面建成小康社会后中国的相对贫困标准、测量与瞄准——基于2018年中国住户调查数据的分析》，《中国农村经济》2021年第3期。

[138] 王春辉：《论语言因素在脱贫攻坚中的作用》，《江汉学术》2018年第5期。

[139] 王春辉：《语言忠诚论》，《语言战略研究》2018年第3期。

[140] 王春辉：《中华人民共和国语言扶贫事业七十》，《云南师范大学学报》（哲学社会科学版）2019年第4期。

[141] 王丹、傅思忆：《后扶贫时代相对贫困治理体系的构建与优化》，《内江师范学院学报》2021年第9期。

[142] 王佃利、孙妍：《基层社会治理共同体与城市街道的“嵌入式”改革——以青岛市街道办改革为例》，《公共管理与政策评论》2020年第5期。

[143] 王锋：《论语言在族群认同中的地位与表现形式》，《云南师范大学学报》（哲社版），2010年第4期。

[144] 王国敏、何莉琼：《我国相对贫困的识别标准与协同治理》，《新疆师范大学学报》（哲学社会科学版）2021年第3期。

[145] 王海兰：《个体语言技能资本投资研究》，济南：山东大学，2012年。

[146] 王海兰：《语言多样性与经济发展的互动关系分析》，《制度经济学研究》2017年第4期。

[147] 王海兰：《语言人力资本推动经济增长的作用机制研究》，《语言战略研究》2018年第2期。

[148] 王浩宇：《藏族青年语言能力与社会经济地位关系调查研究：以天祝县为例》，《语言战略研究》2019年第1期。

[149] 王立非、金钰珏：《我国对外贸易中语言障碍度测量及影响：引力模型分析》，《外语教学》2018年第1期。

[150] 王小林、冯贺霞：《2020年后中国多维相对贫困标准：国际经验与政策取向》，《中国农村经济》2020年第3期。

[151] 王小强、白南风：《富饶的贫困：中国落后地区的经济考察》，成

都：四川人民出版社，1986 年。

[152] 王晓宇、杨言洪：《区域国别视角下语言距离对中国向西亚北非出口贸易的影响及潜力分析》，《上海对外经贸大学学报》2019 年第 2 期。

[153] 王莹：《身份认同与身份建构研究评析》，《河南师范大学学报》（哲学社会科学版）2008 年第 1 期。

[154] 王兆萍：《解读贫困文化的本质特征》，《中州学刊》2004 年第 6 期。

[155] 王兆萍：《贫困文化的性质和功能》，《社会科学》2005 年第 4 期。

[156] 王兆萍：《贫困文化结构探论》，《求索》2007 年第 2 期。

[157] [美] 威廉·A. 哈维兰：《文化人类学》，翟铁鹏、张钰译，上海：上海社会科学院出版社，2005 年，第 34 – 56 页。

[158] 魏下海、陈思宇、黎嘉辉：《方言技能与流动人口的创业选择》，《中国人口科学》2016 年第 6 期。

[159] [英] 沃森：《民族与国家：对民族起源与民族主义政治的探讨》，吴洪英、黄群译，北京：中央民族大学出版社，2009 年。

[160] 吴理财：《论贫困文化》（上），《社会》2001 年第 8 期。

[161] 吴理财：《论贫困文化》（下），《社会》2001 年第 9 期。

[162] 吴先泽、陈慧：《“一带一路”背景下广西边境民族语言生活调查》，《贵州民族研究》2016 年第 10 期。

[163] 吴振磊、王莉：《我国相对贫困的内涵特点、现状研判与治理重点》，《西北大学学报》（哲学社会科学版）2020 年第 4 期。

[164] 习近平：《把乡村振兴战略作为新时代“三农”工作总抓手》，《社会主义论坛》2019 年第 7 期。

[165] 习近平：《摆脱贫困》，福州：福建人民出版社，2014 年。

[166] 习近平：《访美并出席联合国系列峰会重要讲话》，《光明日报》2015 年 10 月 4 日，第 1 版。

[167] 习近平：《坚持把解决好“三农”问题作为全党工作重中之重 促进农业高质高效乡村宜居宜业农民富裕富足》，《人民日报》2020 年 12 月 30 日，第 1 版。

［168］习近平：《谈“两不愁三保障”》，《人民日报海外版》2019 年 4 月 18 日，第 2 版。

［169］习近平：《以铸牢中华民族共同体意识为主线 推动新时代党的民族工作高质量发展》，《人民日报》2021 年 8 月 29 日，第 1 版。

［170］习近平：《在庆祝中国共产党成立 100 周年大会上的讲话》，《人民日报》2021 年 7 月 2 日，第 2 版。

［171］习近平：《在全国脱贫攻坚总结表彰大会上的讲话》，《人民日报》2021 年 2 月 26 日，第 2 版。

［172］习近平：《在中央扶贫开发工作会议上的讲话》，《十八大以来重要文献选编》下，北京：中央文献出版社，2018 年。

［173］夏雨：《语言文化论析》，《外语学刊》（黑龙江大学学报）1994 年第 6 期。

［174］向运华、刘欢：《农村人口外出流动与家庭多维贫困动态演进》，《吉林大学社会科学学报》2016 年第 6 期。

［175］谢凤璘：《方言多样性对市场分割影响的实证研究》，重庆：重庆大学，2017 年。

［176］谢倩：《东盟语言政策新态势及其对广西多语教育的影响》，《中国—东盟研究》2020 年第 1 期。

［177］谢治菊、李小勇：《认知科学与贫困治理》，《探索》2017 年第 6 期。

［178］邢成举、李小云：《结构性贫困视角下的民族地区精准扶贫研究》，《中央民族大学学报》（哲学社会科学版）2019 年第 6 期。

［179］熊丽英：《中国贫困文化研究》，《湖南农业大学学报》（人文版）2000 年第 2 期。

［180］熊正贤：《特色文化产业扶贫的特征分析与绩效问题研究——以武陵山区为例》，《云南民族大学学报》（哲学社会科学版）2017 年第 4 期。

［181］徐大明、陶红印、谢天蔚：《当代社会语言学》，北京：中国社会科学出版社，2016 年。

［182］徐珺、自正权：《语言的经济价值分析：基于语言与中国对外服务

贸易的实证研究》,《解放军外国语学院学报》2020 年第 3 期。

[183] 徐珺、自正权:《语言对中国对外贸易影响之实证研究:基于 17 国数据的考察》,《外语电化教学》2016 年第 4 期。

[184] 徐现祥、刘毓芸、肖泽凯:《方言与经济增长》,《经济学报》2015 年第 2 期。

[185] 徐永平:《关于贫困文化的思考》,《内蒙古民族大学学报》(人文版)2004 年第 4 期。

[186] 许其潮:《语言经济学:一门新兴的边缘学科》,《外国语》(上海外国语大学学报)1999 年第 4 期。

[187] 薛世妹:《贫困文化:贫困农村地区贫困的文化分析》,《内蒙古农业大学学报》(人文版)2009 年第 3 期。

[188] [英] 亚当·斯密:《国富论》,北京:中国华侨出版社,2019 年。

[189] 杨帆、庄天慧:《父辈禀赋对新生代农民工相对贫困的影响及其异质性》,《农村经济》2018 年第 12 期。

[190] 杨建芳、龚六堂、张庆华:《人力资本形成及其对经济增长的影响——一个包含教育和健康投入的内生增长模型及其检验》,《管理世界》2006 年第 5 期。

[191] 杨磊:《中国古代书写与国家治理简论》,《云南师范大学学报》(哲学社会科学版)2021 年第 2 期。

[192] 杨明洪:《论西方人力资本理论的研究主线与思路》,《经济评论》2001 年第 1 期。

[193] 杨晔、朱晨、谈毅:《方言能力、语言环境与城市移民创业行为》,《社会》2019 年第 1 期。

[194] 叶林、李艳琼、方峥、余江、郭子桢:《文化产业扶贫政策的增收和减贫效应:微观机制和贵州农民画的经验》,《贵州财经大学学报》2020 年第 2 期。

[195] 衣俊卿:《文化哲学——理论理性和实践理性交汇处的文化批判》,昆明:云南人民出版社,2001 年。

[196] 殷海光:《中国文化的展望》,北京:中国和平出版社,1988 年。

[197] 英吉卓玛、张俊豪：《语言经济学视角下藏族大学毕业生藏汉双语水平与收入的相关性研究——以青海省 T 县藏族大学毕业生为例》，《民族教育研究》2016 年第 3 期。

[198] 于根元：《应用语言学的基本理论》，《语言文字应用研究论文集》Ⅱ期，2004 年，第 152 – 156 页。

[199] 俞路：《语言文化对“一带一路”沿线各国双边贸易的影响——基于扩展引力模型的实证研究》，《世界地理研究》2017 年第 5 期。

[200] [美] 约翰·肯尼思·加尔布雷思：《富裕社会》，赵勇、周定瑛、舒小昀译，南京：江苏人民出版社，2009 年。

[201] 占令：《政策在农村基层社会执行中的现实困境与对策》，《湖南行政学院学报》2017 年第 1 期。

[202] 张彩莉：《伊犁州直哈萨克族国家通用语言文字抽样调查研究》，新疆：新疆师范大学，2017 年。

[203] 张公瑾：《语言的文化价值》，《民族语文》1989 年第 5 期。

[204] 张海涛：《少数民族地区城市化进程中语言和谐发展体系构建——以广西壮族自治区为例》，《品位·经典》2021 年第 16 期。

[205] 张华娜、张艳军：《精准扶贫视角下西藏普及国家通用语言文字存在的问题及对策研究》，《西藏研究》2020 年第 1 期。

[206] 张琦、沈扬扬：《不同相对贫困标准的国际比较及对中国的启示》，《南京农业大学学报》（人文版）2020 年第 4 期。

[207] 张琦、杨铭宇、孔梅：《2020 后相对贫困群体发生机制的探索与思考》，《新视野》2020 年第 2 期。

[208] 张曙光：《社会表征理论述评——一种旨在整合心理与社会的理论视角》，《国外社会科学》2008 年第 5 期。

[209] 张卫国：《普通话能力的减贫效应：基于经济、健康和精神维度的经验分析》，《语言文字应用》2020 年第 4 期。

[210] 张卫国：《语言的经济学分析：一个初步框架》，济南：山东大学，2008 年。

[211] 张卫国：《语言的经济学分析：一个基本框架》，北京：中国社会

科学出版社，2016 年。

［212］张卫国：《语言政策与语言规划：经济学与语言学比较的视角》，《云南师范大学学报》（哲学社会科学版）2011 年第 5 期。

［213］张卫国：《作为人力资本、公共产品和制度的语言：语言经济学的一个基本分析框架》，《经济研究》2008 年第 2 期。

［214］张卫国、程实：《语言让生活更美好：普通话能力对居民主观幸福感的影响》，《山东大学学报》（哲学社会科学版）2022 年第 2 期。

［215］张卫国、孙涛：《语言的经济力量：国民英语能力对中国对外服务贸易的影响》，《国际贸易问题》2016 年第 8 期。

［216］张妍、王新华、潘忠宇：《西北民族地区居民信息化水平培养与构建——基于甘肃省甘南藏族自治州的实证研究》，《宁夏社会科学》2021 年第 4 期。

［217］张莹瑞、佐斌：《社会认同理论及其发展》，《心理科学进展》2006 年第 3 期。

［218］张之红：《乡村振兴视角下贫困村推普脱贫存在的问题及改进对策——基于 K 村的调查》，《乡村科技》2019 年第 15 期。

［219］章贵军、刘盟、罗良清：《中国城乡居民相对贫困特征及变动原因研究——基于 ELES 模型的实证分析》，《中国软科学》2021 年第 8 期。

［220］赵世举：《我国语言文字事业开拓发展的策略及路径》，《语言文字应用》2021 年第 1 期。

［221］赵子乐、林建浩：《经济发展差距的文化假说：从基因到语言》，《管理世界》2017 年第 1 期。

［222］中共中央马克思恩格斯列宁斯大林著作编译局：《马克思恩格斯文集》（第 1 卷），北京：人民出版社，2009 年。

［223］周念利：《基于引力模型的中国双边服务贸易流量与出口潜力研究》，《数量经济技术经济研究》2010 年第 12 期。

［224］周庆生：《论中国通用语言文字共同体》，《云南师范大学学报》（哲学社会科学版）2021 年第 5 期。

［225］曾国军：《人力资本理论研究综述》，《会计之友》（中旬刊）2008

年第7期。

［226］Alkire S，"Measuring Multidimensional Poverty：Insights from Around the World"，University of Oxford，2015.

［227］Alkire S，Foster J，"Counting and Multidimensional Poverty Measures"，Journal of Public Economics，vol. 95，no. 7（November 2011），pp. 476－487.

［228］Angulo R，Yadira D，Pardo R，"A Counting Multidimensional Poverty Index in Public Policy Context：The Case of Colombia"，Social Indicators Research，vol. 127，no. 1（April 2013），pp. 16－19.

［229］Averbeck J，"Irony and Language Expectancy Theory：Evaluations of Expectancy Violation Outcomes，"Communication Studies，vol. 6，no. 6（2010），pp. 601－626.

［230］Borjas G J，"The Economics of Immigration"，Journal of Economic Literature，vol. 32，1994，pp. 1667－1717.

［231］Bourgois P，"In Search of Respect：Selling Crack in El Barrio"，Cambridge University Press，1996.

［232］Bourguignon F，Atkinson A，"Poverty and inclusion from a world perspective"，Revue d'économie du développement. vol. 1000，no. 1（January 2000）pp. 13－32.

［233］Bylund E，"Effects of age of L2 acquisition on L1 event conceptualization patterns"，Bilingualism：Language and Cognition，vol. 12，no. 3（July 2009），pp. 305－322.

［234］Chambers R，"Poverty and livelihoods：whose reality counts?"，Environment and Urbanization，vol. 7，no. 1（April 1995），pp. 173－204.

［235］Charles T，"Heidegger，Language，and Ecology"，in Philosophical Arguments，Harvard University Press，1995.

［236］Chiswick B R，Miller P W，"The Complementarity of Language and Other Human Capital：Immigrant Earnings in Canada"，Economics of Education Review，vol. 22，2003.

[237] Chiswick B R, Patrinos H A, Hurst M E, "Indigenous language skills and the labor market in a developing economy: Bolivia", Economic Development and Culture Change, vol. 40, no. 2 (February 2000), pp. 349 - 367.

[238] Church J, King I, "Bilingualism and Network Externalities", Canadian Journal of Economics, 1993. 26, pp. 337 - 345.

[239] Clarke J, Cornelissen J, "Language, Communication, and Socially Situated Cognition in Entrepreneurship," The Academy of Management Review, vol. 36, no. 4 (October 2011), pp. 776 - 778.

[240] Ellis R., "The Study of Second Language Acquisition", Oxford: Oxford University Press, 1994.

[241] Frese M, Gielnik M M, "The Psychology of Entrepreneurship", Annual Review, vol. 1, no. 1 (March 2014), pp. 413 - 438.

[242] Gianmarco I P Ottaviano, Peri G. "Cities and cultures", Journal of Urban Economics, 58 (2), 2005.

[243] Grenier G, "Language as Human Capital: Theoretical Framework and Application to Spanish-Speaking Americans", Princeton University, 1982.

[244] Grenier G, Vaillancourt F, "An Economic Perspective on Learning a Second Language", Journal of Multilingual and Multicultural Development, vol. 4, no. 6 (February 1982), pp. 471 - 483.

[245] Harris M, "The rise of cultural theory", New York: Crowell, 1968.

[246] Jakobson R, "Language in Literature", London: The Belknap Press, 1987.

[247] Jakobson R, "Linguistics and poetics", Selected Writings Ⅲ: Poetry of Grammar and Grammar of Poetry, Hague: Mouton, 1981.

[248] Lister R, "Poverty", Cambridge: Polity Press, 2004.

[249] Marschak J, "Economics of language", Behavioral Science, vol. 10 (1965), pp. 135 - 140.

[250] Moscovici S, "Social representations: explorations in social psychology", Polity Press, no. 3 (January 2000).

[251] Nettle N, "Linguistic Fragmentation and the Wealth of Nations: The Fishman-Pool Hypothesis Reexamined", Economic Development and Cultural Change, 48 (2), 2000.

[252] Pool J, "National development and language diversity", Sociologische Gids, 17 (2), 1970, pp. 86 - 101.

[253] Ravallion M, Chen S, "Weakly Relative Poverty", Review of Economics and Statistics, vol. 93, no. 4 (March 2009), pp. 1251 - 1261.

[254] Sapir E, "The Status of Linguistics as A Science", Language. vol. 5, no. 4 (December, 1929), pp. 207 - 214.

[255] Tajfel H, "Differentiation Between Social Groups: Studies in the Social Psychology of intergroup Relations", London: Academic Press, 1978.

[256] Taylor F. "Multilingual Britain", London: Cumberland Lodge, 2013.

[257] Wilson E, Chen A H, Grumbach K, et al, "Effects of Limited English Proficiency and Physician Language on Health Care Comprehension", Journal of General Internal Medicine, vol. 20, no. 9 (October 2005), pp. 800 - 806.

后　记

作为国家重要的文化资源、经济资源、安全资源、战略资源，语言具有政治、社会、文化、育人和对外交流功能。新中国成立以来在党和国家的高度重视下我国语言文字事业取得了历史性成就，有力促进了社会主义现代化建设和社会发展进步，助力打赢脱贫攻坚战和推动乡村振兴实施，推动中华优秀语言文化弘扬和创新发展，为中国走向现代化提供了语言文字信息沟通和全体人民文化素养提升的基础。新时代新征程，立足于党和国家事业发展全局、世界发展大势，聚焦于实现中华民族伟大复兴中国梦，深刻认识当前语言文字工作面临的新任务新要求，以及开展国家通用语言文字高质量普及行动，推动推普助力中国式现代化建设之必要性。

《广西中越边境地区推普的多重效应及新时代优化路径》系广西中华民族共同体意识研究院系列丛书之一。本著作在分析广西中越边境地区语言生态的基础上，基于广西中越边境地区八县（市、区）居民普通话水平和多语多言能力的全样本调查数据、广西中越边境地区普通话推广普及与相对贫困治理、乡村文明建设、“五个认同”、基层治理抽样调查数据以及访谈调研资料，全面分析广西中原边境地区语言生态，从经济、文化、社会、政治等方面分析推普的多重效应，分析新时期普通话高质量推广普及面临的困境，进而提出普通话高质量推广普及的思路与优化路径以为推普更好服务教育和语言文字事业高质量发展、教育强国和文化强国建设，推进中国式现代化建设，以及铸牢中华民族共同体意识，丰富和发展人类文明新形态贡献力量。

本著作能顺利完成并按时出版，首先，要衷心感谢广西统战部、广西教育厅、广西民宗委、广西语委办，以及广西边境八县（市、区）的统战部、教育局、民宗局等部门的全力支持和配合，使得围绕本著作开展的系列田野调查工作顺利完成；其次，要衷心感谢各位专家领导同仁的不遗余力的支持和帮助，为本著作撰写提供了诸多建设性建议；再者，要衷心感谢广西中华民族共同体意识研究院为本著作的出版提供了经费和技术支持；最后，要衷心感谢中国财政经济出版社对书稿的严审严校，以及最终出版前关于封面的设计，也是贵社的高效、认真、负责的工作，才使得本书及时出版。